¿Quién
mató al Che?

Michael Ratner
Michael Steven Smith

¿Quién
mató al Che?

Cómo logró la CIA desligarse del asesinato

Traducción de Alcira Bixio

Obra editada en colaboración con Editorial Paidós SAICF – Argentina

Diseño de la portada: Gustavo Macri
Fotografía de portada: © Bettmann/CORBIS
Adaptación de portada: José Maldonado

Título original: *Who Killed Che? How the CIA Got Away with Murder*
Publicado en inglés por OR Books LLC, Nueva York y Londres,
www.orbooks.com

© 2011, Michael Ratner y Michael Steven Smith
© 2011, Or Books
© 2014, Alcira Bixio, por la traducción
De todas las ediciones en castellano
© 2014, Editorial Paidós SAICF – Buenos Aires, Argentina

© 2015, Ediciones Culturales Paidós, S.A. de C.V.
Bajo el sello editorial PAIDÓS M.R.
Avenida Presidente Masarik núm. 111, Piso 2
Colonia Polanco V Sección
Deleg. Miguel Hidalgo
C.P. 11560, México, D.F.
www.planetadelibros.com.mx
www.paidos.com.mx

Primera edición impresa en Argentina: octubre de 2014
ISBN: 978-950-12-0127-7

Primera edición impresa en México: agosto de 2015
ISBN: 978-607-747-023-6

Impreso en los talleres de Litográfica Ingramex, S.A. de C.V.
Centeno núm. 162-1, colonia Granjas Esmeralda, México, D.F.
Impreso en México - *Printed in Mexico*

Mientras hacía una selección de los archivos del depuesto régimen de Arbenz en la ciudad de Guatemala, pocas semanas después del golpe [1954], David Atlee Phillips [funcionario de la CIA] encontró una hoja suelta sobre un médico argentino de 25 años que había llegado a la ciudad en enero de ese año para estudiar los cuidados de la salud en medio de la revolución social. "¿Le parece que deberíamos iniciar un expediente sobre este?", le preguntó el asistente. El joven médico, aparentemente, había tratado de organizar un último intento desesperado de resistencia con los leales a Arbenz; luego, buscó refugio en la embajada argentina y finalmente partió para México. "Sí, supongo que nos conviene iniciar un expediente sobre él", respondió Phillips. A lo largo de los siguientes años, el expediente sobre Ernesto Guevara, conocido como el "Che", llegó a ser uno de los más abultados en los registros globales de la CIA.

PETER GROSE, *Gentleman Spy: The Life of Allen Dulles*

ÍNDICE

Los autores.. 11

Dedicatoria... 13

Agradecimientos 15

Prefacio, *Michael Ratner y Michael Steven Smith* 17

Prólogo. Matar al Che: la mano oculta,
   Ricardo Alarcón de Quesada 19

1. Cronología. El Che Guevara y la Revolución
   cubana... 25

2. Vida y muerte del Che Guevara 37
   La creación de la CIA, su autonomía y la práctica
      de la negación plausible.................................... 38
   El informe escrito relativo a la muerte del Che 40
   La CIA intenta asesinar al Che 46
   La muerte del Che: uno de los "intereses de
      Seguridad Nacional" clave para los Estados
      Unidos... 48
   La estrategia de contrainsurgencia....................... 50
   Antecedentes y primeros años del Che 54
   Guatemala 56
   México 57

La Sierra Maestra... 59

Después de la revolución 61

El Che en África I: el discurso de Argel, febrero
de 1965.. 64

Rumores de un distanciamiento de Castro 65

El Che en África II, julio de 1965 68

El Che y la CIA en Bolivia 69

Agentes de la CIA disfrazados de soldados
bolivianos.. 83

Se cierra la red 92

Mientras tanto, en Washington 95

Las contradicciones de Rodríguez........................ 101

Los documentos bolivianos sobre la muerte.......... 103

El panegírico de Fidel.. 108

El legado del Che 108

3. Documentos 111

Índice analítico 343

LOS AUTORES

Michael Ratner es presidente del Centro para los Derechos Constitucionales (CCR), una organización sin fines de lucro que litiga a favor de los derechos humanos. Ratner y CCR fueron los representantes legales de los detenidos en la Bahía de Guantánamo ante la Corte Suprema de los Estados Unidos. Su liderazgo en el ámbito de los derechos humanos continúa fortaleciendo la importancia del imperio de la ley para promover la justicia y oponerse a la agresión armada. Es presidente del Centro Europeo de Derechos Humanos y Constitucionales (EC-CHR), una organización independiente sin fines de lucro dedicada a que las personas cuyos derechos humanos han sido violados flagrantemente encuentren una reparación. Es autor y coautor de muchos libros y artículos, entre otros, *Hell No, Your Right to Dissent in Twenty-First Century America*, *The Trial of Donald Rumsfeld: A Prosecution by Book*, *Against War with Iraq*, *Guantanamo: What the World Should Know* y el libro de texto *International Human Rights Litigation in U.S. Courts*. Ha dado clases en las Facultades de Derecho de Yale y Columbia. Es coconductor en el popular programa de radio *Law and Disorder* (en la red en <lawanddisorder.org>) y publica colaboraciones en la página <www.justleft.org>. Receptor de múltiples honores, Ratner figura en la lista de *The National Law Journal* entre los "100 abogados más influyentes de los Estados Unidos".

Michael Steven Smith ha testificado sobre cuestiones de derechos humanos ante comités de las Naciones Unidas y del Congreso estadounidense. Es miembro de la junta del Centro para los Derechos Constitucionales. Ha compilado, junto con Michael Ratner, una colección de documentos bajo el nombre de *El Che Guevara y el FBI: el expediente de la policía política estadounidense sobre el revolucionario latinoamericano* y ha escrito *Notebook of a Sixties Lawyer: An Unrepentant Memoir* y *Lawyers you'll like: Putting Human Rights Before Property Rights*. Ha sido coeditor de *The Emerging Police State* de William M. Kunstler, junto a Sarah Kunstler y Karen Kunstler Goldman. Es coconductor, con Michael Ratner y Heidi Boghosian del programa de radio de la WBAI *Law and Disorder* y tiene su propio blog: <michaelstensmith.com>. Ejerce el derecho en la ciudad de Nueva York donde vive con su esposa Debby y su loro hablador Charlie Parker.

DEDICATORIA

Dedicamos este libro a nuestro amigo el abogado Leonard Weinglass (1933-2011). Durante cincuenta y tres años Len se enfrentó a lo que llamaba "la maquinaria del Estado", defendiendo a mujeres y hombres que con extraordinario coraje luchaban por la justicia social contra el imperio americano. Murió representando a los Cinco Cubanos, patriotas de esa nacionalidad encarcelados por tratar de evitar que contrarrevolucionarios afincados en Miami lanzaran ataques terroristas contra personas y propiedades en La Habana.

Len será recordado por muchas razones: personalmente por su buena compañía, la amplitud de su intelecto, su espíritu generoso, su lealtad y la amabilidad y calidez que lo caracterizaban; políticamente, será recordado como un excelente y persuasivo orador, un agudo analista de la escena política y un verdadero visionario que comprendió que el capitalismo no era compatible con la democracia; y profesionalmente, será recordado como uno de los grandes abogados de su tiempo que se han ganado un lugar en el panteón legal de los principales defensores de la justicia del siglo XX.

Leonard Weinglass: ¡presente!

AGRADECIMIENTOS

Agradezco a todos los miembros de OR Books y especialmente a mi coeditor Colin Robinson por su trabajo en la elaboración de este libro. Extiendo además mi agradecimiento a Pamela Lichty, a Jed Brandt y a Debby Smith por su colaboración. Estamos en deuda con Henry Butterfield Ryan por haber conseguido muchos documentos y por escribir el excelente estudio *The Fall of Che Guevara*, y también con Peter Kornbluh de los Archivos de Seguridad Nacional por obtener e interpretar gran parte de los documentos. Asimismo, queremos expresar nuestra gratitud a una cantidad de camaradas cubanos a quienes entrevistamos en La Habana. Ellos son: Aleida March, la viuda del Che; Harry "Pombo" Villegas, quien actualmente es general del Ejército cubano y que luchó con el Che en la Revolución cubana, en el Congo y en Bolivia; Ulises Estrada, un organizador clave de la misión guerrillera del Che Guevara en Bolivia; Mirta Muñoz, una veterana de la Revolución cubana y representante de Ocean Press que nos ayudó enormemente en La Habana; y Adys Cupull y Froilán González, los autores cubanos de *Un hombre valiente*, quienes se reunieron con nosotros y nos dieron su excelente cronología de la vida del Che. Finalmente, gracias a Deb Schnookal por ese invalorable recurso que es Ocean Press y de quien fue la idea original de producir este libro.

PREFACIO

Hace cuatro años y a diez de haber presentado nuestra primera demanda para tener acceso al archivo de la policía secreta estadounidense sobre el Che Guevara, según la Ley de Libertad de Información, recibimos una segunda tanda de documentos del gobierno de los Estados Unidos [**Documento 44, p. 338**]. La primera tanda dio por resultado nuestro libro de 1997, *El Che Guevara y el FBI: el expediente de la policía política de los Estados Unidos sobre el revolucionario latinoamericano*. En ese volumen publicamos documentos relativos al Che provenientes de varios organismos gubernamentales de los Estados Unidos. Ahora, basándonos en el nuevo material que hemos obtenido y combinándolo con el abultado cuerpo de trabajo erudito que ha aparecido desde nuestra primera publicación, hemos elaborado un libro que deja establecidos los hechos y las circunstancias del asesinato del Che.

Al leer los documentos sobre el Che de la CIA, la Casa Blanca y los Departamentos de Estado y de Defensa, junto con las biografías del argentino publicadas recientemente, nos dimos cuenta de que nunca antes había sido documentada la historia completa de la responsabilidad última de la CIA en la muerte del Che. Y que, en realidad, se había aceptado ampliamente la versión publicada en primera plana por los diarios estadounidenses de que fueron los bolivianos quienes ordenaron y ejecutaron el asesinato de Guevara a pesar de que el gobierno de los Estados Unidos quería mantenerlo vivo. En estas páginas intentamos establecer la verdad sobre estas cuestiones. Un caso legal requiere, en esencia, poner en orden las pruebas, tanto fácticas como circunstanciales. Con la publicación de estos documentos, junto con nuestro comentario relativo a su contexto histórico, abrigamos la esperanza de haber presentado las pruebas con la suficiente fuerza y claridad para persuadir al lector, como estamos persuadidos nosotros mismos, de que la CIA mató al Che.

MICHAEL RATNER
MICHAEL STEVEN SMITH
Nueva York, junio de 2011

Matar al Che:
la mano oculta

Todos deben estar preparados para jurar
que él no oyó nada del asunto.
Presidente Dwight D. Eisenhower

Este libro presenta una explicación perceptiva y coherente de la muerte, el 9 de octubre de 1967, de Ernesto "Che" Guevara, quien había sido capturado, herido y desarmado dos días antes. Los abogados Ratner y Smith demuestran, con numerosos documentos desclasificados y argumentos irrefutables, que "el gobierno de los Estados Unidos, particularmente su Agencia Central de Inteligencia, consiguió asesinar al Che, habiéndose asegurado la participación de su estado satélite boliviano".

Este no fue sencillamente un crimen común y corriente. En este caso hubo un Estado responsable y la carga de la culpa evidentemente recae en las personas que ocupaban los cargos gubernamentales más elevados en Washington. Ratner y Smith establecen la magnitud del crimen:

De acuerdo con las leyes que rigen la guerra, incluida la guerra de guerrilla, matar a un prisionero es asesinato y constituye un crimen de guerra. El culpable de un crimen de guerra no es solamente quien disparó el gatillo; también son culpables aquellos que desde puestos más elevados ordenaron, aceptaron o no fueron capaces de impedir el asesinato. No hay disposición legislativa en materia de plazos para este tipo de crimen.

Reconociendo que el movimiento de la guerrilla era la amenaza más grave a sus planes para la dominación hemisférica, el gobierno de los Estados Unidos puso la derrota del Che y sus camaradas en lo más alto de sus prioridades. Que sus representantes lo asesinaran utilizando la intermediación de soldados bolivianos no es algo que deba sorprender a nadie. Después de todo, la violencia oficial, incluidas la tortura y la muerte, practicadas por regímenes impuestos por los Estados Unidos –que entrenaron, armaron y asesoraron a los torturadores y asesinos– no era en modo alguno rara en aquellos días ni tampoco lo es ahora. Lo que, en cambio, nos impresiona como algo curioso, por decir lo menos, es cómo algunos aceptaron y diseminaron la versión estadounidense oficial de que el gobierno de los Estados Unidos no fue responsable de la muerte del Che.

En la década de 1960, los Estados Unidos se esforzaban por aislar la Revolución cubana y presionaban abiertamente a los gobiernos latinoamericanos para que se adhirieran a su estrategia anticubana. Unos pocos se resistieron. Entre ellos, solo México fue capaz de mantener relaciones diplomáticas con Cuba y sobrevivir. Los otros –Brasil, Bolivia, Argentina, Uruguay y Chile– tuvieron que pagar un precio extremadamente alto por su disenso. A partir de 1964, con el derrocamiento del presidente Goulart de Brasil y del presidente Paz Estenssoro de Bolivia, esos países sufrieron, uno tras otro, la disolución de sus instituciones democráticas, que fueron reemplazadas por la peor de las tiranías, enteramente respaldadas por los sucesivos gobiernos de los Estados Unidos. Decenas de miles de brasileños, bolivianos, argentinos, uruguayos, chilenos y otros latinoamericanos murieron a manos de secuaces locales, entrenados y guiados por asesores estadounidenses. Hoy, muchos aún permanecen en las terribles listas de los "desaparecidos".

Ernesto Guevara fue objeto de interés para los servicios secretos norteamericanos antes de entrar en nuestra historia, mucho antes de convertirse en el "Che". Los Estados Unidos trabajaron incansablemente, sobre todo para terminar con las guerrillas en Bolivia. Con ese fin, intervinieron abiertamente en el país, no solo entrenando y equipando a las fuerzas armadas locales sino también poniendo funcionarios y agentes estadounidenses en posiciones de mando.

Esa no era la primera vez que Washington obraba de ese modo, ni que había tratado de matar al Che y a sus camaradas.

Durante la guerra de guerrilla cubana contra la dictadura de Batista, la administración de Eisenhower instrumentó la misma táctica que luego aplicaría la administración de Johnson en Bolivia.

A fines de 1956, Fidel Castro, con un grupo de revolucionarios entre quienes estaba el Che, desembarcaron en la costa oriental de la isla para crear un movimiento de guerrilla contra la dictadura de Batista. Durante las primeras semanas los revolucionarios sufrieron significativos reveses. La máquina de propaganda de Batista –y los medios estadounidenses– anunciaron que el gobierno había eliminado las guerrillas, y hasta declararon la muerte de Fidel.

La verdad, que se ocultó al público, tendía hacia el extremo diametralmente opuesto, algo que la administración de Eisenhower comprendió de inmediato. El gobierno americano no escatimó esfuerzos para armar y preparar a las tropas de Batista para combatir las guerrillas. En 1991, el Departamento de Estado desclasificó parcialmente –con las habituales tachaduras y omisiones– un conjunto de documentos hasta entonces secretos relacionados con Cuba.[1]

Los documentos revelan la dimensión de la participación estadounidense en las primeras etapas del conflicto. Describen, por ejemplo, cómo

> 200 hombres de un batallón (el 1er Batallón, 1er Regimiento de Infantería) del Ejército cubano, apoyado por el Programa de Asistencia Militar (MAP),[2] fue transferido a la provincia de Oriente pocos días después de que llegara al lugar, el 2 de diciembre de 1956, el grupo liderado por Fidel Castro [...]. A fines de mayo de 1957 un batallón completo de aproximadamente 800 hombres se trasladó a Oriente y aún permanece allí. Del 75 al 90% de sus oficiales han recibido entrenamiento del MAP.

Y no solo la infantería recibió instrucciones de los Estados Unidos: "Aproximadamente el 70% de todos los oficia-

---

1. John P. Glennon, Edward C. Keefer y David W. Mabon (comps.), *Foreign Relations of the United States. 1958-1960*, Washington, U.S. Government Printing Office, 1985, vol. IV.
2. Programa de Asistencia Militar de los Estados Unidos.

les de la Fuerza Aérea Cubana ha recibido entrenamiento del MAP".[3]

Igualmente evidente fue la participación estadounidense en la maquinaria de represión de la dictadura de Batista organizada por la Policía, la Oficina de Investigaciones, el Buró para la Represión de Actividades Comunistas (BRAC), los Servicios de Inteligencia Militar y el Servicio de Inteligencia Naval. Los oficiales de estas organizaciones habían estudiado en academias estadounidenses y en las oficinas centrales de cada una de ellas había consejeros estadounidenses.

A medida que se intensificaba la crisis de la dictadura cubana, en Washington crecía la preocupación. En vísperas de la Navidad de 1958, en una reunión clave mantenida en la Casa Blanca, el jefe de la CIA afirmó: "Tenemos que evitar una victoria de Castro" y el secretario de Estado, resumiendo lo conversado, observó: "Parece ser unánime la opinión de que es indeseable que se imponga un régimen liderado por Castro". Un par de días después, Eisenhower indicaba que no deseaba que se presentaran ante el Consejo de Seguridad Nacional (NSC) los detalles específicos de las acciones encubiertas.

Estos esfuerzos, por supuesto, fracasaron y la lucha del pueblo cubano contra la dictadura de Batista tuvo éxito. Los Estados Unidos intensificaron luego sus operaciones encubiertas lanzando una guerra económica, agresiones militares y violencia terrorista contra Cuba. Toda esta actividad procuraba cumplir con los lineamientos de Eisenhower según los cuales "nuestra mano no debe aparecer en nada de lo que se haga".

Entre las muchas maneras que ha utilizado el imperio estadounidense para conservar su dominación se destacan la supresión y la manipulación de la información. La esencia de esta estrategia estriba en ocultar o falsificar la verdad y difundir la mentira. Michael Ratner y el Centro para los Derechos Constitucionales han mantenido una perseverante batalla contra tales embustes y ocultamientos. Este libro constituye una prueba

3. Telegrama enviado por la embajada en Cuba al Departamento de Estado, La Habana, 7 de febrero de 1958, disponible en <www.latinamericanstudies.org>.

adicional de la determinación de sus realizadores a defender la verdad, la adhesión a la ley y la libertad.

Como lo hace el libro mismo, me gustaría terminar con algunos pensamientos sobre el legado del Che. El imperio estadounidense puede haberlo asesinado a sangre fría, con premeditación y alevosía, pero no logró matarlo. Hoy, el Che está más vivo que nunca. Continúa viviendo a través de su imagen, que miles de personas en el mundo llevan en su pecho. Se ha convertido en el modelo a seguir para todos aquellos que quieren un mundo mejor y se preparan para luchar por conseguirlo. El Che continúa estando vivo, sobre todo en América Latina, que hoy está construyendo una nueva política de independencia y solidaridad, una política que debe mucho a los ideales y al sacrificio de Guevara.

Su espíritu también sigue estando vivo en las vidas de los Cinco Cubanos: Gerardo, Ramón, Antonio, Fernando y René, quienes fueron encarcelados injustamente durante más de doce años por luchar contra el terrorismo anticubano patrocinado por Washington. Cuando eran niños, los cinco se habían prometido ser como él. En la cárcel, sometidos a cruel tratamiento, en la mayor soledad, estos hombres dieron testimonio de que el Che aún está entre nosotros.

RICARDO ALARCÓN DE QUESADA
Presidente de la Asamblea Nacional Cubana, mayo de 2011

El Che Guevara
y la Revolución cubana

14 de junio de 1928

Ernesto Guevara nace en Rosario, Argentina; son sus padres Ernesto Guevara Lynch y Celia de la Serna.

Entre 1945 y 1951

Guevara cursa la carrera de médico en la Facultad de Medicina de Buenos Aires.

De enero a julio de 1952

Guevara visita Perú, Colombia y Venezuela. Estando en Perú, trabaja tratando pacientes en una colonia de leprosos.

10 de marzo de 1952

Fulgencio Batista da un golpe de estado en Cuba.

Marzo de 1953

Guevara obtiene su título de médico.

6 de julio de 1953

Ya graduado, Guevara viaja por América Latina. Visita Bolivia, donde observa el impacto de la revolución de 1952.

26 de julio de 1953

Fidel Castro lidera un ataque armado contra la guarnición del Ejército la Moncada en Santiago de Cuba, con lo que inicia la lucha revolucionaria para derrocar el régimen de Batista. El ataque fracasa y las tropas de Batista masacran a más de cincuenta revolucionarios capturados, y pronto capturan y encarcelan a Castro y a otros sobrevivientes.

Diciembre de 1953

Guevara tiene su primer contacto con un grupo de sobrevivientes del ataque al cuartel Moncada en San José, Costa Rica.

24 de diciembre de 1953

Guevara llega a Guatemala, entonces gobernada por Jacobo Arbenz.

4 de enero de 1954

En la ciudad de Guatemala, Guevara conoce a Ñico López, un veterano del ataque de Moncada.

De enero a junio de 1954

Al no poder conseguir un empleo de médico en Guatemala, Guevara hace diversos trabajos manuales. Estudia el marxismo y comienza a participar de actividades políticas durante las cuales conoce a revolucionarios cubanos exiliados.

17 de junio de 1954

Fuerzas mercenarias respaldadas por la CIA invaden Guatemala. Guevara se ofrece como voluntario para repelerlas.

27 de junio de 1954

Arbenz renuncia.

21 de septiembre de 1954

Tras huir de Guatemala, Guevara llega a Ciudad de México.

15 de mayo de 1955

Fidel Castro y otros sobrevivientes de Moncada recuperan la libertad después de que una masiva campaña pública reclamara en defensa de sus derechos civiles.

Junio de 1955

Guevara se encuentra con Ñico López, que también se halla en Ciudad de México. Varios días después, López le organiza un encuentro con Raúl Castro.

7 de julio de 1955

Fidel Castro llega a México con el objetivo de organizar una expedición armada a Cuba.

Julio de 1955

Guevara conoce a Fidel Castro e inmediatamente se alista como el tercer miembro confirmado de la futura expedición de guerrilla. A partir de entonces, Guevara participa activamente en el entrenamiento de combatientes; allí recibe por parte de los cubanos el sobrenombre "Che", una interjección muy utilizada en la Argentina como apelativo.

25 de noviembre de 1956

Ochenta y dos combatientes, incluido Guevara en su condición de médico, se embarcan hacia Cuba a bordo del yate *Granma*, que zarpa desde Tuxpan, en México.

2 de diciembre de 1956

El *Granma* atraca en la playa Las Coloradas de la costa oriental cubana. Sorprendidos por las tropas de Batista, los combatientes rebeldes se dispersan. La mayoría de ellos mueren o caen prisioneros. Guevara queda herido.

21 de diciembre de 1956

El grupo de Guevara se reúne con Fidel Castro; en ese momento el Ejército Rebelde cuenta con quince integrantes.

17 de enero de 1957

El Ejército Rebelde toma un puesto de avanzada del Ejército en la batalla de La Plata.

27 y 28 de mayo de 1957

Tiene lugar la batalla de El Uvero en Sierra Maestra y el Ejército Rebelde obtiene una gran victoria al capturar una bien fortificada guarnición del Ejército.

Julio de 1957

El Ejército Rebelde organiza una segunda columna. Se elige a Guevara para que la lidere y se lo promueve al rango de comandante.

24 de mayo de 1958

Batista lanza un ataque concentrado de sus fuerzas contra el Ejército Rebelde en Sierra Maestra. La ofensiva finalmente fracasa.

31 de agosto de 1958

Guevara lidera una columna de invasión que parte de Sierra Maestra y se dirige a la provincia de Las Villas en la parte central de Cuba; días después firma el pacto del Pedrero con el Directorio Revolucionario 13 de marzo, que tiene una fuerte base guerrillera en el lugar. Varios días antes, a Camilo Cienfuegos se le había ordenado dirigir otra columna hacia la provincia de Pinar del Río, en el extremo occidental de Cuba.

16 de octubre de 1958

La columna del Ejército Rebelde comandada por Guevara llega a las montañas del Escambray.

Diciembre de 1958

Las columnas rebeldes, incluidas la de Guevara, la del Directorio Revolucionario 13 de Marzo y el pequeño grupo guerrillero del Partido Socialista Popular liderado por Cienfuegos, toman una cantidad de ciudades de la provincia de Las Villas y cortan efectivamente la isla por la mitad.

20 de diciembre de 1958

La columna de Guevara comienza la batalla de Santa Clara, la capital de Las Villas.

1° de enero de 1959

Batista huye de Cuba. Una junta militar se hace cargo del gobierno. Fidel Castro se opone a la nueva junta y llama a continuar la lucha revolucionaria. Santa Clara cae ante el Ejército Revolucionario. Guevara y Cienfuegos son convocados de inmediato a La Habana.

2 de junio de 1959

Los trabajadores cubanos responden a la convocatoria de Fidel Castro a una huelga general y el país queda paralizado. Las columnas del Ejército Rebelde de Guevara y Cienfuegos llegan a La Habana.

8 de enero de 1959

Fidel Castro entra en La Habana aclamado por cientos de miles de personas.

9 de febrero de 1959

Guevara recibe la ciudadanía cubana en reconocimiento a su contribución a la liberación de Cuba.

16 de febrero de 1959

Fidel Castro asume como primer ministro.

17 de mayo de 1959

Proclamación de la primera ley de reforma agraria que fija la extensión máxima de una propiedad en 450 hectáreas y distribuye tierras entre los campesinos.

7 de octubre de 1959

Guevara es designado director del Departamento de Industrialización dependiente del Instituto Nacional de la Reforma Agraria (INRA).

21 de octubre de 1959

Como consecuencia de un intento de iniciar un levantamiento contrarrevolucionario, el comandante militar de la provincia de Camagüey, Huber Matos, es arrestado por el jefe del Estado Mayor del Ejército Rebelde, Camilo Cienfuegos.

28 de octubre de 1959

El avión en que viaja Camilo Cienfuegos cae al mar; su cuerpo nunca fue hallado.

26 de noviembre de 1959

Guevara asume el cargo de presidente del Banco Nacional de Cuba.

De julio a octubre de 1960

Cuba nacionaliza las principales industrias y los bancos tanto cubanos como extranjeros.

Del 17 al 19 de abril de 1961

1500 mercenarios nacidos cubanos, organizados y respaldados por los Estados Unidos, invaden Cuba en Bahía de Cochinos sobre la costa suroccidental. El objetivo era establecer un "gobierno provisional" que pidiera la intervención directa de los Estados Unidos. En 72 horas quedan derrotados y los últimos invasores se rinden en Playa Girón, el nombre con que los cubanos recuerdan esa batalla. A Guevara se lo envía a comandar las tropas de la provincia de Pinar del Río.

22 de octubre de 1962

El presidente Kennedy inicia la "crisis de los misiles cubanos" denunciando que Cuba adquirió misiles capaces de cargar ojivas nucleares para defenderse de un posible ataque de los Estados Unidos. Washington impone un bloqueo naval sobre Cuba, quien responde movilizando a la población para la defensa. A Guevara se lo designa comandante de las fuerzas de la provincia de Pinar del Río como prevención ante una inminente invasión de los Estados Unidos.

28 de octubre de 1962

El premier soviético Khrushchev acepta quitar los misiles soviéticos a cambio de la promesa de los Estados Unidos de no invadir Cuba.

Marzo de 1964

Guevara se reúne con Tamara Bunke (Tania) y analiza con ella la misión que esta deberá cumplir en Bolivia, realizando un movimiento de avanzada para establecer allí un frente revolucionario.

9 de diciembre de 1964

Guevara deja Cuba para realizar durante tres meses visitas de Estado, habla en las Naciones Unidas y luego visita varios países de África.

14 de marzo de 1965

Guevara retorna a Cuba y poco después deja de aparecer públicamente.

1° de abril de 1965

Guevara envía una carta de despedida a Fidel Castro. Seguidamente abandona Cuba en una misión internacional al Congo, adonde llega a través de Tanzania. Guevara opera con el sobrenombre Tatú, que en swahili significa "número dos".

18 de abril de 1965

En respuesta a las preguntas sobre el paradero de Guevara, Castro informa a los reporteros extranjeros que Guevara "siempre estará donde sea más útil a la revolución".

16 de junio de 1965

Castro anuncia que informará sobre el paradero de Guevara cuando este "quiera darlo a conocer".

3 de octubre de 1965

Castro lee públicamente la carta de despedida de Guevara en un mitin organizado para anunciar la creación del Comité Central del recién formado Partido Comunista de Cuba.

Diciembre de 1965

Castro organiza el regreso secreto de Guevara a Cuba. Guevara se prepara para una expedición a Bolivia.

Del 3 al 14 de enero de 1966

Se realiza en La Habana la Conferencia Tricontinental de Solidaridad con los Pueblos de Asia, África y América Latina.

Marzo de 1966

Llegan a Bolivia los primeros combatientes cubanos con el objetivo de realizar operaciones preparatorias para instalar un destacamento guerrillero.

Julio de 1966

Guevara se reúne en un campo de entrenamiento de la provincia cubana de Pinar del Río con voluntarios cubanos seleccionados para la misión en Bolivia.

4 de noviembre de 1966

Guevara llega a Bolivia disfrazado y con un nombre falso.

7 de noviembre de 1966

Guevara llega al sitio donde hará base el movimiento guerrillero boliviano; primera entrada en el *Diario de Bolivia*.

Noviembre y diciembre de 1966

Llegan más combatientes guerrilleros y se establecen nuevos campamentos base.

31 de diciembre de 1966

Guevara se reúne con el secretario del Partido Comunista boliviano Mario Monje. Los dos revolucionarios tienen diferentes perspectivas respecto de la planeada expedición guerrillera.

Del 1º de febrero al 20 de marzo de 1967

El comando guerrillero deja el campamento base para explorar la región.

23 de marzo de 1967

Primera acción militar de los guerrilleros: los combatientes tienden una emboscada a una columna del Ejército boliviano y logran su primer triunfo.

10 de abril de 1967

Una columna guerrillera consigue emboscar con éxito a tropas bolivianas.

16 de abril de 1967

Se publica el mensaje de Guevara a la Conferencia Tricontinental que incluye un llamamiento a crear "dos, tres, muchos Vietnam".

17 de abril de 1967

Un grupo de guerrilleros comandados por Joaquín se separa del resto de la unidad con el propósito de explorar la zona durante tres días y volver a unirse a la base, pero no regresa.

20 de abril de 1967

Después de pasar varias semanas con una unidad guerrillera, Régis Debray es arrestado. Posteriormente, sometido a juicio, recibe una sentencia de treinta años de reclusión.

Mayo de 1967

Fuerzas especiales de los Estados Unidos llegan a Bolivia para entrenar a tropas contrainsurgentes del Ejército boliviano.

6 de julio de 1967

Los guerrilleros ocupan la localidad de Samaipata.

26 de julio de 1967

Guevara da una charla a los guerrilleros sobre la significación del ataque a la guarnición de Moncada ocurrido el 26 de julio de 1953.

Del 31 de julio al 10 de agosto de 1967

Se lleva a cabo en La Habana la conferencia de la Organización Latinoamericana de Solidaridad (OLAS). La conferencia apoya los movimientos guerrilleros que se están dando en toda América. El Che Guevara es elegido presidente honorario.

4 de agosto de 1967

Un desertor conduce al Ejército boliviano al principal centro oculto de aprovisionamiento de los guerrilleros; documentos capturados en el lugar llevan al arresto de contactos urbanos clave.

31 de agosto de 1967

Tropas del gobierno, que habían recibido el dato de la ubicación de boca de un informante, emboscan y aniquilan a los hombres comandados por Joaquín mientras cruzaban un río.

26 de septiembre de 1967

Los guerrilleros caen en una emboscada. Tres de ellos mueren en el lugar y las fuerzas gubernamentales rodean al resto de las fuerzas rebeldes.

8 de octubre de 1967

Tropas bolivianas se lanzan contra los diecisiete guerrilleros restantes que dan batalla desesperadamente. Guevara resulta gravemente herido y es capturado.

9 de octubre de 1967

Siguiendo instrucciones del gobierno boliviano y de Washington, el Ejército asesina a Guevara y a otros dos guerrilleros arrestados.

15 de octubre de 1967

En una aparición por televisión Fidel Castro confirma la noticia de la muerte de Guevara y declara tres días de duelo oficial en Cuba. Se instituye el 8 de octubre como el Día del Guerrillero Heroico.

18 de octubre de 1967

Castro ofrece un discurso en homenaje a Guevara en la Plaza de la Revolución de La Habana ante un público de casi un millón de personas.

22 de febrero de 1968

Tres cubanos sobrevivientes pasan la frontera a Chile después de cruzar los Andes a pie para eludir al Ejército boliviano. Luego regresan a Cuba.

Mediados de marzo de 1968

Un microfilme del *Diario de Bolivia* de Guevara llega a Cuba.

1° de julio 1968

El *Diario de Bolivia* de Guevara se publica en Cuba con una introducción escrita por "Fidel C." y el gobierno lo distribuye gratuitamente al pueblo cubano.

VIDA Y MUERTE DEL CHE GUEVARA

- - - - - - - - - - - - - - -

La mendacidad es un sistema y en él vivimos.
Tennessee Williams, *La gata en el tejado de zinc caliente*

El Che Guevara murió hace cuarenta y cuatro años. La historia de quién es el responsable de su asesinato aún no ha sido comprendida cabalmente, especialmente en los Estados Unidos, donde se impone la creencia común de que lo mató la dictadura militar boliviana. Documentos obtenidos recientemente del gobierno de los Estados Unidos conducen a una conclusión diferente: quien logró eliminar al Che, con la participación previamente asegurada del estado satélite boliviano, fue el gobierno de los Estados Unidos, particularmente su Agencia Central de Inteligencia.

El 9 de octubre de 1967, en el pequeño poblado rural de La Higuera, en Bolivia, aproximadamente a la 1.15 de la tarde, un sargento del Ejército, Mario Terán, después de beber unos tragos para darse fuerzas, entró en la escuela de paredes de barro donde mantenían prisionero al Che ya herido y le disparó hasta matarlo. Fue un asesinato. De acuerdo con las leyes que rigen la guerra, incluida la guerra de guerrilla, matar a un prisionero es asesinato y constituye un crimen de guerra. El culpable de un crimen de guerra no es solamente quien disparó el gatillo; también son culpables aquellos que desde puestos más elevados ordenaron, aceptaron o no fueron capaces de impedir el asesinato. No hay disposición legislativa en materia de plazos para este tipo de crimen.

La versión inicial de la muerte del Che, tal como la presentaron los militares bolivianos, fue que el argentino había muerto en medio de la batalla. Finalmente se supo que tal versión era mentira y que, en realidad, había caído prisionero y había sido fusilado al día siguiente. La administración de Johnson afirmó que la orden de matarlo había sido emitida por el alto mando boliviano y no por los Estados Unidos. Luego agregó que el gobierno de los Estados Unidos, a pesar de que tenía a un funcionario de la CIA operando en el lugar disfrazado de militar boliviano, no pudo evitar el asesinato.

Esta versión de los acontecimientos insiste en que el gobierno de los Estados Unidos en cierto modo se oponía al asesinato y quería mantener vivo al Che. Dos días después del fusilamiento, el 11 de octubre de 1967, Walt Whitman Rostow, asistente especial para Asuntos de Seguridad Nacional del presidente Lyndon Johnson (el cargo que ahora se conoce como asesor en Seguridad Nacional), dijo que el crimen del Che había sido "estúpido", con lo que dio la impresión de que, de alguna manera, él y Johnson se habían opuesto [**Documento 32, p. 232**] y que la CIA, controlada por el presidente, no estuvo implicada. Antes de analizar más detalladamente las circunstancias que rodearon la muerte del Che y la relación que tuvo con ella la CIA, es útil examinar brevemente el modus operandi de la organización desde sus comienzos.

La creación de la CIA, su autonomía y la práctica de la negación plausible

La Ley de Seguridad Nacional de 1947 sentó las bases del Estado de Seguridad Nacional Estadounidense. La ley creó el Consejo de Seguridad Nacional y la CIA, y concedió a la nueva agencia de inteligencia poderes que eran, según las palabras de George Marshall, el secretario de Estado de aquel momento, "casi ilimitadas". Marshall advirtió esta situación al presidente Truman antes de que la ley fuera aprobada. Tiempo después, Truman tuvo que coincidir con Marshall.[1]

1. Michael J. Hogan, *A Cross of Iron: Harry S. Truman and the Origins of the*

En 1948, el Consejo de Seguridad Nacional aprobó una directiva secreta, la NSC 10/2, que autorizaba a la CIA a realizar una serie de operaciones encubiertas que incluían "acciones de propaganda; guerra económica; acción directa preventiva; sabotaje; antisabotaje; medidas de demolición y evacuación; subversión contra Estados hostiles, incluida la asistencia a movimientos de resistencia clandestinos, guerrilleros y grupos de liberación de refugiados".[2] Esta directiva sentaba los principios para que la CIA pasara a ser una organización paramilitar, una función que hoy se le reconoce abiertamente puesto que la Agencia emplea aviones no tripulados letales que realizan vuelos asesinos sobre Afganistán y Pakistán. Antes de morir, George F. Kennan, el diplomático y estratega de la Guerra Fría estadounidense que patrocinó la NSC 10/2, dijo que, a la luz de la historia ulterior, aquel había sido "el mayor error que cometí en mi vida".[3]

Al autorizar las violaciones a la ley internacional, la NSC 10/2 también estableció la política oficial de mentir para poder encubrir el quebrantamiento de la ley. Como escribió James W. Douglass: "La doctrina de la seguridad nacional de 'negación plausible' combinó la mentira con la hipocresía. Marcó la creación de un monstruo de Frankenstein".[4] La negación plausible fomentó que la CIA y otras agencias de acciones encubiertas ("inteligencia") adquirieran mayor autonomía respecto del gobierno que las había creado. Con el propósito de proteger de las protestas y la censura a las autoridades visibles del gobierno, la CIA fue autorizada no solo a violar la ley internacional sino a hacerlo casi sin tener que consultarlo prácticamente con nadie. La autonomía de la CIA y la negación plausible fueron de la mano. Cuanto menos explícita fuera una orden emanada del presidente, tanto más conveniente era para la "negación plausible". Y cuantas menos consultas hubiera, tanto mayor era

---

National Security State, 1945-1954, Nueva York, Cambridge University Press, 1998, p. 65.

2. Peter Grose, *Gentleman Spy: The Life of Allen Dulles*, Boston, Houghton Mifflin, 1994, p. 293.

3. Ibíd.

4. James W. Douglass, *JFK and the Unspeakable: Why He Died & Why It Matters*, Nueva York, Orbis Books, 2008, p. 33.

la creatividad que podían aplicar las autoridades de la CIA para interpretar la intención del presidente...[5]

Richard Helms, el director adjunto de planificación de la CIA en la década de 1960, quien había conspirado para asesinar a Castro y que luego dirigiría la Agencia, testificó ante el Comité Church en 1975 que "nunca informó al presidente ni al director de la CIA recién designado John McCone sobre los complots de asesinato". Tampoco informó a ningún otro funcionario de la administración de Kennedy. Helms dijo que "no buscó ninguna aprobación para los intentos de eliminación porque el asesinato no era un tema que pudiera mencionarse ante las más altas autoridades".[6] Cuando se le preguntó si se había informado al presidente Kennedy, Helms dijo que "nadie quiere poner en una situación embarazosa al presidente de los Estados Unidos hablando del asesinato de líderes extranjeros en su presencia".[7]

El informe escrito relativo a la muerte del Che

Que los Estados Unidos y particularmente la CIA no estuvieron implicados en el asesinato del Che fue una versión aceptada por casi todos los que escribieron sobre el tema, incluidos quienes estuvieron presentes en La Higuera. Aun los que simpatizan con el Che aceptan, en líneas generales, el informe de Félix Rodríguez, el empleado de la CIA que, disfrazado de capitán boliviano, presenció la muerte del Che. Rodríguez afirma haber sido el oficial de mayor rango presente en la escena en aquel momento y haber transmitido por radio la orden recibida de los generales bolivianos desde La Paz de disparar contra el Che. En su libro, *Guerrero en la sombra*, señala que había

5. Ibíd.

6. Senado de Estados Unidos, *Alleged Assassination Plots Involving Foreign Leaders: An Interim Report of the Select Committee to Study Governmental Operations with Respect to Intelligence Activities, United States Senate: Together with Additional, Supplemental and Separate Views*, Washington, U.S. Government Printing Office, 1975, p. 151 (también conocido como el Comité Church por el Senador Frank Church, que fue quien lo convocó); tal como se lo cita en James W. Douglass, ob. cit., p. 34.

7. Ibíd., p. 150.

recibido orden de la CIA de que, si capturaban al Che, él debía "hacer todo lo posible para mantenerlo vivo... ¡absolutamente todo lo posible!".[8] Rodríguez dice que podría haber revocado la orden de los generales locales y salvar la vida del Che, pero que prefirió no hacerlo y dejar el destino de Guevara en manos de los bolivianos.[9] Esta versión no tiene sentido. Rodríguez trabajaba para la CIA y continuaría trabajando allí muchos años más. Si sus jefes y empleadores hubiesen querido mantener vivo al Che, él seguramente lo habría hecho. Si Rodríguez hubiera desobedecido los deseos expresados por la CIA de hacer "absolutamente todo lo posible" para salvar la vida de Guevara, ¿se le habría permitido conservar su empleo en la CIA? La conclusión evidente es que la CIA quería que el Che muriera y que la versión de Rodríguez se elaboró con el único propósito de darle a la Casa Blanca la posibilidad de la "negación plausible".

En su biografía del Che, *Compañero: vida y muerte del Che Guevara*, Jorge G. Castañeda, el escritor mexicano, parece aceptar la versión de Rodríguez según la cual los estadounidenses querían mantener vivo a Guevara y la orden de matarlo provino de los bolivianos antes de que "la presión [...] de los Estados Unidos se hiciera intolerable".[10] Castañeda trata de rechazar lo que llama "la versión semioficial cubana" de la muerte del Che, es decir, la que sostiene que el presidente Barrientos de Bolivia visitó en La Paz al embajador estadounidense, quien le dijo que matara al Che.[11] En su intento, Castañeda cita comunicaciones de Douglas Henderson, el embajador de los Estados Unidos en Bolivia en aquel momento, en las que dice que no fue consultado por el gobierno boliviano sobre lo que había que hacer con el Che y en las que afirma que habría preferido mantenerlo con vida. Si bien Castañeda admite que Henderson podría haber estado ocultando la participación de los Estados Unidos en el asesinato del Che, dice que el memorándum que Rostow le envió el 11 de octubre de 1967 al presidente Johnson,

8. Félix Rodríguez y John Weisman, *Shadow Warrior: The CIA Hero of a Hundred Unknown Battles*, Nueva York, Simon and Schuster, 1989, p. 160.

9. Ibíd., pp. 160 y 164.

10. Jorge G. Castañeda, *Compañero: vida y muerte del Che Guevara*, Nueva York, Vintage Books, 1997, p. 401.

11. Ibíd., p. 402.

que decía que el crimen había sido "estúpido" respalda la idea de que el gobierno de los Estados Unidos no estuvo implicado en el asesinato.[12] Como lo analizaremos luego, el memorándum de Rostow se debilita al analizar los beneficios de la muerte del Che: si Rostow conocía de antemano el plan de asesinar al Che, agregar la palabra "estúpido" ofrecía al presidente Johnson una negación plausible. Alternativamente, es posible que la CIA estuviera implicada sin que lo supieran Rostow, Henderson ni el presidente, aunque, considerando las enormes implicaciones que tenía el asesinato para la política exterior estadounidense, esa posibilidad parece remota.

Hay que admitir a favor de Castañeda que en su libro cita pruebas que implican a los Estados Unidos en el crimen. Concretamente dice que el gobierno de los Estados Unidos, o por lo menos el jefe del equipo de la CIA que operaba en Bolivia, tenía un acuerdo o un compromiso previo con los bolivianos de que, si el Che caía prisionero, debía ser ejecutado. Según Castañeda, Gustavo Villoldo, el jefe del equipo de la CIA en el país, le dijo en una entrevista que apenas llegado a Bolivia fue llevado a la residencia de Barrientos, donde fue presentado al presidente boliviano. Villoldo le dijo entonces al presidente Barrientos en términos por completo inequívocos que si el Ejército boliviano capturaba al Che, él personalmente haría cuanto estuviera a su alcance para lograr su ejecución. Luego preguntó: "Si lo capturan vivo, ¿qué hará usted con él?". El presidente boliviano respondió: "Si está vivo, lo someteremos a un juicio sumario y lo condenaremos a muerte. Tiene usted mi palabra de presidente de la República".[13]

Jon Lee Anderson, en su popular biografía *Che Guevara: A Revolutionary Life*,[14] cuenta la versión de Félix Rodríguez que asegura que los generales bolivianos de La Paz delegaron la sentencia de muerte en los soldados que mantenían preso al Che a través de la radio suministrada por el gobierno de los Estados Unidos, y que lo hicieron a pesar de que los Estados Unidos expresaron el deseo de mantener al Che vivo para inte-

12. Ibíd.

13. Ibíd., p. 403; comunicación personal con Gustavo Villoldo, 27 de noviembre de 1995.

14. Jon Lee Anderson, *Che: A Revolutionary Life*, Nueva York, Grove Press, 1997, p. 45.

rrogarlo en Panamá. Anderson suministra una segunda versión de los acontecimientos, basada en su examen de las notas, proporcionadas por la viuda, del coronel del Ejército boliviano Andrés Selich, quien estuvo en la escena del crimen en La Higuera en el momento del asesinato del Che. El autor escribe que, de acuerdo con Selich, los generales bolivianos de La Paz enviaron al coronel Joaquín Zenteno Anaya un mensaje en el que le ordenaban matar al Che. Esto significa que el mensaje no fue enviado a Rodríguez. El teniente coronel Ayoroa, el comandante de la unidad que capturó a Guevara, tiene que haber sido el responsable de la ejecución. Si bien no sabemos cuál de estas historias es verdadera, en caso de que alguna lo sea, ninguna de ellas exonera a la CIA ni a los demás funcionarios estadounidenses. En cualquiera de los casos, como se demostrará luego, la CIA estaba al tanto de la captura del Che y tenía un agente propio en el lugar donde ocurrieron los hechos. Además, el gobierno de los Estados Unidos tenía sus razones para querer que el Che muriera: una revolución en Bolivia podría haber sido la chispa que encendiera otras revoluciones en los países andinos vecinos, como lo había deseado y planeado el mismo Guevara. Las diversas versiones meramente intentan poner a la CIA en un segundo plano con una historia de negación plausible.

Paco Ignacio Taibo II, un novelista e historiador mexicano simpatizante del Che, es el autor del libro *Guevara, Also Known as Che*. En él relata cómo se transmitió la orden de matar a Guevara sin mencionar ninguna participación de Rodríguez. Cuenta que al atardecer del 8 de octubre, desde La Higuera se envió un mensaje al alto mando de La Paz que refería la captura del Che. Quienes lo recibieron se reunieron luego con los generales Alfredo Ovando y Juan José Torres, este último jefe del estado mayor del Ejército, y probablemente hayan hecho consultas con otros oficiales. Taibo dice que no hubo registro de lo que se habló en aquel salón pero sí de la decisión que se tomó: el Che Guevara fue sentenciado a muerte. Solo entonces "consultaron al presidente Barrientos".[15] Lo que implica la versión

15. Paco Ignacio Taibo II, *Guevara, Also Known As Che*, Nueva York, St. Martin's Press, 1997, p. 556. [Ed. cast.: *Ernesto Guevara, también conocido como el Che*, México, Planeta, 2010.]

de Taibo es que este grupo de generales y el presidente de Bolivia tomaron la decisión de matar al Che. Sin embargo, esta interpretación no nos permite saber qué parte tuvieron en esta decisión, si tuvieron alguna, el gobierno de los Estados Unidos y la CIA. El autor también parece abrigar sus dudas respecto de la afirmación de Rodríguez de haber intentado convencer a los bolivianos de que no mataran al Che. Como observa Taibo, el coronel boliviano presente en la escena de La Higuera apellidado Zenteno, quien supuestamente transmitió la orden de ejecutar a Guevara, no menciona a Rodríguez. Al final, se ve obligado a concluir que lo que ocurrió en La Higuera "es una madeja de palabras que solo da lugar a nuevas preguntas".[16]

Henry Butterfield Ryan, un ex funcionario del Departamento de Estado y profesor de la Universidad de Georgetown, ha escrito el informe mejor investigado sobre la muerte del Che en su libro, publicado en 1998, *The Fall of Che Guevara*. Como muchos otros, este autor admira al Che por su valor y sacrificio, pero no por sus ideas políticas. Se opone a la Revolución cubana en general y a Fidel Castro en particular. De todos aquellos que han escrito sobre el asesinato es quien más cerca está de atribuir la responsabilidad al gobierno de los Estados Unidos, aunque llega a la conclusión de que "aunque estuvo profundamente implicado en eliminar la guerrilla que él comandaba, [el gobierno de los Estados Unidos] no mató ni mandó ejecutar al Che".

Ryan reconoce que hay muchas versiones de lo que en verdad ocurrió pero cree que el Che fue ejecutado por orden del presidente de Bolivia y el alto mando del Ejército boliviano, y no por la CIA. Al mismo tiempo, acepta que los Estados Unidos tenían muchas razones para desear la muerte del Che y se pregunta: "¿por qué debería salvar un embajador de los Estados Unidos al Che Guevara?".[17] También señala que, cuando el gobierno de los Estados Unidos adoptó la postura de dejar el destino del Che en manos de los bolivianos, "no se engañaban" sobre lo que tal decisión podría significar.[18] Pese a que no

16. Ibíd.
17. Henry Butterfield Ryan, *The Fall of Che Guevara: A Story of Soldiers, Spies, and Diplomats*, Nueva York, Oxford University Press, 1998, p. 132.
18. Ibíd.

hay ninguna base confiable y verificable de la declaración de Ryan sobre el hecho de que los Estados Unidos no estuvieron implicados en la orden de ejecutar al Che, este autor llega a la conclusión de que el gobierno estadounidense deseaba que muriera; sencillamente no quería ensuciar sus manos con sangre visible. Este relato juzga que los Estados Unidos fueron por lo menos moralmente, si no legalmente, culpables del asesinato del Che. Según su versión, la CIA sabía treinta y seis horas antes de su ejecución que Guevara había caído prisionero, pero escribe que, "como Poncio Pilatos", no hizo nada.

El escritor que más parece querer exonerar al gobierno de los Estados Unidos de la ejecución del Che es Richard L. Harris, autor de *Death of a Revolutionary*. Con respecto a Ryan, Harris se sitúa en el extremo opuesto del debate y su conclusión de que la CIA quería mantener vivo al Che prácticamente equivale a desinformación. Después de admitir que la mayor parte de sus fuentes son bolivianas, Harris concluye que la CIA no fue responsable de la ejecución del Che, que "aparentemente" se opuso y que quería mantener vivo a Guevara por "razones puramente profesionales"; también afirma que "la contribución de los Estados Unidos a la derrota militar de la operación guerrillera del Che fue mínima".[19]

A diferencia de la mayoría de los escritores que se han ocupado del caso, nosotros presentamos pruebas documentales que revelan que el gobierno de los Estados Unidos hizo todo cuanto estuvo a su alcance "para eliminar a los guerrilleros", entre ellos al Che [**Documento 20, pp. 192-195**]. Los documentos demuestran que la muerte del Che era de gran interés para el gobierno estadounidense. La CIA y las fuerzas especiales entrenaron al batallón comando boliviano que lo capturó. Además, hubo agentes de la CIA disfrazados de oficiales bolivianos que acompañaron al grupo comando en el campo; agreguemos a esto que los Estados Unidos suministraron las armas y la inteligencia y que aparentemente un agente de la CIA estuvo presente en el momento del asesinato.

Por lo demás, la prueba documental demuestra que el gobierno estadounidense y en particular la CIA querían que el Che

19. Richard L. Harris, *Death of a Revolutionary: Che Guevara's Last Mission*, Nueva York, Norton, 1970, pp. 219-221.

muriera aun antes de que partiera hacia Bolivia pues él, más que cualquier otro guerrillero de aquel período, ejemplificaba el éxito de la guerra de guerrillas contra el imperialismo de los Estados Unidos. Su muerte era esencial para que Estados Unidos se asegurara de que el ejemplo de la Revolución cubana no inspirara otros movimientos revolucionarios.

La CIA intenta asesinar al Che

Solo unos pocos de los autores que analizan el asesinato del Che mencionan siquiera la información hoy ampliamente conocida de que en aquel período era habitual la práctica del asesinato político por parte del gobierno estadounidense (práctica que continúa hasta el día de hoy). Estados Unidos participó de los asesinatos o intentos de asesinatos de Kim Koo, líder coreano de la oposición (1949); Zhou Enlai, primer ministro de China (en los años cincuenta); Sukarno, presidente de Indonesia (década del cincuenta); Kim Il-sung, primer ministro de Corea del Norte (1951); Claro M. Recto, líder de la oposición de Filipinas (mediados de la década de 1950); Jawaharlal Nehru, primer ministro de la India (1955); Gamal Abdel Nasser, presidente de Egipto (1957); Norodom Sihanouk, líder de Camboya (1959 y 1963); el brigadier general Abdul Karim Kassem, líder de Irak (1960); José Figueres, presidente de Costa Rica (en los años cincuenta y en los setenta); François "Papa Doc" Duvalier, líder de Haití (1961); Patrice Lumumba, primer ministro del Congo, Zaire (1961); el general Rafael Trujillo, líder de la República Dominicana (1961); y Ngo Dinh Diem, presidente de Vietnam del Sur (1963), según aparecen enumerados en *Killing Hope: US Military and CIA Interventions Since World War II*, de William Blum.[20]

Por otra parte, ninguno de esos escritores considera que la CIA misma haya admitido su intento de asesinar al Che, a Fidel Castro y a su hermano Raúl en varias ocasiones cuando

20. William Blum, *Killing Hope: US Military and CIA Interventions Since World War II*, Monroe, Common Courage Press, 1995. Véase también Senado de Estados Unidos, ob. cit., pp. 74-77.

estos estaban en Cuba, como lo revelan los testimonios de las audiencias del Comité Church.[21] Esta misma información había sido documentada anteriormente en un informe secreto de 1967 del Inspector General de la CIA, comisionado por el entonces director de la CIA, Richard Helms. El informe ha sido publicado en su totalidad y titulado *CIA Targets Fidel*.[22] Ya en 1960 se entendía que, si había que derrocar al gobierno de la Revolución cubana, era necesario asesinar a Fidel, a Raúl y al Che, ya que sin esos tres, el gobierno cubano quedaría sin líderes. En una reunión mantenida el 9 de marzo de 1960, J. C. King, jefe de la división para el Hemisferio Occidental de la CIA, dijo a la Fuerza de Tareas que estaba a cargo de las operaciones cubanas: "Salvo que pueda eliminarse a Fidel y Raúl Castro y al Che Guevara en un mismo operativo –cosa que es altamente improbable–, la operación será un asunto largo y desgastante y el actual gobierno solo podrá derrocarse con el uso de la fuerza".[23]

El informe de la CIA analiza la decisión de la Agencia de reclutar a la figura de la mafia de Chicago John Rosselli para realizar la tarea de envenenar al Che y a los Castro. Los detalles del complot son instructivos:

Harvey, el jefe de apoyo (CIA), y Rosselli se reunieron por segunda vez en Nueva York entre el 8 y el 9 de abril de 1962 [Informe IG, p. 43]. Una anotación hecha en aquel momento en los expedientes de la División de Servicios Técnicos indica que el 18 de abril de 1962 el jefe de apoyo recibió cuatro píldoras de veneno [Informe IG, pp. 46-47]. Las píldoras fueron entregadas a Harvey quien llegó a Miami el 21 de abril y se enteró de que Rosselli ya se había puesto en contacto con los mismos cubanos que habían estado implicados en el paso de píldoras anterior a la invasión de Bahía de Cochinos [Informe IG, p. 47]. Harvey le entregó las pastillas a Rosselli y le explicó que "harían efecto en cualquier parte, en cualquier momento y combinadas con cualquier cosa" [Rosselli, 24 de junio de 1975, p. 31]. Rosselli testificó que le dijo a Harvey que los cubanos intentaban usar las píldoras para asesinar al Che Guevara

21. Ibíd.

22. Fabián Escalante Font, *CIA Targets Fidel: Secret 1967 CIA Inspector's General Reports on Plots to Assassinate Fidel Castro*, Nueva York, Ocean Press, 1996.

23. Senado de Estados Unidos, ob. cit., p. 93.

y también a Fidel y Raúl Castro. Según el testimonio de Rosselli, Harvey aprobó los blancos declarando: "todo lo que quieren hacer está bien" [Rosselli, 24 de junio de 1975, p. 34].[24]

El Comité Church también inquirió en qué medida varios presidentes, incluidos Eisenhower, Kennedy y Johnson, aprobaron o estaban al corriente de estos complots de asesinato. Si bien no llegó a ninguna conclusión firme sobre los complots particulares, un funcionario clave de la CIA testificó que "generalmente, de conformidad con la doctrina de la 'negación plausible', se han hecho esfuerzos para mantener apartadas de los presidentes las cuestiones que podrían ser 'embarazosas'".

La muerte del Che: uno de los "intereses de Seguridad Nacional" clave para los Estados Unidos

La mayoría de estos autores no sitúan la muerte del Che en el contexto de la política estadounidense en relación con Cuba, Bolivia o América Latina en general en el momento en que fue asesinado. Esta es una omisión notable que hace sospechosas sus conclusiones. La muerte del Che era de crucial importancia para los intereses de los Estados Unidos, tal como lo percibían el presidente Johnson, las autoridades encargadas de la seguridad nacional, los militares y la CIA. Como admitieron funcionarios del gobierno en esa época, "la muerte del Che Guevara fue un golpe demoledor –tal vez fatal– para el movimiento guerrillero boliviano y pudo significar un grave revés para las esperanzas de Fidel Castro de fomentar la revolución violenta en todos o casi todos los países latinoamericanos" [**Documento 33, pp. 234-238**].

La parte que le cupo a los Estados Unidos en el asesinato del Che debe analizarse en el contexto de la Revolución cubana de 1959 y los miedos que engendró tanto en Washington como entre los gobiernos represores de América Latina. Estados Unidos quería revertir lo que había sucedido en Cuba y,

24. Ibíd., p. 84.

con ello, reducir notablemente la probabilidad de que se dieran otras revoluciones en otros países.

Una de las respuestas de los Estados Unidos a la Revolución cubana fue crear la Alianza para el Progreso, un programa interamericano de corta vida iniciado en 1961 después de que Cuba hubiera sido expulsada de la Organización de Estados Americanos (OAS). El programa fracasó en su objetivo de aliviar los problemas económicos y sociales latinoamericanos mediante préstamos que supuestamente aumentarían anualmente el ingreso per cápita de los pobladores en un 2,5%. Antes de que pasaran diez años, los Estados Unidos comenzaron a reducir los préstamos y se inclinaron más por la represión abiertamente militar. La creciente violencia incluyó actividades encubiertas de la CIA, intentos de asesinato y el entrenamiento para la contrainsurgencia de miembros de la policía y las fuerzas armadas. La muerte del Che, quien era la encarnación del cambio revolucionario, fue una parte crítica de esta faceta. Aunque no quedan dudas de que el gobierno estadounidense no quería que Guevara permaneciera vivo, por obvias razones quería evitar quedar implicado directamente en haber ayudado a los bolivianos a exterminar a los guerrilleros y a asesinar al argentino. Se consideraba imprudente toda intervención estadounidense abierta en las cuestiones de América Latina, pues podría ser considerada injerencia en los asuntos internos de países supuestamente soberanos. Los gobiernos de los países latinoamericanos corrían el riesgo de indignar a su población si parecían cumplir abiertamente las órdenes de los Estados Unidos. Además, la muerte del Che fue un asesinato a sangre fría y, como tal, un crimen de guerra.

El éxito que obtuvieron los Estados Unidos al derrotar al Che en 1967 fue el punto más alto de la capacidad contrainsurgente que habían desarrollado desde la Revolución cubana para asegurarse de que nunca más se produjera ninguna otra revolución semejante. El Che y Castro tenían la esperanza de que los Andes llegaran a ser la Sierra Maestra de toda América Latina, un espacio de entrenamiento para los guerrilleros que luego diseminarían la revolución desde Bolivia a Chile, la Argentina, Brasil, Ecuador, Perú, Venezuela y el resto del subcontinente.

En Bolivia, el Che procuró defender los logros de la Revolución cubana extendiéndola. Su idea era crear "dos, tres, muchos Vietnam" en solidaridad con la lucha de Indochina y como un medio de debilitar el imperialismo. Guevara escribió sobre la experiencia cubana: "El ejemplo de nuestra revolución y las lecciones que deja para América Latina han destruido todas las teorías debatidas en una mesa de café; hemos demostrado que un pequeño grupo de hombres apoyados por el pueblo y sin miedo a morir puede superar a un ejército regular disciplinado y derrotarlo".

Para los Estados Unidos, la perspectiva de que la cordillera de los Andes pudiera transformarse en otra Sierra Maestra de América Latina, con rebeliones populares que condujeran a una democracia socialista armada, era en realidad aterradora. Semejante desarrollo sería un contratiempo global para ellos, pues los obligaría a quitar presión de Vietnam, Cuba, El Salvador, Guatemala, Nicaragua y, sobre todo, de la Unión de Repúblicas Socialistas Soviéticas (URSS). De modo que, para Washington, deshacerse del Che era crucial.

La estrategia de contrainsurgencia

La estrategia de la contraguerrilla, aplicada con éxito contra el Che Guevara, fue diseñada en primer lugar por la administración Kennedy/Johnson cuando ambos asumieron la presidencia y la vicepresidencia en 1961. Walt Whitman Rostow fue uno de los arquitectos de lo que terminó conociéndose como la "respuesta flexible". Uno de los asesores más cercanos del presidente Lyndon Johnson, con oficina propia en la Casa Blanca, Rostow había sido reclutado por el presidente Kennedy del Instituto de Tecnología de Massachusetts (MIT) precisamente para que contribuyera a idear una estrategia contraguerrillera para los Estados Unidos. Coordinó un grupo especial de funcionarios militares y de inteligencia que se reunía semanalmente para monitorear y detener las insurgencias populares que se registraban en todo el mundo. Él fue quien específicamente le comunicó a Johnson sobre las actividades del Che en Bolivia.

La administración entrante de Kennedy comenzó por examinar las tácticas y estrategias del gobierno de los Estados

Unidos en relación con el avance de los movimientos de liberación nacional en el Tercer Mundo. Tomaron nota de que China y luego Cuba se habían perdido para el mercado mundial, y que Vietnam y todo el sudeste asiático podrían seguir el mismo camino. A partir del final de la Segunda Guerra Mundial, desde 1945 hasta 1960, los estadounidenses habían desarrollado una estrategia militar basada en el armamento nuclear llamado "represalia masiva", centrada en la posibilidad de una tercera guerra mundial y, en particular, de un enfrentamiento con la URSS. Esta estrategia incluía la construcción de grandes cantidades de armas nucleares, entre ellas misiles balísticos intercontinentales y bombas de largo alcance, todos ellos provistos de ojivas nucleares. Si Moscú llegara a amenazar, de cualquier modo, los perímetros del Imperio Americano, sufriría en represalia un ataque devastador.

A pesar de la Crisis de los Misiles Cubanos de 1962, cuando la instalación de misiles en Cuba por parte de la URSS en respuesta a la invasión de Bahía de Cochinos y la instalación de misiles en Turquía por parte de los Estados Unidos provocó un enervante enfrentamiento entre las superpotencias, cada vez fue haciéndose más evidente que la posibilidad de que la Unión Soviética iniciara un conflicto directo había dejado de ser una amenaza de primer orden. Como lo reconoció el Che, por entonces la Unión Soviética hacía tiempo que había abandonado su política de internacionalismo revolucionario y prefería la coexistencia "pacífica" con el mundo capitalista y con los Estados Unidos en particular. En cambio, el peligro principal para este último provenía de las fuerzas que procuraban producir un cambio progresista en el Tercer Mundo y especialmente en América Latina, donde estaban emergiendo varios movimientos revolucionarios. Era necesario trazar una estrategia para vérselas con campesinos que, pese a estar equipados con armamento primitivo, no se dejaban disuadir por los arsenales nucleares.

El jefe del Estado Mayor general Maxwell Taylor, en su libro *The Uncertain Trumpet*,[25] presagió la totalidad del cambio de estrategia. Él fue uno de los primeros en señalar que la capaci-

---

25. Maxwell D. Taylor, *The Uncertain Trumpet*, Nueva York, Harper, 1960.

dad de represalia masiva era de valor decreciente y que lo que hacía falta era contar con una "respuesta flexible". La "represalia masiva como concepto estratégico rector ha llegado a un callejón sin salida", escribió, y abogó, en cambio, por una "capacidad de abordar todo el espectro de los posibles desafíos". Taylor inició una cadena de pensamiento que culminó en un informe elaborado por un equipo liderado por Henry Kissinger y financiado por el fondo de los hermanos Rockefeller. El informe llamado *Seguridad Nacional: los aspectos militares* declaraba que las fuerzas móviles debían adaptarse para enfrentar la guerra de guerrillas, lo cual no podía lograrse con armamento nuclear.

Este enfoque fue puesto en primer plano durante la administración de Kennedy. El presidente nombró a Taylor su consejero militar principal, reclutó a Robert McNamara de la Ford Motor Company y lo nombró secretario de Defensa, y llamó a Walt Rostow y McGeorge Bundy de la Universidad de Harvard para contratarlos como asesores; todos ellos apoyaban la nueva estrategia. Pero fue el mismo Kennedy quien defendió con mayor determinación esta visión defensiva. En un discurso pronunciado en West Point en 1962, dijo que

la insurgencia subversiva es otro tipo de guerra, completamente nueva en su intensidad. Es una guerra librada por guerrilleros, por subversivos, por insurgentes, en suma, por asesinos: la guerra de emboscadas en lugar del combate, la infiltración en lugar de la agresión, que busca la victoria por la erosión y el agotamiento del enemigo en lugar de comprometerlo honorablemente. En estas situaciones es cuando precisamente necesitamos un tipo de estrategia completamente nuevo, un tipo de fuerza completamente nuevo y, por consiguiente, un tipo de entrenamiento nuevo y completamente diferente.

Como parte de esta perspectiva, Kennedy aumentó cinco veces las fuerzas especiales militares de los Estados Unidos. Quería que la fuerza estuviera compuesta por cuerpos de especialistas de elite de alta calidad y dedicación exclusiva, capaces de operar detrás de las líneas del enemigo con la suficiente habilidad y experiencia en la guerra de guerrillas para entrenar a las fuerzas locales, como harían los Boinas Verdes en Bolivia en 1967.

Kennedy observó que en los manuales militares del momento no existía ninguna información sobre contrainsurgencia. Comenzó a leer a Mao y al Che mismo y se aseguró de que los funcionarios extranjeros y militares que cumplieran tareas en los países del Tercer Mundo recibieran sus escritos sobre la guerra de guerrillas. Usando el pretexto de una crisis planeada sobre el acceso a Berlín en 1961, estuvo en condiciones de persuadir al Congreso de que aumentara el presupuesto militar en 3600 millones de dólares y acrecentara las fuerzas armadas de 2,5 millones a 2,75 millones de miembros. Se agregaron toda clase de armas nuevas no nucleares y esta medida marcó el comienzo de una escalada militar general que, en 1964, incluía un 800% de aumento de las fuerzas especiales entrenadas para luchar contra las amenazas insurgentes.

En el verano de 1962, el presidente Kennedy instituyó el Grupo Especial de Contrainsurgencia. El grupo, del que formaba parte Rostow y que estaba encabezado por Taylor, se reunía todas las semanas en la Casa Blanca y continuó haciéndolo después de la muerte de Kennedy, a lo largo de todo el mandato de Johnson y aun después del asesinato del Che. Una parte particularmente importante de la estrategia que ideó este grupo, la del "despliegue rápido", se basó en la convicción de McNamara de que la convocatoria del Che a producir "dos, tres, muchos Vietnam" tenía serias implicaciones. Semejante idea, si llegara a hacerse alguna vez realidad, significaría una grave amenaza para las fuerzas armadas estadounidenses, pues extendería el personal y los recursos más allá del punto de quiebre. El despliegue rápido fue diseñado para cortar la actividad guerrillera de raíz, con el propósito de evitar combates de magnitud en varios frentes simultáneamente. En 1965, un año antes de que el Che entrara en Bolivia, McNamara testificó ante el Senado de los Estados Unidos que

las primeras semanas de un conflicto de guerra limitado habitualmente son las más críticas. De modo que la capacidad de concentrar nuestra fuerza militar en cuestión de días en lugar de en semanas puede establecer una enorme diferencia en la totalidad de la fuerza que finalmente se requerirá y, en algunos casos, sirve para cortar de plano la agresión antes de que realmente haya dado comienzo.

Con respecto al Che en Bolivia, estas palabras resultarían proféticas.

Antecedentes y primeros años del Che

Los padres del Che se casaron cuando la madre, que siendo menor se había fugado previamente de su casa, estaba embarazada de tres meses. Ambos pertenecían a familias aristocráticas argentinas poco convencionales con más sangre azul que dinero. Uno de los antepasados por línea materna había sido virrey español del Perú colonial y otro había sido un general argentino. El abuelo materno del Che fue un renombrado profesor de derecho, congresista y embajador. Nacido en 1928, el Che era el mayor de cinco hermanos. A los 2 años, contrajo asma debilitante, una enfermedad que lo acompañó toda la vida y que obligó a la familia a mudarse desde Buenos Aires a provincias más saludables y de mayor altitud. A causa de su asma, el Che fue educado principalmente en su casa. Más tarde, su débil salud hizo que lo rechazaran en los exámenes de aptitud para el servicio militar obligatorio. Según los registros, el mayor guerrero de la Revolución cubana tenía por entonces "sus aptitudes físicas disminuidas"; Guevara les dijo a sus amigos que "agradecía a sus malditos pulmones por haber hecho algo útil para variar".[26]

La madre del Che había creado un hogar bohemio. Libros y revistas desparramados sobre los muebles, gente que llegaba sin previo aviso y se quedaba charlando, fumando y tomando vino tinto. En aquella casa, no había horarios fijos para las comidas, los niños montaban sus bicicletas, pasaban por la sala y salían al jardín. Los padres eran anticlericales viviendo en un barrio conservador. Después de la escuela, los chicos jugaban al fútbol y se formaban dos equipos: los que creían en Dios y los que no. Los no creyentes habitualmente perdían porque, invaria-

26. Jon Lee Anderson, ob. cit., p. 45.

blemente, su equipo no tenía suficientes jugadores. Los padres del Che también tenían inclinaciones políticas y, como su hijo mayor, se opusieron activamente a la dictadura de Franco en la España fascista. Estando en la facultad, el Che denunció a los profesores nazis de la universidad. Siendo adolescente, escribió poesía y cinco cuadernos filosóficos. Leía ávidamente y mantenía un registro de sus lecturas organizado por autor, nacionalidad, título y género. Leyó los 25 volúmenes de la historia contemporánea del mundo moderno que poseía su padre, así como las obras completas de Julio Verne, Sigmund Freud, Bertrand Russell, Aldous Huxley, Benito Mussolini, Joseph Stalin, Émile Zola, Jack London y Vladimir Ilyich Lenin. Leyó *El manifiesto comunista*, se sumergió en *El capital* y, en su tercer cuaderno filosófico, escribió un largo texto sobre la vida y las obras de Marx. Tenía la intención de escribir una biografía de Marx y también escribió un retrato de Lenin, a quien apreciaba como una persona que "vivió, respiró y durmió" con la Revolución socialista.[27]

En 1951, el Che consiguió empleo de verano en un barco de la marina mercante donde se codeó con toda clase de gente. Viajar y llevar un diario comenzó a hacerse un hábito que conservaría toda la vida. Sus *Diarios de motocicleta*, publicados en 1993, fueron ampliamente leídos; sobre esa base se escribió el guion de una popular película titulada del mismo modo. El libro describe el viaje que el Che inició en 1952 con su amigo Alberto Granado, con quien cruzó la Argentina y se dirigió a Chile en una vieja motocicleta Norton de 500 cc, comiendo lo que les ofrecían y durmiendo donde podían. Su padre le había regalado una pistola por si debían afrontar algún peligro. Una noche, mientras dormían en un granero que cortésmente les había ofrecido un granjero, el Che, que permanecía despierto mirando la oscuridad, vio aparecer súbitamente los feroces ojos brillantes de un puma, un león de montaña típico de Sudamérica; apretó el gatillo y mató al animal. A la mañana siguiente, cuando se despertó, descubrió que, en realidad, había matado al perro del granjero.[28] Siguiendo el viaje, los dos amigos visitaron minas de cobre en Chile y de estaño en Bolivia. Con su característico

27. Ibíd., p. 48.
28. Ibíd., pp. 72-94.

lenguaje cáustico, comentó que los yanquis se habían llevado todo y a la gente nativa le habían dejado "solo un buey".

Al regresar de su odisea en motocicleta, el Che demostró su extraordinaria capacidad de aprendizaje dando diez exámenes en diez semanas en la Facultad de Medicina y recibiéndose de médico: "Soñaba con convertirme en un famoso investigador [...], con trabajar infatigablemente para encontrar algo que pudiera poner definitivamente a disposición de la humanidad". En realidad, el mundo llegó a conocerlo, pero no como médico sino como revolucionario.

Guatemala

En 1953, a los 25 años, el Che abandonó definitivamente la Argentina y terminó en el pequeño estado de Guatemala, en América Central. Siete meses después de haber llegado, presenció el derrocamiento instigado por la CIA del gobierno electo de Jacobo Arbenz. Este era un reformador y había tocado los intereses de las corporaciones estadounidenses, nacionalizando algunas de las extensiones de tierra no utilizadas de la United Fruit Company. Los Estados Unidos reclutaron a Castillo Armas, un ex coronel del Ejército y vendedor de muebles, y le suministraron las armas y el entrenamiento necesarios en la vecina Nicaragua, que entonces estaba bajo el mando del dictador Somoza. Las tropas de Armas se apoderaron de Guatemala sin encontrar mucha resistencia y el médico argentino de 25 años se vio obligado a huir en el último minuto a México junto a la peruana marxista Hilda Gadea, con quien se casaría al año siguiente. Ella tenía más experiencia política que el Che y contribuyó en gran medida a su educación, además de darle una hija, Hildita, que nació pocos meses después de que la pareja se instalara en México.

Fidel, en su autobiografía oral, dice que algunos de los cubanos que atacaron el cuartel de Moncada de Cuba el 26 de julio de 1953 habían escapado de Guatemala y que conocieron al Che en ese país durante el período de Arbenz.[29] Después del

---

29. Fidel Castro e Ignacio Ramonet, *Fidel Castro: My Life*, Nueva York, Scribner, 2008, p. 172.

derrocamiento de Arbenz, ese grupo de cubanos y el Che fueron juntos a México y en julio de 1955 conocieron a Fidel en Ciudad de México. Aunque no contamos con ningún documento contemporáneo de alguna agencia estadounidense relativo a la estancia del Che en Guatemala, hay documentos posteriores (desde 1956) que analizan su presencia en ese país [**Documentos 2 y 3, pp. 114 y 116**]. El primer documento referente al Che es su página de datos biográficos y una copia de su pasaporte tomada de su entrada a los Estados Unidos en 1952 [**Documento 1, p. 112**].

México

Después de reunirse con Fidel en Ciudad de México, el Che lo describe así: "Un hombre joven, inteligente, muy seguro de sí mismo y de una audacia extraordinaria: creo que hay mutua simpatía entre nosotros".[30] Cenaron juntos y después de charlar durante horas, Fidel invitó al argentino a unirse a su movimiento guerrillero. El Che aceptó al instante. Era el segundo que lo hacía; el primero había sido Raúl Castro, el hermano menor de Fidel. El Che escribió:

La verdad es que después de las experiencias de mis andanzas por toda América Latina y de colmarlas en Guatemala, no hacía falta mucho para incitarme a unirme a cualquier revolución en contra de un tirano, pero Fidel me dio la impresión de ser un hombre extraordinario. Afrontaba y superaba las cosas más imposibles. Tenía una fe excepcional en que una vez que partiera hacia Cuba, llegaría y, una vez que llegara, lucharía. Y que peleando, ganaría. Yo compartía su optimismo [...]. [Ya era hora de] dejar de llorar y pelear.

El entendimiento histórico profundo sobre los países pobres de las Américas y el Caribe que Fidel compartió con el Che en aquellos encuentros en Ciudad de México constaba de tres puntos esenciales: (1) el sistema de latifundios monopólicos debía romperse para distribuir las tierras entre los campesinos

30. Che Guevara, *Otra vez: diario inédito del segundo viaje por Latinoamérica*, Nueva York, Ocean Press, 2007.

que las trabajan; (2) había que armar a la población para que pudiera defender sus conquistas; y (3) había que eliminar el viejo aparato represor dominante.

Según cuenta Fidel, el Che, en su primer encuentro, le pidió que le hiciera una única promesa: "Lo único que pido es que cuando la revolución triunfe en Cuba, usted no me prohíba por razones de Estado ir a la Argentina y hacer ahí también la revolución".[31] Castro concedió el pedido especialmente porque en aquella época él y otros "estaban impulsando una incipiente pero sólida política de internacionalismo".[32] En este libro, Fidel también habla del entrenamiento militar del Che en México. Quien lo entrenaba, junto a otros revolucionarios, era un general español que había nacido en Cuba en 1892. Un dato interesante es que este general, Alberto Bayo, había peleado contra Franco en la Guerra Civil Española y había huido a México después de la derrota de los republicanos.

El 20 de junio de 1956, Fidel y dos camaradas fueron arrestados en la calle en el centro de Ciudad de México. Cuatro días después, el 24 de junio, también el Che fue detenido. El arresto de Guevara aparece anotado en un documento de los Estados Unidos que dice que fue "arrestado en México en relación con el complot de Fidel Castro contra el presidente Batista de Cuba" [**Documento 2, p. 114**]. Hay un documento similar de aproximadamente la misma fecha relativo a la mujer del Che, Hilda Gadea de Guevara, aunque esta última no fue arrestada [**Documento 3, p. 116**]. En pocos días, todos los miembros del recién formado Movimiento 26 de Julio fueron "acusados de tramar el asesinato de Batista en colusión con comunistas cubanos y mexicanos [...]. La Habana había pedido su extradición".[33] El Che permaneció detenido en la cárcel del Ministerio del Interior. Declaró que era un turista que había llegado desde Guatemala y admitió que simpatizaba con Arbenz. Se lo acusó de violar las leyes de inmigración de México, aunque la prensa cargó de sensacionalismo el caso y calificó al Che y a otros veinte camaradas arrestados de conspiradores comunistas. Fi-

31. Fidel Castro, ob. cit., p. 174.
32. Ibíd.
33. Jon Lee Anderson, ob. cit., p. 189.

nalmente, después de unos dos meses en prisión, el Che fue liberado, posiblemente, como informa Anderson, porque Fidel había pagado un soborno.

La Sierra Maestra

El 25 de noviembre de 1956, el Che, que cumplía las funciones de médico de la tropa, zarpó de México hacia Cuba junto con Fidel y ochenta y dos guerrilleros a bordo del yate *Granma*. Batista había sido alertado sobre la invasión, tanto por un levantamiento urbano a destiempo en Cuba como porque un barco cubano había avistado al *Granma*. Al llegar a la isla, la nave que transportaba a los revolucionarios quedó varada en un lugar no previsto: en un manglar. Los soldados de Batista llegaron hasta el lugar y solo veintidós de los hombres a bordo sobrevivieron a la emboscada; aturdidos, se dispersaron por las montañas de Sierra Maestra. El Che fue capturado en la emboscada, pero logró escaparse. Debiendo tomar una decisión en una fracción de segundo, optó por apoderarse de una caja de municiones en lugar de rescatar su maletín de médico.[34] Varios camaradas reconocieron sus aptitudes de guerrero y Fidel lo promovió a comandante. A medida que la lucha se desarrollaba, el Che llegó a ser el principal confidente de Fidel así como su jefe de Estado Mayor de facto. Por entonces, empezó una relación amorosa con una mujer que luchaba a su lado, Aleida March. Después de divorciarse de Hilda, el Che se casó con ella, con quien tuvo cuatro hijos, dos varones y dos mujeres.

Durante la guerra revolucionaria, el padre del Che, rebosante de admiración, le dijo a un reportero que escribía sobre lo ocupado que estaba el Che:

[Él] había sentado las bases de la reforma agraria en la Sierra; levantó una fábrica de armas; inventó un rifle bazuca; inauguró la primera fábrica de pan en las montañas; construyó y equipó un hospital; creó la primera escuela e instaló una emisora de radio

34. Ibíd., p. 211.

llamada Radio Rebelde [...] y todavía tuvo tiempo para fundar un pequeño periódico para informar a las tropas rebeldes.[35]

En 1958, un año antes de la revolución, la CIA envió a un espía –supuestamente un periodista– al campamento del Che en la Sierra Maestra donde Guevara comandaba la 4ª Columna (llamada así aunque en realidad había solo dos columnas). El subsecuente informe de la CIA establece que el Che era "antiestadounidense" [**Documento 9, p. 150**]. El espía periodista de hecho durmió durante una semana en la tienda del Che. Según informó, Guevara tenía mal olor, fumaba largos cigarros por las noches y les leía a sus tropas con regularidad. Aquella semana leía a Daudet. "Es bastante intelectual para ser un latino", escribió el agente [**Documento 6E, p. 134**]. Otro documento de la CIA dice que el Che creía estar obrando en la "tradición de Simón Bolívar" [**Documento 4, pp. 118-120**]. Un informe posterior de la CIA declara que Guevara decía que defendía a Arbenz para que Guatemala pudiera defenderse de "la explotación a la que la sometía el capital extranjero" [**Documento 10, pp. 152-160**].

Junto a Camilo Cienfuegos, el Che condujo las tropas en la famosa batalla de Santa Clara, una operación que cortó la isla en dos y aseguró la victoria rebelde. Los revolucionarios marcharon hacia La Habana, donde entraron el 8 de enero de 1959. El Che era un héroe de la guerra. Hubo que aprobar una ley que bajara la edad mínima para ocupar la presidencia de 35 a 30 años para que Fidel pudiera asumir el cargo de primer ministro. En aquel momento, tenía 32 años; el Che tenía 30. Mediante la aprobación de otra ley, se le otorgó la ciudadanía cubana.

El éxito del derrocamiento fidelista de la dictadura de Batista respaldada por los Estados Unidos parece milagroso. La fuerza guerrillera que se impuso a los 50.000 efectivos entrenados y equipados por los Estados Unidos era minúscula, pero hay que tener en cuenta que el gobierno de Batista tenía pocos aliados en el pueblo, mientras que los guerrilleros contaban con el apoyo generalizado en las distintas ciudades y en el campo. Al final, poco pudo hacer Batista salvo abordar silenciosamente un vuelo y escapar a Miami.

35. Ibíd., p. 310.

Después de la revolución

Después de que la revolución triunfara, la CIA continuó haciendo el seguimiento del Che, tomando nota de sus posiciones y actividades [**Documentos 11-16, pp. 162-180**]. A Guevara le fue asignado el mando de la fortaleza La Cabaña, donde fueron encarcelados los torturadores y contrarrevolucionarios de Batista. El Che nombró a Miguel Ángel Duque de Estrada presidente de la Comisión de Depuración y tomó sobre sí toda la responsabilidad de la organización de los juicios de esos hombres, a quienes trató escrupulosamente de asegurarles procesos objetivos. Durante los siguientes tres meses varios cientos de prisioneros en toda Cuba fueron declarados culpables de asesinato o tortura y ejecutados. En La Cabaña, fueron alrededor de cincuenta y cinco.[36]

El Che también estuvo a cargo de preparar la ley de reforma agraria y de diseñar el organismo de gobierno que la instrumentaría. La ley fue muy popular, pues gran cantidad de cubanos que habían luchado a favor de la revolución se beneficiaron directamente con ella. Antes de esa ley, grandes extensiones de tierra pertenecían a corporaciones estadounidenses. El campesino cubano medio trabajaba media jornada, por temporadas, era analfabeto y vivía precariamente. El gobierno revolucionario nacionalizó esas grandes propiedades, algo que la ley internacional le permitía hacer, y comunicó a los antiguos dueños que serían compensados por sus pérdidas. A los propietarios estadounidenses se les advirtió que recibirían exactamente el dinero que habían declarado que valían sus propiedades en el momento en que las inscribieron para el pago de impuestos. Las ofertas del gobierno cubano fueron rechazadas.

En represalia, Estados Unidos, que hasta ese momento había procesado todo el petróleo de Cuba en refinerías de capitales estadounidenses, dejó de hacerlo y Cuba se quedó sin suministro de gasolina. Los cubanos, por su parte, respondieron nacionalizando las refinerías, la compañía de autobuses, la

36. Ibíd., p. 387.

telefónica, las minas de níquel y la economía en general. En lugar de la producción para obtener ganancias, se instauró una economía planificada. Esa fue la Revolución socialista cubana. La contestación de los Estados Unidos fue el bloqueo que comenzó en octubre de 1960.

En abril del año siguiente, mercenarios cubanos organizados por los Estados Unidos invadieron Cuba en Playa Girón (Bahía de Cochinos). En 72 horas fueron repelidos. En febrero de 1962, el bloqueo se aplicaba ya a pleno y ha continuado hasta el presente.[37]

Lo cierto es que el bloqueo habría de tener consecuencias devastadoras para la isla, sobre todo porque estuvo acompañado de continuos actos de violencia contra el pueblo cubano, como queda claramente expuesto en el juicio iniciado en 1999 contra el gobierno de los Estados Unidos. La demanda por 181.000 millones de dólares en daños fue presentada en La Habana por ocho organizaciones de Cuba, que incluyen sindicatos de comercio, grupos de pequeños granjeros, una organización de mujeres, una organización de defensa de la infancia, los comités de Defensa de la Revolución y grupos de veteranos. Estas organizaciones representan a la mayor parte de la población cubana. La demanda alegó e identificó actos de agresión cometidos por los Estados Unidos, sus agentes, funcionarios y empleados durante el período comprendido entre 1960 y 1999. Entre una letanía de acusaciones, el documento aseveraba que el país del norte era responsable de un saldo, durante esas cuatro décadas, de 3498 personas muertas y 2099 heridos producto de ataques aéreos y navales lanzados y respaldados por los Estados Unidos contra Cuba, ataques con ametralladoras contra habitantes de La Habana y contra pasajeros de trenes, el apoyo a grupos terroristas armados en el campo, la invasión de Bahía de Cochinos, la bomba en un avión cubano en 1976 (en el que murieron asesinadas 73 personas) y el daño emocional infligido por diversos actos de terrorismo. Afirmaba además que los Estados Unidos lanzaron una guerra biológica que causó la fiebre del

---

37. Salim Lamrani (comp.), *Superpower Principles: U.S. Terrorism Against Cuba*, Monroe, Common Courage Press, 2005, p. 139.

dengue, que en muchos casos resultó fatal para los niños, y que introdujeron la gripe porcina que mató 500.000 cerdos. La demanda además sostenía que Estados Unidos apoyó a los terroristas que asesinaron docentes y atacaron granjas colectivas incendiando plantaciones de azúcar y matando a los pobladores durante los incendios. Más detalles de esta demanda y de su resultado aparecen en *Washington on Trial: The People of Cuba vs. the U.S. Government*.[38]

En los seis años que el Che vivió en Cuba antes de partir en 1965 –previo a su viaje al Congo y luego a Bolivia–, dirigió el Banco Nacional de Cuba, viajó extensamente, concluyó con éxito varios tratados comerciales con países de todo el mundo, cumplió la función de vocero del gobierno cubano, con notable brío en sus presentaciones en las Naciones Unidas, y lideró los esfuerzos de industrialización de Cuba tendientes a liberarla de la economía exportadora dependiente de un único cultivo. Escribió el manual clásico *La guerra de guerrillas*, que tuvo numerosos lectores a ambos lados de la línea de clase, tanto entre los revolucionarios como entre los militares estadounidenses.

El Che hablaba en público trasladándose a lo largo de toda la isla y habitualmente sus discursos eran monitoreados o grabados por informantes que trabajaban para la CIA o el FBI. Durante la ceremonia en la que se le otorgó un título honorífico de la Universidad de Las Villas, en diciembre de 1959, el Che dijo ante los estudiantes y miembros de la facultad presentes que los días en que la educación era un privilegio para las clases medias blancas habían terminado. "La universidad", dijo, "debe pintarse de negro, mulatos, trabajadores y campesinos". Si no lo hiciera, advirtió, "el pueblo tirará abajo sus puertas [...] y pintará la universidad de los colores que se le antoje".[39] En un discurso dado en la Universidad de La Habana en 1962, habló sobre el papel que debían cumplir los estudiantes en el proceso revolucionario, y enfatizó que hay quienes "aunque provengan de una clase social que ha sido destruida, son capaces de comprender la necesidad histórica y la imposibilidad absoluta de cambiar lo

38. David Deutschmann y Michael Ratner, *Washington on Trial: The People of Cuba vs. the U.S. Government*, Nueva York, Ocean Press, 1999.
39. Jon Lee Anderson, ob. cit., p. 449.

que ha ocurrido en Cuba, estudiantes que quieren unirse a la revolución".[40]

El Che en África I: el discurso de Argel, febrero de 1965

A comienzos de 1965, el Che viajó al África para participar de las luchas de liberación que estaban cobrando fuerza en varios países de ese continente. Visitó un campamento del Movimiento Popular de la Liberación de Angola situado en la República del Congo Brazzaville, viaje que pronto emprendieron también representantes de los organismos espías de los Estados Unidos [**Documento 17, pp. 182-186**]. El Movimento Popular de la Liberación de Angola (MPLA) era el grupo guerrillero que luchaba por liberar a Angola de Portugal. En el discurso dirigido a ese movimiento el Che afirmó que Cuba "está enteramente con ustedes, con el pueblo angoleño, con el pueblo de Mozambique y con la llamada Guinea portuguesa". Luego señaló que el problema más difícil para ganar la guerra de guerrillas "es que el hombre de la montaña debe convertirse en guerrillero". Un guerrillero es alguien "que ha aprendido a no temer al ejército del enemigo. No fuimos un ejército de héroes. Ni mucho menos. Pero, al final, un grupo relativamente pequeño derrotó completamente el ejército de la tiranía".

El Che pronunció su último discurso público, ampliamente reconocido como uno de los más importantes, en Argel en febrero de 1965, en el 2° Seminario Económico sobre Solidaridad Afroasiática. Allí habló conmovedoramente de la necesaria solidaridad internacional en la lucha contra el imperialismo:

Porque no hay fronteras en la lucha contra la muerte, no podemos permanecer indiferentes frente a lo que ocurre en cualquier parte del mundo. La victoria de cualquier país contra el imperialismo es nuestra victoria, así como la derrota de cualquier país es una derro-

40. Michael Ratner y Michael Steven Smith, *Che Guevara and the FBI: The U.S. Political Police Dossier on the Latin American Revolutionary*, Nueva York, Ocean Press, 1997, p. 85.

ta para todos nosotros. La práctica del internacionalismo no solo es un deber para los pueblos que luchan por un futuro mejor; también es una necesidad ineludible.[41]

Si bien el Che reconocía que la Unión Soviética les había suministrado ayuda militar y tenía con Cuba un generoso acuerdo comercial por el cual subsidiaba las exportaciones de azúcar de la isla, cuando habló en Argel criticó a la URSS por no respaldar suficientemente a los vietnamitas y por aprovecharse de las ventajas competitivas de los países del Tercer Mundo; en suma, como lo expresó, por ser "cómplices del imperialismo". En esta conferencia el Che dijo además que los países socialistas "tienen el deber moral de terminar con su complicidad tácita con los países de Occidente". El discurso fue una bofetada en la cara de las autoridades de Moscú que favorecían la "coexistencia pacífica". El Che, en cambio, defendía la idea de extender la revolución para proteger lo ganado en Cuba y ofrecer solidaridad a los vietnamitas en guerra.

Guevara regresó a Cuba el 14 de marzo de 1965 y a fines de ese mismo mes desapareció de la escena pública. Nunca volvió a aparecer públicamente en Cuba.

Rumores de un distanciamiento de Castro

Algunos comentaristas han dicho que el discurso de Argel enfureció a Fidel –puesto que Cuba dependía de la ayuda de algunos de los países socialistas criticados por el Che– y que, por lo tanto, fue un factor determinante del alejamiento de Guevara de Cuba. Sin embargo, quienes afirman esto han tomado partes del discurso fuera de contexto, pues en esa misma exposición el Che dijo que la Unión Soviética y China eran "los más generosos con el Tercer Mundo". Además, hay otros elementos que demuestran que el argentino había estado preparándose para abandonar Cuba mucho antes de ir a Argel y por razones que no estaban de ningún modo relacionadas con supuestos desacuerdos con Fidel.

41. Ernesto Che Guevara, *Che Guevara Reader: Writings by Ernesto Che Guevara on Guerrilla Strategy, Politics & Revolution*, Nueva York, Ocean Press, 1997.

Claramente, Guevara se fue de Cuba para pelear y liderar las luchas de liberación. En casi todos los discursos que dio, exhortaba al pueblo a combatir el imperialismo y a hacerlo mediante la lucha armada. Veía esta pelea como una necesidad que se extendía a todo el mundo y a Cuba como un ejemplo para ser emulado. Se sabe que estaba planeando una estrategia guerrillera boliviana y latinoamericana desde por lo menos 1962, y probablemente desde antes. Tania (Tamara Bunke), la revolucionaria que estuvo con él en Bolivia, fue entrenada en Cuba. Había conocido al Che en 1964 en Alemania Oriental y en esa reunión Guevara le explicó que la misión de la joven sería ir a Bolivia.

Los archivos de la CIA reflejan la vasta difusión intencionada del rumor que se extendió por todo el mundo sobre la posibilidad de que el Che y Fidel estuvieran distanciados o algo peor. Un memorándum de Inteligencia de octubre de 1965 titulado "La caída del Che Guevara" afirma que Fidel había soltado la mano de Guevara, quien había caído en desgracia porque se oponía a "las medidas prácticas recomendadas por la Unión Soviética". Otra información recogida por los organismos de espionaje sostenía que el Che había sido asesinado por los soviéticos y que había mantenido una violenta discusión política con Fidel cuya consecuencia probablemente habría sido que lo asesinaran.[42]

La verdad es que no hubo ningún distanciamiento entre ambos revolucionarios. Cuando el Che se reunió con Fidel y los cubanos en Ciudad de México en 1956, ya quedó establecido que si tenían éxito en Cuba, el Che tenía la libertad de continuar su propio camino. Los cubanos se adhirieron al internacionalismo del Che, como lo demostraron con su apoyo en Argelia, en el Congo y en Bolivia. Fidel no solo respaldó la campaña boliviana del Che sino que la siguió casi día a día mientras tuvieron contacto por radio. En los últimos días de la incursión en Bolivia, cuando ya no se recibían noticias de Guevara, Fidel visitaba regularmente a su familia, preocupado por el posible desenlace. Además, a pesar de las objeciones soviéticas a la presencia del Che en Bolivia y la posibilidad de dañar seriamente los vínculos

---

42. Michael Ratner, ob. cit., pp. 174 y 180.

económicos de Cuba con el Kremlin, Fidel insistía en apoyar al Che y a los movimientos revolucionarios latinoamericanos.

Ese apoyo aparece resumido en el **Documento 36, pp. 245-247**, un cable informativo de Inteligencia de la CIA fechado el 17 de octubre de 1967, pocos días después del asesinato del Che. El documento relata la historia de las discusiones mantenidas entre Fidel y autoridades de la Unión Soviética sobre el tema de la actitud de Cuba en relación con el Che y las revoluciones de Bolivia y otros países. Este registro es de gran significación histórica. El gobierno soviético, alarmado al enterarse de que el Che estaba en Bolivia, envió al primer ministro Alexei Kosygin a visitar a Fidel en La Habana desde el 26 al 30 de junio de 1967. Lo más probable es que, utilizando vigilancia electrónica, la CIA haya estado en condiciones de oír las charlas mantenidas y enviar transcripciones condensadas a la Casa Blanca y al Ejército, además de a otros organismos. El propósito de Kosygin al ir a hablar con Castro era expresarle la oposición de su gobierno a la presencia del Che en Bolivia y a la postura de Castro de apoyar la actividad revolucionaria en América Latina. Objetó principalmente el hecho de que su gobierno no hubiera sido informado de antemano sobre la iniciativa boliviana y que las campañas de los guerrilleros estaban "haciendo el juego a los imperialistas", debilitando y desviando los esfuerzos del "mundo socialista", vale decir, de los partidos comunistas latinoamericanos leales a Moscú, por "liberar" a América Latina.

Castro no aceptó la premisa del ministro de que el Partido Comunista de la Unión Soviética y sus seguidores de Latinoamérica fueran revolucionarios. Este documento de la CIA muestra sucintamente en qué medida era consciente la Agencia estadounidense de las diferencias entre Cuba y la Unión Soviética, y dónde residían los intereses de los Estados Unidos. La CIA sabía que Cuba no estaba de acuerdo con la perspectiva soviética de las "guerras de liberación nacional" de Latinoamérica, y declaró que Castro "acusó a la URSS de haber dado la espalda a su propia tradición revolucionaria y de haberse situado en una posición que rechazaría apoyar cualquier movimiento revolucionario, salvo que las acciones de este contribuyeran al logro de los objetivos soviéticos, diferentes de los objetivos comunistas internacionales". Este documento deja efectivamente fuera de la escena toda cuestión referente al distanciamiento con Fidel o a la idea de que Fidel no apoyó la campaña del Che en Bolivia.

El Che en África II, julio de 1965

Después del discurso de Argel, en el que el Che expresó entusiasmo por las posibilidades revolucionarias del África, Fidel presentó la idea de que Guevara retornara al continente para conducir el contingente de guerrilleros cubanos que ya estaban siendo entrenados para cumplir una misión en el Congo. El Che partió en abril de 1965. De acuerdo con lo manifestado por Manuel "Barbarroja" Piñeiro, el Che, que por entonces era el jefe de las actividades revolucionarias de ultramar, "no necesitaba que nadie lo convenciera. Volvió [de África] realmente entusiasmado con el contacto con los africanos. De modo que cuando Fidel le dijo: '¿Por qué no vas al África?', él estaba muy inquieto con la idea de partir cuanto antes y se impacientaba por no poder cumplir lo que consideraba su misión histórica".[43]

La misión al Congo para derrotar al régimen de Tshombe respaldado por Occidente no tuvo éxito. La rebelión a la que se unió el Che estaba liderada por los herederos políticos de Patrice Lumumba, el primero en ocupar el puesto de primer ministro en el Congo Independiente y fusilado en 1961 por las fuerzas de Tshombe, muy posiblemente en complicidad con los Estados Unidos. Cuando el Che llegó al Congo, la rebelión casi había terminado y no era mucho más lo que podía hacerse a pesar del apoyo cubano. Además, los líderes rebeldes congoleses, incluido Laurent Kabila, estaban totalmente desorganizados y con pocas ganas de cooperar.[44] Durante este período, los rumores y las más alocadas suposiciones que se habían hecho correr por todo el mundo sobre dónde estaba el Che y sobre sus relaciones con Fidel y la Revolución cubana eran tales que Castro se sintió impulsado a hacer pública una carta de despedida que Guevara le había escrito antes de partir para África. La CIA estaba al tanto de que Fidel quería detener las especulacio-

43. Jon Lee Anderson, ob. cit., p. 628.
44. William Blum, ob. cit., cap. 2.

nes sobre el destino del Che, como queda reflejado en un cable de información de Inteligencia fechado el 28 de septiembre de 1965, en el que se informa que Fidel había anunciado que leería en un acto público un documento que explicaba la ausencia del argentino [**Documento 16, p. 180**].

Fidel leyó en voz alta la carta del Che en un mitin realizado el 3 de octubre, después de presentar al Comité Central del recién creado Partido Comunista de Cuba:

> Otras tierras del mundo reclaman el concurso de mis modestos esfuerzos. Yo puedo hacer lo que te está negado por tu responsabilidad al frente de Cuba y llegó la hora de separarnos. [...] En los nuevos campos de batalla llevaré la fe que me inculcaste, el espíritu revolucionario de mi pueblo, la sensación de cumplir con el más sagrado de los deberes: luchar contra el imperialismo dondequiera que esté.[45]

El Che y la CIA en Bolivia

Una vez que la carta fue leída en público y que las posibilidades en el Congo se agotaron, el Che no quiso retornar con ningún cargo público a Cuba. Había renunciado a su ciudadanía cubana honoraria y a todas sus posiciones oficiales, y había jugado su suerte a la Revolución mundial. Cuando el Che regresó brevemente a Cuba desde el continente africano en 1966 para participar de los entrenamientos, su presencia en la isla no se hizo pública. En los documentos de la CIA de aquel momento se especula mucho sobre su paradero, pero en realidad los agentes no sabían dónde estaba. Aunque todavía no estaba en Bolivia, un documento de la CIA del 23 de abril de 1966, titulado "Grupo revolucionario supuestamente viaja con destino a Bolivia" dice que noventa "revolucionarios entrenados por cubanos" se dirigían a Bolivia y que el Che Guevara comandaba una fuerza de guerrilleros en los Andes [**Documento 18,**

---

45. La lectura de la carta y una traducción al inglés pueden hallarse en línea: <www.embacubalebanon.com> y en Michael Ratner, ob. cit., p. 134.

p. 188]. Los preparativos del Che, incluido el establecimiento de una red clandestina en La Paz, habían estado en marcha desde algunos años antes y la CIA evidentemente tenía algún indicio de sus planes.

¿Por qué eligió el Che Bolivia? Sin salida al mar, este país era el más pobre, el más iletrado, el más rural y el de mayor proporción de indígenas de los países de Latinoamérica. También era el más inestable, pues desde su independencia en 1825 había pasado por 189 cambios de gobierno. Al igual que México en el período comprendido entre 1910 y 1920 y Cuba más recientemente, Bolivia era un país cuya revolución, producida en 1952, se había basado en la participación popular. Y, por supuesto, era un vecino del país de origen del Che, la Argentina.

Constantino Apasa, un minero del estaño boliviano, resumió la situación política que imperaba en su país en el año en que llegó el Che:

Cuando el Movimiento Nacionalista Revolucionario llegó al poder en 1952, sentimos que era un partido de los trabajadores y que las cosas cambiarían. Pero luego los políticos del MNR organizaron una policía secreta y se llenaron los bolsillos. Reconstruyeron el ejército que nosotros habíamos destruido y cuando fue lo suficientemente grande, echó a los políticos. Ahora el Ejército tiene nuevo armamento contra el que no podemos luchar.[46]

El golpe militar de 1964 terminó con los doce años de dominio del MNR. Todos los oficiales militares que se hicieron cargo del gobierno habían sido entrenados por los Estados Unidos.

El Che llegó a Bolivia a través de Uruguay a comienzos de 1966 disfrazado de hombre de negocios uruguayo. Su apariencia era tan engañosa –la barba afeitada, gafas con marco de carey, traje de banquero hecho a medida– que Phil Agee, el agente de la CIA en Uruguay encargado de encontrar al Che (quien poco después dejó la Agencia y se volvió un defensor de la Revolución cubana), escribió que Guevara esquivó a los funcionarios uruguayos a pesar de un panfleto de advertencia que

46. Norman Gall, *Show Death in Bolivia*, disponible en <www.normangall.com>.

el mismo Agee había preparado y distribuido en el aeropuerto de Montevideo. En realidad, Fidel le contó al autor Ignacio Ramonet que ni Raúl Castro reconoció al Che en una reunión previa a su partida de Cuba hacia Bolivia.[47]

El plan del Che era establecer un campamento para sus guerrilleros y, una vez que estos estuvieran entrenados, avanzar con sus tropas hacia el norte para enfrentar al débil Ejército boliviano. El 7 de noviembre de 1966, llegó a la base guerrillera sobre el río Ñancahuazú, tal como lo escribe en la primera entrada de su *Diario de Bolivia*, que empieza diciendo: "Hoy comienza una nueva fase. Llegamos a la granja de noche. El viaje se desarrolló bastante bien".[48] Debían entrenarse durante aproximadamente cuatro meses antes de lanzarse a la batalla. No contamos con ningún documento del gobierno de los Estados Unidos de alrededor de los días anteriores o posteriores al de la llegada de Guevara a Bolivia; los primeros aparecen unos cuatro meses más tarde. Parece probable que Estados Unidos desconociera su paradero durante ese período. Para llenar ese hueco, hemos utilizado el diario del Che.

Lo que sigue son versiones abreviadas de los resúmenes mensuales de lo registrado por Guevara en noviembre y diciembre de 1966 y enero y febrero de 1967. Durante este período los guerrilleros recibieron entrenamiento, exploraron el terreno y se prepararon para la batalla. El Che mantenía reuniones secretas con Mario Monje, el secretario general del Partido Comunista de Bolivia, quien finalmente se rehusó a apoyar la expedición. En su diario, el argentino escribió que "el Partido ahora está tomando las armas ideológicas y volviéndolas contra nosotros".

A fines de noviembre, escribe: "Todo ha marchado bastante bien; llegué sin inconvenientes. [...] El panorama general parece bueno en esta remota región...".[49] A fines de diciembre "el equipo de cubanos se ha completado con éxito; la moral es buena y solo se presentan pequeños problemas. Los bolivianos están haciendo un buen trabajo, aunque son muy pocos".[50] Al

47. Fidel Castro, ob. cit., p. 301.
48. Ernesto Che Guevara, *The Bolivian Diary*, Melbourne, Ocean Press, 2006, p. 35.
49. Ibíd., p. 44.
50. Ibíd., p. 60.

terminar enero: "Ahora comienza la verdadera fase guerrillera y pondremos a prueba las tropas; el tiempo dirá lo que pueden hacer y cuáles son las perspectivas para la Revolución boliviana. De todo lo que fue planeado, lo más lento ha sido la incorporación de los combatientes bolivianos".[51] El 1º de febrero llevó a la mayoría de los hombres a lo que supuestamente sería una misión de entrenamiento pero que terminó siendo una ordalía de casi cincuenta días en la que dos bolivianos se ahogaron. A fines de febrero, cuando todavía continuaba la misión de entrenamiento, Guevara escribió: "Aunque no tengo noticias de lo que está ocurriendo en el campamento, todo marcha razonablemente bien, con algunas excepciones, en un caso, una fatal. [...] La próxima etapa será el combate y será decisiva".[52]

A mediados del mes siguiente las cosas habían dejado de "marchar razonablemente bien". El 16 de marzo, tres días antes de que el Che y sus guerrilleros retornaran al campamento, dos hombres, Vicente Rocabado Terrazas y Pastor Barrera Quintana desertaron del grupo que había quedado rezagado. Las autoridades bolivianas los recogieron e interrogaron, y los desertores dieron información sobre los guerrilleros y dónde se hallaban. Con esos datos, la policía irrumpió en una granja donde se habían instalado algunos de los revolucionarios y a partir de entonces empezó la persecución efectiva del Che y su gente. El Ejército boliviano comenzó a explorar intensamente la región, y quienes habían quedado retrasados pudieron ver un avión que volaba en círculos sobre la zona durante varios días.

El informe obtenido de Terrazas y Quintana causó alarma en los niveles más altos del gobierno boliviano, como se revela en un telegrama del Departamento de Estado enviado al secretario de Estado y a otras autoridades estadounidenses por el embajador en Bolivia, Douglas Henderson, quien había sido nombrado embajador en La Paz en 1963, un año antes de que el gobierno de la Revolución fuera derrocado en 1964. Era un funcionario de carrera del servicio exterior, hijo de un miembro del Ejército estadounidense que había contribuido a sofocar la Insurrección filipina de 1899-1902, así como la Revolución

51. Ibíd., p. 78.
52. Ibíd., pp. 94-95.

mexicana de 1916. El telegrama enviado por Henderson descri-be una reunión realizada el 17 de marzo [**Documento 19, pp. 190-191**]. En ella estaban presentes, por un lado, el presiden-te Barrientos, el comandante en jefe de las fuerzas armadas y otros militares de alto rango bolivianos, y por el otro, Henderson, el director adjunto de la misión y el agregado de Defensa.

El tema del memorándum es "Informe de la actividad gue-rrillera en Bolivia". Empieza con una referencia a una llamada telefónica al embajador: "A urgente solicitud del presidente Ba-rrientos, fui a visitarlo esta tarde a su casa". En sustancia, el telegrama de Henderson informa la captura de los dos deser-tores, que habían admitido haberse asociado a unos cuarenta guerrilleros y la localización del grupo. Los desertores dijeron que sus líderes eran cubanos castristas y que el contingente incluía a camaradas de otras nacionalidades. Los dos men-cionaron que el Che era el jefe, pero admitieron que nunca lo habían visto personalmente. Tanto Henderson como Barrientos dudaban de la presencia de Guevara en el lugar. El presidente boliviano "solicitó asistencia inmediata", especialmente un equi-po localizador de radio para ayudar a ubicar con exactitud los transmisores de radio que según se informaba tenían los guerri-lleros. La respuesta de Henderson consistió en no tomar ningún compromiso e informar a Washington que "estamos tomando este informe de la actividad guerrillera con cierta reserva". No obstante, dijo que trataría de conseguir el equipo localizador de radio localmente antes de pedir ayuda externa.

Barrientos había llegado al poder a la típica manera bolivia-na: el gobierno democráticamente electo de Víctor Paz Estens-soro había sido derrocado en noviembre de 1964 por un golpe liderado por Barrientos y respaldado por los Estados Unidos. La CIA y el Pentágono querían sacar del medio a Paz Estenssoro. En 1964, este presidente boliviano había votado a favor de que Cuba continuara formando parte de la Organización de Esta-dos Americanos a pesar de que Estados Unidos impulsaba una sanción de ese organismo en contra de Cuba. Asimismo, se había negado a romper relaciones con la asediada isla. El Che llamaba a la OEA el "Ministerio de Colonias". Barrientos, por su parte, había recibido entrenamiento en los Estados Unidos y tenía una estrecha relación tanto con la CIA como con las fuerzas armadas estadounidenses. Durante su entrenamiento allí, su amigo e instructor de vuelo fue el coronel Edward Fox, quien en 1964 era el agregado militar de la embajada estadounidense en La Paz. Por entonces, Fox trabajaba para la CIA.

Veinte de los veintitrés oficiales de primera línea de las fuerzas armadas bolivianas que se hicieron cargo del gobierno habían sido entrenados en la Escuela de las Américas, en los Estados Unidos y luego en la Zona del Canal de Panamá, al igual que otros 1200 hombres pertenecientes a las distintas fuerzas. La Escuela de las Américas entrenaba y adoctrinaba a tantos militares latinoamericanos que en toda América Latina llegó a conocérsela como la "Escuela de los golpes". Los acontecimientos recientes de Vietnam estaban muy presentes en el espíritu del embajador Henderson, quien tenía sus recelos con respecto a Barrientos. Estaba a favor de una respuesta más mesurada a la guerra de guerrillas que el enfoque duro sugerido por el presidente boliviano. Creía que "una matanza excesiva" fácilmente transformaría al campesinado boliviano en enemigo eterno de los Estados Unidos.

En un sondeo sobre la inestabilidad en América Latina, realizado en 1965, la CIA había situado a Bolivia en el segundo lugar de la lista cuyo primer lugar ocupaba República Dominicana, país que invadiría ese mismo año. La Agencia temía que el caos político en Bolivia hiciera que los comunistas terminaran derrocando a Barrientos. A través de Henderson, el presidente solicitó a los Estados Unidos que suministraran al Ejército boliviano, además de los localizadores de radios, aviones de alto rendimiento y napalm. Asimismo, le pidió a Henderson que alertara a los gobiernos de Paraguay y Argentina sobre la amenaza de los guerrilleros, cosa que Henderson cumplió. Sin embargo, por consejo de este último, Estados Unidos pospuso el suministro de aviones y napalm por temor a que resultara contraproducente e inclinara a los campesinos a apoyar al Che.

El 19 de marzo, Guevara regresó al campamento base de los guerrilleros después de la prolongada misión de entrenamiento que se había malogrado. Apenas llegó recibió la mala noticia de las dos deserciones. También él había visto un avión volando en círculos el día anterior y estaba preocupado. Además, se enteró de que la policía había registrado la granja donde se hospedaban algunos guerrilleros y que el Ejército podía estar avanzando para atacarlos.

Guevara se reunió con Tania Bunke, la agente encubierta que había sido enviada a La Paz dos años antes como apoyo del Che y que llegó al campamento en su ausencia. Tania tenía 32 años y se había criado en la Argentina, donde sus padres habían llegado como refugiados de la Alemania nazi. Su padre, profesor de lengua, era alemán y su madre, rusa judía. Ambos eran comunistas. Tania se encontró por primera vez con el Che en 1959 cuando él dirigió una delegación a Alemania Oriental y ella estudiaba filosofía en la Universidad Humboldt de Berlín Oriental. Dos años después, Bunke se mudó a Cuba y, antes de partir hacia Bolivia, mientras seguía cursando en la Universidad de La Habana, trabajó en el Ministerio de Educación y se unió a la Milicia de Mujeres Cubanas.

Tania había llegado al campamento en febrero junto con Régis Debray y Ciro Bustos. Debray había sido designado para hacer de correo del Che primero hacia La Habana y luego hacia París. Procedía de una familia parisiense de clase alta y había asistido a la prestigiosa École Normale Supérieure. Poco tiempo antes, había enseñado filosofía en La Habana y había escrito un libro que alcanzó enorme difusión, *¿Revolución en la revolución?*, que establecía lo que sería la teoría castrista de la revolución: grupos pequeños de guerrilleros operando en el campo y vinculándose con quienes los respaldaban en las ciudades de una manera que proporcionaba un catalizador para la toma del poder. El concepto leninista de construir un partido socialista de masas quedó descartado: Debray popularizó en cambio el argumento de Guevara de que, en este estadio tardío del imperialismo, no hacía falta un partido de esas características. En situaciones como la de Bolivia, en las que el gobierno y su ejército eran extremadamente débiles y las fuerzas armadas estadounidenses no daban abasto con 500.000 hombres empantanados en Vietnam, una fuerza guerrillera rural con el apoyo de sectores urbanos podía hacerse del poder sin construir un partido del tipo leninista. Esto, argumentaba el Che, es lo que había ocurrido en Cuba.

Tania había conseguido documentos falsos para Debray y Bustos, un artista argentino y uno de los primeros defensores de la Revolución cubana que, antes de ir a Bolivia, había viajado a Cuba en 1960, se había reunido con el Che y colaborado con él en organizar un apoyo para los revolucionarios de Uruguay. A pesar de las órdenes en contrario impartidas por el Che, Tania había acompañado a los dos hombres desde La Paz hasta el campamento guerrillero de Camiri. Mientras esperaba a Guevara, el Ejército boliviano descubrió su *jeep*, que la vinculaba tanto con los guerrilleros como con la red de apoyo de La Paz. El Che escribió el 27 de marzo: "Todo indica que Tania ha sido identificada, con lo cual se pierden dos años de trabajo bueno y paciente. La salida de la gente es muy difícil ahora".[53]

Pocos días después del retorno del Che al campamento base, a primera hora del 23 de marzo de 1967, los guerrilleros libraron su primera batalla. Guevara había enviado a algunos de sus hombres para establecer un perímetro defensivo. En su avance descubrieron a un grupo de soldados bolivianos y les tendieron una emboscada; mataron a siete y tomaron dieciocho prisioneros. Según informa el Che, "dos de los prisioneros –un mayor y un capitán– hablaban como loros".[54] Después de aquella batalla, se hizo evidente para el Che que los bolivianos habían descubierto dónde se hallaba el grupo rebelde, lo cual significaba que debían mantenerse en movimiento.

Un informe de Inteligencia del Departamento de Defensa de los Estados Unidos referente a la capacidad de la contrainsurgencia en Bolivia, fechado el 31 de marzo de 1967, informa en detalle el desarrollo de la batalla del 23 de marzo [**Documento 21, pp. 196-198**].

Después de subestimar informes sobre la actividad guerrillera durante el fin de semana del 17 al 21 de marzo de 1967, el día 23 de marzo una patrulla del Ejército boliviano se enfrentó con un grupo de guerrilleros cuyo número, según los diferentes informes, variaba de cincuenta a cuatrocientos individuos. Este enfrentamiento tuvo lugar en la zona de Nancahuasu [Ñancahuazú] (1930S/6340O). [...] Es una fuerza bien organizada y sus hombres están armados con armas modernas y dirigidos por cubanos castristas. [...] En

53. Ibíd., p. 113.
54. Ibíd., p. 111.

este momento el Ejército boliviano tiene aproximadamente seiscientos hombres dedicados a la busca de la banda de guerrilleros. Cuenta con el apoyo de la fuerza aérea...

El éxito de las fuerzas del Che causó alarma entre los oficiales bolivianos. El día de la batalla, Barrientos tuvo otra reunión con el jefe adjunto de la misión de los Estados Unidos en la que le informó que la situación con la guerrilla había empeorado y que creía que los guerrilleros que estaban en Bolivia formaban "parte de un amplio movimiento subversivo liderado por cubanos y otros extranjeros". El presidente boliviano dijo que sus tropas eran "inexpertas y estaban mal equipadas" y volvió a pedir la asistencia urgente de los Estados Unidos. Los últimos ataques provocaron que los militares estadounidenses creyeran que los guerrilleros "podrían constituir una amenaza potencial a la seguridad para el gobierno de Bolivia" [**Documentos 20, 21, pp. 192-198**]. Este informe de Inteligencia también señalaba que "Estados Unidos es el único país extranjero que proporciona asistencia militar en equipamiento a Bolivia" [**Documento 21, pp. 196-198**].

Henderson y Barrientos se reunieron nuevamente el 27 de marzo de 1967. En un encuentro de una hora y media, Barrientos le pidió al embajador ayuda directa de los Estados Unidos para apoyar a las fuerzas armadas bolivianas de modo tal que estas pudieran resolver la "emergencia" en la que Bolivia estaba "contribuyendo a luchar por los Estados Unidos" [**Documento 20, pp. 192-195**]. El Departamento de Estado le respondió a Henderson que no estaba inclinado a sostener una ampliación significativa del Ejército, pero que suministraría "cantidades limitadas de material esencial para asistir a una respuesta cuidadosamente orquestada a la amenaza". Si esa ayuda resultaba insuficiente, Henderson debía darle a Barrientos la seguridad de que los Estados Unidos estaban dispuestos a considerar nuevos pedidos de ayuda [**Documento 20**]. El 31 de marzo de 1967, el Departamento de Estado informó a las embajadas estadounidenses de los países vecinos que el plan era "bloquear el escape de los guerrilleros y luego hacer entrar en la zona una unidad de tipo comando entrenada y preparada para eliminar a los guerrilleros". Además, el Departamento de Estado estaba considerando utilizar un equipo de entrenamiento militar especial de los Estados Unidos "para el entrenamiento acelerado de una fuerza contra la guerrilla" [**Documento 20**].

Al informar sobre esta reunión, Henderson hizo notar el deplorable estado de las fuerzas armadas bolivianas:

> Sospecho que Barrientos está comenzando a sufrir cierta angustia genuina por el triste espectáculo que ofreció la pobre actuación de sus fuerzas armadas en este episodio; es decir, una impetuosa incursión en una zona donde se informó la presencia de guerrilleros, aparentemente basada en un fragmento de información de Inteligencia y que dio por resultado un desastre menor que además infundió pánico en los responsables del gobierno y desencadenó una serie de actividades mal coordinadas, con una planificación profesional y un apoyo logístico menos que adecuados [**Documento 20**].

El análisis que hace el Che en la entrada de su diario de fin de marzo incluía entre otros puntos, una evaluación de la situación general:

> El panorama general se caracteriza del modo siguiente: la fase de consolidación y purga de la fuerza guerrillera: cumplida a cabalidad. La fase inicial de la lucha, se caracterizó por un golpe preciso y espectacular [la batalla del 23 de marzo de 1967], pero jalonada de indecisiones groseras antes y después del hecho... [mala conducta y oportunidades perdidas por parte de dos guerrilleros].

La entrada concluía diciendo "evidentemente, tendremos que emprender el camino antes de lo que yo creía y movernos dejando un grupo en remojo y con el lastre de cuatro posibles delatores. La situación no es buena, pero ahora comienza otra nueva fase de prueba para la fuerza guerrillera que le ha de hacer mucho bien cuando la sobrepase".[55]

El 10 de abril, los guerrilleros tendieron dos emboscadas en las que murieron un total de ocho soldados bolivianos; hubo además ocho heridos y capturaron veintidós o veintiocho (el diario no está claro) prisioneros. En la acción murió uno de los

55. Ibíd., p. 118.

hombres del Che.[56] El 17 de abril, el Che dividió su grupo. Tania y otro guerrillero enfermaron y permanecieron recuperándose junto con otros rezagados y Joaquín (el mayor Juan Vitalio Acuña, un comandante de la revolución), mientras el Che y los rebeldes restantes continuaron avanzando.[57] Los dos grupos nunca volvieron a reunirse.

Después de descubrir la presencia de guerrilleros en el país en el mes de marzo, el general estadounidense Robert W. Porter, jefe del Comando Sur, viajó a Bolivia para evaluar la situación. Otros generales y almirantes estadounidenses hicieron una media docena de visitas al país entre el mes de marzo y el momento de la muerte de Guevara en octubre. El 18 de abril, el general Porter envió a Bolivia al brigadier de la fuerza aérea William A. Tope para que hiciera un informe completo sobre la situación de la guerrilla y la ayuda que necesitaban los bolivianos. Tope permaneció en el país hasta el 30 de abril y se reunió tres veces con Barrientos y con el jefe de la fuerza aérea, el general Ovando.[58]

Las fuerzas armadas bolivianas eran muy débiles y tanto el Che como el gobierno estadounidense lo sabían. Después de reunirse con Barrientos, el general Tope escribió un informe que envió al consejero para Latinoamérica del presidente Lyndon Johnson, Walt Whitman Rostow. En él, Tope afirmaba que Barrientos y el alto mando boliviano querían aviones de combate y napalm. Tope creía que el pensamiento de los generales bolivianos era "arcaico, impulsivo y soberbio".[59] Como Henderson, temía que Barrientos bombardeara indiscriminadamente a la población civil, lo cual, estimaba, sería contraproducente.

El general Tope le propuso al general Ovando que los Estados Unidos entrenaran a un batallón boliviano cuya misión sería exterminar a los guerrilleros del Che.[60] Ovando estaba entusiasmado con la propuesta y, como resultado de ello, el 28 de abril, cuando Tope estaba todavía en Bolivia, el Grupo Asesor Militar de los Estados Unidos firmó un acuerdo con el gobierno bo-

56. Ibíd., p. 126.
57. Ibíd., p. 132.
58. Henry Butterfield Ryan, ob. cit., p. 83.
59. Ibíd., p. 85.
60. Ibíd.

liviano por el cual suministraría equipamiento y entrenamiento al Ejército boliviano. El documento, titulado "Memorándum de Acuerdo referente a la activación, organización y entrenamiento del 2° Batallón de Rangers del Ejército boliviano", aparece reproducido en su totalidad en las páginas siguientes [**Documento 22, pp. 199-201**].

El acuerdo empieza reconociendo una "posible amenaza a la seguridad interna de la República de Bolivia en el Oriente" y establece que "se acuerda crear en la vecindad de Santa Cruz, República de Bolivia, una fuerza de reacción rápida del tamaño de un batallón capaz de ejecutar operaciones de contrainsurgencia en la selva y en terrenos difíciles por toda esta región". Los generales bolivianos acuerdan "suministrar un cuartel en cuyos alrededores habrá, como mínimo, superficies adecuadas de entrenamiento". Los estadounidenses acuerdan proveer suministros, entrenar a las tropas y ofrecer información. Prometieron enviar dieciséis oficiales estadounidenses cuya misión sería "producir una fuerza de reacción rápida capaz de realizar operaciones de contrainsurgencia".

Los estadounidenses instalaron rápidamente la red de inteligencia prometida en el acuerdo, un elemento del que los bolivianos estaban absolutamente necesitados. El general Tope informó que "las fuerzas armadas bolivianas no tienen un sistema de inteligencia razonable, ni siquiera factible". Esto se debía a que las fuerzas armadas bolivianas habían quedado desmanteladas después de la revolución de 1952 y solo comenzaron a reconstruirse en 1964 con la supremacía de la dictadura militar. Tope envió a Bolivia a su jefe de inteligencia en Panamá, el general de la fuerza aérea estadounidense William K. Skaer, para que instalara la red de informaciones. Asimismo, envió a Héctor Maloney, un funcionario de la CIA, asignado al mando de Porter para que contribuyera a poner en marcha el proyecto.[61]

El 20 de abril, una semana antes de la firma del Memorándum de Acuerdo, Régis Debray y el argentino Ciro Bustos dejaron el campamento guerrillero junto con el periodista George Andrew Roth. Este último había rastreado a los guerrilleros y pudo haber sido un colaborador de la CIA, aunque Debray nunca supo

61. Ibíd., pp. 95-96.

nada de esa posible connivencia.[62] Debray creía erradamente que Bustos y él también podrían hacerse pasar por periodistas, pero su plan no surtió efecto y, después de entrar en una aldea, el mismo día que habían abandonado el campamento del Che, los tres hombres fueron capturados por el Ejército boliviano. Su rápida captura y el hecho de que Roth fuera liberado en julio, antes que los otros dos, presta credibilidad a la afirmación de que este trabajaba realmente para la CIA. Debray y Bustos fueron torturados: al primero le pegaron con un martillo y el último confesó cuando los torturadores le mostraron fotos de sus hijas. Ambos admitieron que el Che estaba en Bolivia, y esa admisión dio, por primera vez, sólida confirmación a las sospechas que ya tenían los gobiernos de Estados Unidos y de Bolivia. Bustos hasta suministró detallados retratos hechos a mano de los guerrilleros. Un agente de la CIA, un cubano norteamericano cuyo nombre en código era Gabriel García García, participó de los interrogatorios.[63]

El resumen de la actividad desarrollada en abril que aparece en el diario del Che es que "todo marcha normalmente", pero "estamos completamente desconectados", "todavía hace falta desarrollar la base de apoyo de los campesinos" y "no se ha producido una sola incorporación". En lo tocante a la estrategia militar, el Che destaca que "parece seguro que los estadounidenses intervendrán fuerte aquí y ya están mandando helicópteros y, parece, Boinas Verdes, aunque por ahora no se han visto por aquí". Guevara concluye afirmando que "la moral es buena entre todos los combatientes que tuvieron su prueba preliminar como guerrilleros".[64]

El 8 de mayo, de conformidad con el Memorándum de Acuerdo, dieciséis Boinas Verdes llegaron a Bolivia para entrenar al 2° Batallón de Rangers local, que había sido encargado de rastrear y eliminar a los guerrilleros. El cuerpo de los Boinas Verdes había sido creado por el presidente John F. Kennedy después del fracaso de los estadounidenses en la Bahía de Cochinos para operar como una fuerza de contrainsurgencia

---

62. Disponible en <www.leandrokatz.com>.
63. Jon Lee Anderson, ob. cit., p. 718.
64. Ernesto Che Guevara, *The Bolivian Diary*, ob. cit., pp. 143-145.

internacional. El grupo que llegó a Bolivia estaba a las órdenes de un oficial llamado Ralph "Pappy" Shelton. Soldado de carrera, Shelton procedía de una familia empobrecida y solo había cursado hasta el 10° grado en el colegio; había sido herido en Corea antes de enrolarse en la Escuela de Candidatos a Oficiales, una institución que prepara a los soldados prometedores para convertirlos en oficiales. Luego había peleado en Vietnam y en Laos, y cuando llegó a Bolivia lo hizo desde Panamá la segunda semana de abril de 1967. El entrenamiento se prolongó hasta el 19 de septiembre. Los Boinas Verdes entrenaron a los bolivianos para operar en unidades divididas en pelotones, compañías y, finalmente, batallones. Se les enseñó a marchar, disparar, detectar trampas cazabobos, pelear cuerpo a cuerpo, cuidarse de los alambres de púas y moverse en la selva de noche. Se les dio entrenamiento físico y prácticas de tiro al blanco. Era particularmente importante enseñarles a evitar las emboscadas. Según los informes, Shelton se hizo muy popular entre los civiles locales. Se había hecho el hábito de socializar y solía visitar bares y tocar la guitarra.[65]

Mientras tanto, también el 8 de mayo, los guerrilleros lograron emboscar nuevamente a un grupo de soldados bolivianos, mataron a tres, tomaron diez prisioneros y se apoderaron de algunos rifles, municiones y alimentos. A la mañana siguiente, dejaron libres a los soldados prisioneros.[66]

El 11 de mayo, Walt Rostow escribió una carta dirigida al presidente Johnson comunicándole que había recibido "el primer informe creíble de que el Che Guevara está vivo y operando en Sudamérica", pero que "necesitamos tener más pruebas antes de llegar a la conclusión de que Guevara está activo y no muerto…" [**Documento 23, p. 202**]. La información probablemente proviniera de los interrogatorios a Bustos y Debray o de los guerrilleros capturados en Bolivia.

A fines de mayo, el Che resumía la situación en su diario. Lo más significativo que escribió en esa entrada fue que "ahora hay una falta total de contacto con Manila (La Habana), La Paz

65. Henry Butterfield Ryan, ob. cit., p. 94.
66. Ernesto Che Guevara, *The Bolivian Diary*, ob. cit., pp. 163-164.

y Joaquín, lo que reduce el grupo a 25".[67] Esa situación empeoraría aún más.

Agentes de la CIA disfrazados de soldados bolivianos

A la luz de la información obtenida en los interrogatorios de los guerrilleros capturados, y especialmente debido a la brindada por Debray y Bustos, los Estados Unidos reforzaron sus esfuerzos para instrumentar el acuerdo firmado en abril con los bolivianos. Entre mediados y fines de junio, el gobierno de los Estados Unidos había reclutado a dos cubanos estadounidenses que llevarían uniformes del Ejército boliviano y se mezclarían con los soldados locales para acompañar al Batallón de Comando cuando avanzara en busca de los guerrilleros. Uno era Gustavo Villoldo, conocido en Bolivia por el alias Eduardo González.

Villoldo, un contrarrevolucionario de Miami que había peleado en la Bahía de Cochinos y cuyo padre era un acaudalado comerciante propietario de una agencia de automóviles en La Habana antes de la revolución, fue contratado por la CIA para instalar una red de inteligencia en Bolivia. Anteriormente ya había sido enviado por la CIA al Congo con un grupo de cubanos contrarrevolucionarios para ayudar al gobierno de Tshombe a pelear contra los castristas que apoyaban a los rebeldes. Él fue quien supo que el Che estaba entonces en el Congo.[68]

Villoldo llegó por primera vez a Bolivia en febrero de 1967 y regresó una segunda vez en julio. En una entrevista realizada el 21 de noviembre de 1995 en Miami, le contó a José Castañeda que "posicionamos una serie de recursos humanos y esos recursos comenzaron a darnos la información que necesitábamos para neutralizar (la insurrección). Todo ese mecanismo, ese apoyo logístico [...] dejó aislados a los guerrilleros. Penetramos completamente en la red urbana".[69]

67. Jorge G. Castañeda, ob. cit., p. 312.
68. Ibíd., p. 367.
69. Henry Butterfield Ryan, ob. cit., p. 81.

A las órdenes de Villoldo había un segundo cubano estadou-nidense empleado por los Estados Unidos:[70] el agente de la CIA Félix Rodríguez, que luego llegó a hacerse muy conocido por haber afirmado que él era el oficial de más alto rango que estu-vo presente en la escena de la ejecución del Che. La autobio-grafía de Rodríguez, publicada en 1989, se titula, con su típica arrogancia, *Guerrero en la sombra*.[71] En ella cuenta su infancia de hijo único de una acaudalada familia cubana provinciana de ancestros vascos españoles. Uno de sus tíos fue ministro en el gobierno de Batista y otro, juez. Pasaba mucho tiempo en la propiedad campestre de su tío Félix Mendigutia, donde mon-taba a caballo y, a los 7 años, aprendió a disparar con rifle. A los 10 años partió a estudiar a la escuela militar y fue a vivir con otro tío, José Antonio Mendigutia, ministro de Obras Públicas de Batista, en una gran casona en el costoso barrio de Miramar en La Habana. En 7° grado se fue a los Estados Unidos a continuar sus estudios en un colegio internado de Pensilvania. Su familia se opuso al Movimiento del 26 de julio, aun antes de que la dic-tadura de Batista fuera derrocada. Después de la revolución se mudaron a Miami. Rodríguez asegura a sus lectores: "Éramos absolutamente anticomunistas".

A los 17 años, Rodríguez se unió a la Liga Anticomunista del Caribe, patrocinada por el hombre fuerte de la República Dominicana, el general Rafael Trujillo, a quien Rodríguez se re-fiere como "el llamado tirano". A partir de entonces, Félix recibió entrenamiento en la República Dominicana como preparación para invadir Cuba, pero no participó de la fracasada invasión del grupo de 1959. Ya viviendo en Miami, continuó actuando en la Cruzada Cubana Constitucional, uno de los muchos grupos anticomunistas de la ciudad cuyo objetivo era "comenzar ope-raciones militares contra Castro". Rodríguez recibió el grado de sargento de pelotón. Por entonces, ya se concebía como un "revolucionario" y con frecuencia hablaba de "honor", de "liber-tad" y soñaba con "liberar a Cuba". Tenía 18 años y acababa de graduarse en el colegio secundario. Su familia le compró un automóvil caro y Félix se pasó el verano persiguiendo chicas

70. Ibíd., p. 80.
71. Félix Rodríguez, ob. cit.

en la playa. Decidió no seguir estudios en ninguna universidad y, en cambio, falsificó la firma de su padre en un formulario de reclutamiento para ir a pelear en Cuba.

En 1961, a los 21 años, Rodríguez se ofreció como voluntario para asesinar a Fidel Castro con lo que describió como "un bello rifle alemán de cerrojo manual con una potente mira telescópica, todo cuidadosamente acomodado en un estuche acolchado hecho a medida. También había una caja de municiones de veinte proyectiles". Se eligió el lugar exacto del asesinato en un sitio que se sabía que Castro frecuentaba. El joven asesino intentó tres veces tomar un barco desde Miami a La Habana, pero la embarcación nunca apareció y finalmente la operación fue cancelada. Rodríguez confiesa haberse sentido "tremendamente decepcionado" porque "yo era un soldado cubano. Me consideraba en guerra contra Fidel pues, en mi opinión, aún hoy sigue siendo un legítimo blanco militar".

Mucho después, Rodríguez contaba que se había enterado de muchos intentos de la CIA de asesinar a Castro. En 1987, un abogado independiente que investigaba el escándalo Irán/Contras le preguntó si él en persona había tratado de asesinar a Castro con un cigarro explosivo. "No, señor, no lo hice", respondió. "Pero, en 1961, me ofrecí como voluntario para matar a ese hijo de puta con un rifle con mira telescópica." Rodríguez participó de la invasión de Bahía de Cochinos el mismo año en que se infiltró en Cuba con un grupo que preparó la invasión. Cuando la operación fracasó, se las ingenió para evitar que lo capturaran y huyó a Venezuela y luego de regreso a Miami.

Después de participar en el asesinato del Che, Rodríguez continuó trabajando para la CIA en Vietnam y, durante las guerras de los Contras en la era de Reagan, cumplió misiones en El Salvador y en Nicaragua. Se jactaba de su amistad con el entonces vicepresidente George Bush y mostraba orgullosamente como un trofeo el reloj Rolex que, según afirmaba, le había quitado al Che después de que este fuera ejecutado.[72]

72. Ilja A. Luciak, *After the Revolution: Gender and Democracy in El Salvador, Nicaragua and Guatemala*, Baltimore, John Hopkins University Press, 2001, p. 30.

El gobierno de los Estados Unidos temía que la presencia prolongada de soldados estadounidenses en Bolivia fuera contraproducente y solo Villoldo y Rodríguez fueron autorizados a penetrar en las zonas de combate disfrazados de oficiales del Ejército boliviano. Funcionarios de los más altos niveles del gobierno, el Ejército y los servicios de inteligencia de los Estados Unidos siguieron atentamente el desarrollo de los acontecimientos. El 23 de junio, Rostow envió al presidente Johnson un resumen de la situación "con los guerrilleros en Bolivia" [**Documento 24, pp. 204-206**]. Allí informaba que el 24 de marzo, las fuerzas de seguridad bolivianas habían sufrido la primera emboscada y que desde entonces se habían librado otras seis batallas en las cuales "las fuerzas bolivianas han tenido un pobre desempeño en esas escaramuzas". El resumen de Rostow mencionaba el cable que había enviado al presidente estadounidense el 4 de junio, en el que informaba que se calculaba el número de guerrilleros entre cincuenta y sesenta hombres, pero que posiblemente esa cifra ascendiera a cien. También declaraba que el equipo de diecisiete Boinas Verdes había llegado y estaba entrenando a un nuevo batallón de comando boliviano, y que la CIA, gracias a la información dada por Debray y Bustos, creía que el Che estaba liderando las fuerzas guerrilleras. Por entonces, las fuerzas bolivianas de contrainsurgencia contaban con unos seiscientos soldados bolivianos apoyados por la fuerza aérea del país. El plan de las fuerzas armadas nacionales era mantener el contacto con la guerrilla y bloquearle toda salida hasta que la unidad de comando que estaban entrenando los Boinas Verdes estuviera en condiciones de avanzar y eliminarla.[73]

En la evaluación de Rostow había un tono de urgencia que indicaba que sin la ayuda y el entrenamiento de los Estados Unidos los problemas en Bolivia podían agravarse seriamente. Rostow señalaba que los guerrilleros "superaban" al Ejército boliviano y que si aquellos "aumentaban" sus fuerzas, el gobierno de Bolivia estaría amenazado:

El panorama no está claro. Los guerrilleros fueron descubiertos mucho antes de que pudieran consolidarse y tomar la ofensiva.

73. Henry Butterfield Ryan, ob. cit., p. 81.

La persecución de las fuerzas del gobierno boliviano, si bien no es muy eficiente, los mantiene en permanente huida. Estas son dos ventajas.

Con la fuerza que poseen hoy, los guerrilleros no parecen constituir una amenaza inmediata para Barrientos, pero si esa fuerza aumentara rápidamente y la guerrilla estuviera en posición de abrir nuevos frentes en el futuro próximo, como se está rumoreando, las débiles fuerzas armadas bolivianas estarían muy presionadas y la frágil situación política estaría amenazada. La esperanza que abrigamos es que, con nuestra ayuda, las capacidades del sistema de seguridad bolivianas sobrepasarán ampliamente las de los guerrilleros y finalmente terminarán con ellos [**Documento 24, pp. 204-206**].

El 23 de junio, el presidente Johnson le ordenó a Rostow que consultara con la CIA, el Departamento de Estado y el Departamento de Defensa "todo lo referente al problema de los guerrilleros en Latinoamérica".[74] Al día siguiente, Rostow se reunió con representantes de los tres organismos estatales y puso a Bolivia en el primer puesto de la lista de las cuestiones que debían tratarse con mayor urgencia, debido a la debilidad del Ejército y la frágil situación política registradas en ese país. Estos factores fueron esenciales para que el Che tomara la decisión de ir en primer lugar a Bolivia; evidentemente, la CIA y el Departamento de Estado coincidían con su análisis.[75]

El gobierno de los Estados Unidos y sus aliados bolivianos ya estaba movilizándose para la matanza. Todo estaba dispuesto. Rodríguez y Villoldo ya habían llegado a la zona y estaban proporcionando inteligencia al Ejército boliviano. El ministro del Interior boliviano, Antonio Arguedas, figuraba en la nómina de la CIA y Edward Fox, un agente de la CIA, ocupaba el puesto de agregado militar en La Paz.

Otra cuestión que preocupaba a los gobiernos estadounidense y boliviano era que el grupo del Che se vinculara con los trabajadores bolivianos, particularmente los mineros militantes de la gran mina Siglo XX. El 24 de junio a primera hora de la mañana, aviones de la fuerza aérea boliviana ametrallaron una aldea que

74. Ibíd., p. 80.
75. Ibíd., p. 64.

albergaba a trabajadores de la mina y a sus familias y mataron a cientos que aún estaban durmiendo después de una celebración que había habido la noche anterior. Esta acción preventiva llegó a conocerse como la Masacre del Día de San Juan.[76] El gobierno de los Estados Unidos "fue cómplice de la supresión de los mineros".[77] Los Estados Unidos patrocinaban los Programas de Asistencia Militar en las zonas mineras porque tales programas contribuían a la "estabilidad" de la junta militar y a aplicar sus "reformas". La embajada en La Paz "aplaudió la respuesta del gobierno al problema suscitado en la Siglo XX". Inmediatamente después de la masacre, Rostow envió un informe de tres páginas al presidente Johnson donde relataba el incidente.[78]

El 29 de junio, William G. Bowdler, quien trabajaba para el Consejo de Seguridad Nacional, fue invitado a reunirse con el embajador boliviano Julio Sanjines-Goytia en su residencia de Washington [**Documento 25, pp. 207-208**]. Bowdler describió la conversación como prácticamente "un monólogo del locuaz embajador" sobre Barrientos y la situación política que atravesaba Bolivia. Finalmente, Sanjines-Goytia apuntó a lo que era "obviamente el principal propósito de su invitación": pedir ayuda para establecer un "equipo de 'cazadores homicidas' para descubrir dónde se hallan los guerrilleros". El embajador aclaró que la idea no era suya sino de algunos amigos que tenía en la CIA. Bowdler le preguntó si el Batallón de Rangers que se estaba entrenando en ese momento en Bolivia no era suficiente, a lo que el boliviano replicó que lo que tenía en mente eran unos "cincuenta o sesenta oficiales jóvenes del Ejército con la inteligencia, motivación e impulso suficientes para recibir rápido entrenamiento y en quienes pudiera confiarse para que persiguieran tenaz y valerosamente a los guerrilleros". La respuesta de Bowdler fue que "la idea podía tener su mérito, pero que debía ser examinada más cuidadosamente" [**Documento 25**].

Aparte de demostrar hasta qué punto cooperaban los Estados Unidos y Bolivia en la búsqueda del Che, este documento

---

76. James D. Cockcroft, *Neighbors in Turmoil: Latin America*, Nueva York, Harper & Row, 1989, p. 429.
77. Henry Butterfield Ryan, ob. cit., p. 100.
78. Ibíd.

muestra qué perverso fue el papel de la CIA. Esta Agencia sugiere la conveniencia de formar equipos de "cazadores homicidas" a los funcionarios bolivianos y luego esos oficiales se la sugieren a un representante de la rama ejecutiva del gobierno estadounidense. Estados Unidos está de los dos lados de la ecuación. Bolivia es esencialmente un mensajero entre la CIA y el Consejo de Seguridad Nacional, que es el encargado de asesorar al presidente.

A fines de junio, la situación del Che había empeorado. En su diario asentó que continuaba "la falta total de contacto [con el grupo de Joaquín]"; y que "nuestra tarea más urgente es restablecer contacto con La Paz, reponer nuestros suministros militares y médicos y reclutar entre cincuenta y cien hombres de la ciudad". Para esa fecha, sus tropas se habían reducido a veinticuatro guerrilleros.[79]

En un memorándum enviado a Rostow el 5 de julio [**Documento 26, pp. 209-211**], Bowdler resume el papel que cumplen las fuerzas armadas estadounidenses en el entrenamiento de soldados bolivianos: "El Departamento de Defensa está ayudando a entrenar y equipar a un nuevo Batallón de Rangers. Siendo la capacidad de absorción de los bolivianos la que es, no parece aconsejable por ahora brindar asistencia militar adicional. [*Tres líneas no desclasificadas del texto fuente*]".

El mismo 5 de julio, se llevó a cabo en la Casa Blanca una reunión de alto nivel. Rostow, Bowdler y Peter Jessup (otro miembro del Consejo de Seguridad Nacional) se reunieron en la Sala de Situación con representantes del Departamento de Estado, Henderson –el embajador en Bolivia–, un funcionario del Departamento de Defensa y dos funcionarios de la CIA, Desmond FitzGerald y William Broe. El grupo coincidió en que la fuerza especial de choque solicitada por Bolivia por sugerencia de la CIA no era aconsejable a causa de las objeciones de la embajada de los Estados Unidos. Los presentes decidieron entonces que Estados Unidos debía "concentrarse en el entrenamiento del 2° Batallón de Rangers y en preparar una unidad de inteligencia que forme parte del Batallón" [**Documento 26**].

79. Ernesto Che Guevara, *The Bolivian Diary*, ob. cit., p. 182.

Se hizo luego un balance de los "esfuerzos de los Estados Unidos por apoyar el programa de contrainsurgencia aplicado en Bolivia contra los guerrilleros liderados por cubanos" estableciendo que "siguieron un desarrollo de dos pasos". Además del equipo de entrenamiento militar de dieciséis hombres de las fuerzas especiales de los Estados Unidos, el gobierno estadounidense debería proporcionar "municiones y equipamiento en comunicaciones para casos de emergencia de acuerdo con el Programa de Aprendizaje Militar y el envío urgente de cuatro helicópteros" [**Documento 26**].

La inteligencia también era una preocupación y en ese sentido se le asignó la principal responsabilidad a la CIA:

A medida que avanzaba el entrenamiento del batallón de comandos, se hizo evidente su debilidad para reunir información de inteligencia. El 14 de julio se le asignó a la CIA la responsabilidad de desarrollar un plan para promover esa capacidad. [...] El 2 de agosto llegó a La Paz un equipo de dos instructores. Además de entrenar a los bolivianos en las técnicas de recolección de información, los instructores [*texto no desclasificado*] proyectaban acompañar al 2° Batallón de Rangers al campo. Aunque al equipo se le ha asignado una función de asesoramiento, la CIA "esperaba que ayudaran realmente a dirigir las operaciones". La Agencia también contemplaba este plan "como un programa piloto para aplicarlo probablemente en otros países de América Latina que enfrentaran el problema de la guerra de guerrillas" [**Documento 26**].

Los dos instructores, como ya lo mencionamos antes, eran Villoldo y Rodríguez.

Un informe de Inteligencia del Departamento de Defensa fechado el 11 de agosto de 1967 describe "la primera operación organizada dirigida por el Ejército boliviano en la actual situación de guerrilla" durante el período comprendido entre el 8 y el 27 de julio [**Documento 27, pp. 212-218**]. El informe de dos páginas probablemente haya sido transmitido por uno de los agentes de la CIA que estaban en la zona de combate en Bolivia (Villoldo o Rodríguez), pero como los nombres de las fuentes, quienes lo originaron, las referencias y quien lo aprobó fueron tachados, no sabemos quién lo preparó. El informe aparece acompañado por un mapa que muestra la zona cercana a Ñancahuazú donde cientos de comandos bolivianos habían hecho operaciones de barrido. Los estadounidenses que los acompañaban consideraron que el operativo había sido un éxito, "aunque no tuvieron éxito en cuanto a capturar una unidad guerrillera". Se informó que había muerto un rebelde. El 9 de julio, después del primer encuentro con los guerrilleros, se localizó un campamento abandonado y se encontró un papel dentro de un tubo vacío de dentífrico donde aparecían once nombres: Joaquín, Polo, Pedro, Alejandro, Médico, Tania, Víctor, Walter, Braulio, Negro y Guevara. Supuestamente, la operación levantó la moral de los Rangers y "por primera vez, al recibir los disparos enemigos, no dejaron caer sus armas ni salieron corriendo".

A fines de julio, el Che informa en su diario que "la total falta de contacto [con el grupo de Joaquín] continúa". Escribe que cuenta con veintidós hombres, "tres de ellos incapacitados (incluyéndome), lo que disminuye nuestra movilidad".[80]

En los primeros días de agosto, el Ejército boliviano, ayudado por mapas detallados que Bustos les había trazado, encontró las cavernas de provisiones y el viejo campamento base de Ñancahuazú. El 14 de agosto, Guevara escribió en su diario que aquel había sido un "mal día" y que "este fue el peor golpe que nos asestaron". La documentación encontrada en las cuevas condujo al Ejército boliviano hasta Loyola Guzmán, contacto clave y organizadora financiera de la red de apoyo urbana en La Paz. La mujer intentó suicidarse lanzándose desde el último piso del edificio del Ministerio de Gobierno pero sobrevivió. Todos los documentos encontrados en las cavernas fueron enviados a las oficinas centrales de la CIA en Langley, Virginia, para que los analizaran allí. Rostow escribió una nota al presidente Johnson en la que le contaba el hallazgo y le decía que los bolivianos habían solicitado que les devolvieran todo el material para utilizarlo como prueba en el juicio al que se sometería a Debray.[81]

80. Ibíd., p. 191.
81. Henry Butterfield Ryan, ob. cit., pp. 115-117.

Se cierra la red

El 28 de agosto, Joaquín, Tania y otros ocho guerrilleros cayeron en una emboscada mientras cruzaban el río Masicuri y, excepto uno, todos fueron asesinados en el lugar [**Documento 28, pp. 220-224**]. El grupo de Joaquín fue delatado al Ejército boliviano por un granjero llamado Honorato Rojas. Según José Castillo Chávez, un guerrillero boliviano sobreviviente cuyo *nom de guerre* era Paco, Rojas fue sobornado –con un ofrecimiento de dinero y la posibilidad de llevar a toda su familia a vivir a los Estados Unidos– por un agente que la CIA tenía en Santa Cruz llamado Irving Ross. Rojas fue quien alertó a los soldados sobre el lugar donde iban a cruzar el río los guerrilleros y los bolivianos solo tuvieron que echarse a esperarlos. El Che había perdido un tercio de su tropa. Barrientos asistió al entierro de Tania en Vallegrande una semana más tarde cuando el cadáver de la joven fue recuperado del río. Los guerrilleros que quedaban estaban atrapados en una tenaza entre dos divisiones del Ejército. Rostow le escribió a Johnson que "las fuerzas armadas bolivianas finalmente alcanzaron su primera victoria y parece ser una gran victoria".[82] Además le informó que el 2° Batallón de Rangers estaría participando de las operaciones en muy poco tiempo más.[83]

El 31 de agosto o alrededor de esa fecha, Félix Rodríguez, al menos según lo que ha contado, interrogó a Paco, el sobreviviente de la masacre del grupo de Joaquín. Este identificó a las personas que componían el grupo del Che y, según Rodríguez, el sobreviviente le suministró información que le permitió saber exactamente dónde se encontraba Guevara. Supuestamente, Paco le contó que un guerrillero llamado Miguel, que conducía una tropa de vanguardia, siempre estaba mil metros por delante del grupo principal liderado por el Che. Cuando Miguel fue asesinado en septiembre, Rodríguez asegura haberlo identificado por sus huellas digitales y haber sabido así el lugar exacto donde se encontraba el Che. Aunque aún debía completar su

---

82. Ibíd., p. 121.
83. LBJ libr., NSF, Country File: Bolivia, vol. 4, box 8, doc. 106.

entrenamiento, el 2° Batallón de Rangers partió inmediatamente para la zona donde se hallaban los guerrilleros, urgidos por la información que había obtenido Rodríguez.[84]

El diario del Che, al finalizar agosto llegaba a la siguiente conclusión:

> Sin duda, este ha sido el peor mes que hemos pasado en esta guerra. La pérdida de todas las cuevas con los documentos y las medicinas que contenían fue un pesado golpe, más que nada psicológico. La pérdida de dos hombres al final del mes y la marcha posterior alimentándonos únicamente de carne de caballo ha desmoralizado a las tropas y ha provocado el primer caso de deserción. [...] La falta de contacto con el exterior y con Joaquín y el hecho de que los miembros de su grupo que cayeron prisioneros hayan hablado también han desmoralizado a las tropas. Mi enfermedad ha sembrado incertidumbre en algunos otros y todo esto se ha reflejado en el único enfrentamiento que hemos tenido...

El Che enumera los problemas más importantes que afronta el grupo, como la falta de "contacto de todo tipo; ninguna esperanza razonable de establecer algún contacto en el futuro próximo", "ninguna posibilidad de reclutar campesinos" y "una disminución de la moral de combate; temporal, espero".[85]

Septiembre fue un mes con algunas escaramuzas: la noticia de la muerte de Tania y otro compañero, y lo que el Che califica como "derrota" cerca del poblado La Higuera.[86] El 26 de septiembre, murieron Coco (Peredo), Miguel (Hernández) y Julio (Gutiérrez). Peredo, un líder guerrillero boliviano, era uno de los hombres más importantes del Che. Mientras tanto, Rodríguez urgía al Ejército boliviano a trasladar el destacamento del Batallón de Rangers a Vallegrande, que queda cerca de La Higuera.[87] El 29 de septiembre, nuevamente según lo contado por Rodríguez, los bolivianos se habían convencido de que convenía trasladar el 2° Batallón de Rangers a Vallegrande. Rodríguez se unió a esos seiscientos cincuenta hombres que habían sido

84. Félix Rodríguez, ob. cit., pp. 155-56.
85. Ernesto Che Guevara, *The Bolivian Diary*, ob. cit., pp. 221-222.
86. Ibíd., p. 191.
87. Félix Rodríguez, ob. cit., p. 155.

"muy bien entrenados" por el comandante de las fuerzas especiales estadounidenses "Pappy" Shelton.[88]

Al finalizar septiembre, el Che informaba que, después de una emboscada en la que habían muerto algunos de sus hombres, se encontraban en una "posición peligrosa". También escribió:

Parecen ser ciertas varias de las noticias sobre los muertos del otro grupo [el de Joaquín] al que se debe dar como liquidado [...]. A grandes rasgos, la situación es la misma del mes pasado, salvo que ahora el Ejército está mostrando mayor efectividad en la acción y las masas campesinas no nos están ayudando en nada y se han transformado en delatores. [...] La tarea más importante es zafar y buscar zonas más propicias.[89]

Nada de eso iba a ocurrir.

La última entrada del diario del Che corresponde al 7 de octubre. Ese día, los diecisiete miembros restantes de la tropa estaban en una quebrada cerca de La Higuera.[90] Guevara escribe que "se cumplieron los once meses de nuestra inauguración guerrillera sin complicaciones, bucólicamente...". La tropa se encontró con una anciana llamada Epifanía que había llevado a pastar a sus cabras a una legua de distancia de La Higuera y fueron a su casa. Los guerrilleros le dieron 50 pesos para ella y sus hijas con "instrucciones de no decir ni una palabra, pero no tenemos muchas esperanzas de que cumpla su promesa".[91] La anciana nunca traicionó al Che y huyó a las montañas con sus dos hijas por temor al Ejército, pero hubo alguien que los delató: un campesino local, Pedro Peña, vio a los guerrilleros cruzando por su campo de papas y dio aviso al Ejército.[92]

En la introducción que escribió para el *Diario de Bolivia* del Che, Fidel Castro relató los acontecimientos de la siguiente jornada, el 8 de octubre de 1967:

88. Ibíd., p. 156.
89. Ernesto Che Guevara, *The Bolivian Diary*, ob. cit., pp. 247-248.
90. Jon Lee Anderson, ob. cit., p. 732.
91. Ernesto Che Guevara, *The Bolivian Diary*, ob. cit., p. 253.
92. Gary Prado Salmón, *The Defeat of Che Guevara: Military Response to Guerrilla Challenge in Bolivia*, Nueva York, Praeger, 1990, p. 174.

El 7 de octubre, el Che escribió sus últimas líneas. Al día siguiente, a las 13 horas, en una estrecha quebrada donde se proponía esperar la noche para romper el cerco, una numerosa tropa enemiga hizo contacto con ellos. El reducido grupo de hombres que componían en esa fecha el destacamento combatió heroicamente hasta el anochecer desde posiciones individuales ubicadas en el lecho de la quebrada y en los bordes superiores de la misma contra la masa de soldados que los rodeaban y atacaban...[93]

El Che fue capturado a primera hora de la mañana del 8 de octubre por el capitán Gary Prado del 2° Batallón de Rangers boliviano. Había sido herido en una pierna y estaba desarmado. Tenía bajo su cuerpo el fusil que había sido destruido por un disparo. Junto con su camarada Willy fue conducido a la aldea de La Higuera, donde se lo mantuvo prisionero en una pequeña escuela.

Mientras tanto, en Washington

El 9 de octubre, un telegrama del Departamento de Estado enviado por el embajador Henderson desde La Paz al secretario de Estado en Washington declaraba que el día anterior, el Che Guevara había sido herido en una pierna y que el domingo había caído prisionero de las unidades del Ejército boliviano en Higueras [**Documento 29, p. 226**]. El telegrama afirma que Guevara había sido herido en una pierna pero que estaba vivo. Asegura además que la información era confiable, presumiblemente porque procedía de los agentes de la CIA que estaban en el lugar. La parte clave del telegrama dice lo siguiente:

ASUNTO: CHE GUEVARA
[El documento está todo en letras mayúsculas pero acá lo hemos transcrito en mayúsculas y minúsculas.]
1. De acuerdo con [tachado] el Che Guevara fue tomado prisionero por unidades del Ejército boliviano en la zona de Higueras, al sudoeste de Villagrande el domingo 8 de octubre.

93. Fidel Castro, "A Necessary Introduction", en Ernesto Che Guevara, *The Bolivian Diary*, ob. cit., p. 28.

2. Según un informe confiable, Guevara aún estaba vivo con una pierna herida custodiado por tropas bolivianas en Higueras la mañana del 9 de octubre.

Sin embargo, contradiciendo este documento, existe otro enviado al presidente Johnson y extractado más abajo en el que se cita al presidente Barrientos cuando dice que el 9 de octubre a las 10 de la mañana, el Che ya estaba muerto. En realidad, Guevara fue asesinado alrededor de las 13 de aquel día.

A las 18.10 de la tarde del 9 de octubre, Walt Rostow escribió en un memorándum dirigido al presidente Johnson y escrito en papel con membrete de la Casa Blanca que los bolivianos "capturaron" al Che Guevara y aclaraba que la información no estaba confirmada [**Documento 30, p. 228**]. El consejero afirmó que la unidad boliviana responsable del hecho es "la que hemos estado entrenando durante un tiempo y que acababa de entrar en el campo de acción". El memorándum de Rostow cita la información dada por el presidente Barrientos a los hombres de prensa el 9 de octubre a las 10 de la mañana (aunque no para ser publicada), según la cual "el Che Guevara había muerto". Además declara que "las fuerzas armadas bolivianas creen que sus comandos han rodeado a las fuerzas guerrilleras arrinconadas en un cañón y esperan eliminarlas pronto".

El 10 de octubre, Bowdler, perteneciente al Consejo de Seguridad Nacional, envió una nota a Rostow, también en papel con membrete de la Casa Blanca, en la que decía que no había "ninguna firma legible sobre si el Che Guevara estaba entre las bajas guerrilleras del enfrentamiento del 8 de octubre" [**Documento 31, p. 230**]. Esta afirmación es muy notable ya que el Che había sido asesinado el día antes en presencia del agente de la CIA Félix Rodríguez. Por lo tanto, la Agencia ciertamente estaba al tanto de la ejecución de Guevara. Sin embargo, parece que Bowdler y el Consejo de Seguridad estaban desinformados, tal vez deliberadamente.

El documento siguiente, fechado el 11 de octubre, a las 10.30 de la mañana, enviado por Rostow al presidente Johnson, es esencial para convalidar las alegaciones, incluida la que hizo Castañeda, de que los Estados Unidos no querían que se ejecutara al Che. En el documento, Rostow dice que el asesinato fue "estúpido", lo que implicaría que el gobierno de los Estados Unidos no estuvo involucrado [**Documento 32, p. 232**]. Sin embargo, bien examinado, el documento parece emitido con un interés bien determinado y no prueba nada. En realidad, su sustancia puede interpretarse como lo contrario: establece todas las razones por las cuales el gobierno de los Estados Unidos quería que el Che fuera ejecutado y se asegura el 99% de certeza de que ese objetivo se ha cumplido. Luego deja un espacio en blanco para algo que ocurrirá en Washington en el transcurso del día siguiente. La oración omitida casi con seguridad se refiere a las huellas digitales del Che y hasta posiblemente a sus manos (que fueron cortadas del cadáver en Bolivia), que se habían enviado a Washington para verificar la identidad.

El memorándum da luego una versión oficial que intenta ocultar la parte que le correspondió al gobierno estadounidense en el asesinato. Allí se detalla lo que la CIA le comunicó al Consejo de Seguridad Nacional referente a la ejecución que, según se afirma, fue ordenada por el jefe de las fuerzas armadas bolivianas:

La CIA nos dice que la última información es que Guevara fue capturado vivo. Después de un breve interrogatorio para establecer su identidad, el general Ovando –jefe de las fuerzas armadas bolivianas– ordenó que se le disparara. Considero que fue estúpido, pero es comprensible desde el punto de vista boliviano, teniendo en cuenta los problemas que les causó perdonarle la vida al comunista francés y correo de Castro Régis Debray.

El general Ovando puede haber ordenado o no que asesinaran al Che, pero es poco probable que lo haya hecho sin recibir instrucciones de funcionarios de los Estados Unidos o sin haber llegado a un acuerdo con ellos, por cuanto Estados Unidos había pagado la totalidad de la operación boliviana, y las fuerzas armadas estadounidenses y personal de la CIA habían entrenado, acompañado y dirigido a los grupos de "cazadores homicidas" cuya misión era "eliminar" a los guerrilleros. El relato de Félix Rodríguez, si es verdad, también siembra dudas sobre el deseo del gobierno de los Estados Unidos de mantener vivo al Che. Rodríguez, haciéndose pasar por un oficial boliviano, afirma haber sido el oficial de más alto rango militar que estuvo presente en el momento del crimen. ¿Habría transmitido Rodríguez la orden de ejecutar al Che si esa orden se opusiera a los de su empleador, la CIA? En la pregunta misma está incluida la respuesta.

Además, ¿por qué habríamos de creer lo que la CIA le dijo a Rostow? Parece muy posible que haya sido engañado deliberadamente para darle a él mismo, al presidente y al Departamento de Estado la opción de la negación plausible. La ejecución sin juicio previo de un combatiente capturado de cualquier clase, guerrillero o soldado, es un crimen de guerra. Hacerse cargo de la responsabilidad del asesinato del Che habría significado para los Estados Unidos empeorar aún más sus relaciones con América Latina. Echarle la culpa a Bolivia era la forma de cubrir la operación tramada por el gobierno de los Estados Unidos y la CIA. Los documentos mencionados antes suministran la prueba de que la CIA no siempre compartió toda la información con el Consejo de Seguridad Nacional. Como vimos, los documentos muestran primero que Rostow informó que el Che estaba muerto cuando aún no había sido ejecutado, cosa que la CIA sabía perfectamente, y segundo que el 10 de octubre, Bowdler le escribió a Rostow que no había pruebas firmes que permitieran llegar a la conclusión de que el Che había muerto en un momento en que la CIA ya sabía que estaba muerto. Desde 1948, la CIA ha realizado acciones ilegales que nunca reveló directamente al Poder Ejecutivo, de modo tal que el presidente pudiera negar con plausibilidad la correspondiente acusación.

Pero lo importante no es que la CIA le haya ocultado o no la verdad a Rostow, pues, a pesar de su declaración de que consideraba "estúpido" asesinar al Che, la sustancia de su memorándum al presidente Johnson es que la muerte del Che era beneficiosa para la política de los Estados Unidos. La declaración de que estima que el Che no debió ser asesinado pierde peso, por decir lo menos, cuando enumera los beneficios que percibe en la muerte del Che. La siguiente es la parte clave del memorándum dirigido al presidente Johnson donde Rostow subraya la importancia de la muerte del Che:

La muerte de Guevara tiene estas significativas implicaciones:

– Marca la extinción de otro de los revolucionarios románticos agresivos como Sukarno, Nkrumah, Ben Bella y refuerza esta tendencia.
– En el contexto latinoamericano, tendrá un fuerte impacto en cuanto a desalentar los intentos de futuras guerrillas.
– Muestra la validez de nuestra asistencia en "medicina preventiva" a los países que deben enfrentar una insurgencia incipiente: el Che fue arrinconado y tomado prisionero por el 2° Batallón de Rangers boliviano, entrenado por nuestros Boinas Verdes desde junio a septiembre de este año.

Hemos difundido estos puntos entre varios hombres de prensa.

Como señala Rostow, la muerte del Che pudo agregarse entonces a la lista de muertes de otros "revolucionarios románticos", lo cual habría de desalentar a otros guerrilleros. En otras palabras, si bien la mera captura del Che habría acarreado algunos beneficios para la política de contrainsurgencia estadounidense, su muerte fue mucho más beneficiosa. Sencillamente, no hay ninguna razón para que el gobierno de los Estados Unidos, incluido Rostow, quisiera mantener vivo al Che, algo que iba totalmente en contra de lo que los Estados Unidos percibían como lo más conveniente. Estimaban que la muerte de Guevara había sido un golpe brutal para los movimientos revolucionarios y quisieron que la prensa lo supiera.

Al día siguiente de que Rostow enumerara los aspectos positivos que tenía para el gobierno de los Estados Unidos y para América Latina la muerte de Guevara, el director de Inteligencia e Investigación del Departamento de Estado escribió un informe de seis páginas titulado "La muerte de Guevara – Su significación para América Latina" [**Documento 33, pp. 234-238**]. El informe, con fecha 12 de octubre de 1967, estaba dirigido a Rostow y al Consejo de Seguridad Nacional y ponía aún mayor énfasis que el memorándum de Rostow en la importancia positiva de la muerte del Che:

La muerte del Che Guevara fue un golpe demoledor –tal vez fatal– para el movimiento guerrillero boliviano y pudo significar un grave revés para las esperanzas de Fidel Castro de fomentar la revolución violenta en "todos o casi todos" los países latinoamericanos. Los comunistas y otros que podrían haber estado preparados para iniciar una guerra de guerrillas al estilo cubano se sentirán desanimados, al menos por un tiempo, por la derrota del más destacado estratega de la Revolución cubana a manos de uno de los ejércitos más débiles del hemisferio.

El informe continúa evaluando los efectos de la muerte del Che en Bolivia:

Efectos en Bolivia. La muerte de Guevara es un galardón en la gestión del presidente boliviano René Barrientos. Puede señalar el fin del movimiento guerrillero como amenaza a la estabilidad.

Y luego los efectos en América Latina en general:

Probable reacción en América Latina a la muerte de Guevara. La noticia de la muerte de Guevara va a ser un alivio para la mayoría de los latinoamericanos no izquierdistas que temían que tarde o temprano pudiera fomentar insurgencias en sus países.

Y, finalmente, concuerda con la teoría de que la muerte del Che fortalecería la línea pacífica de los partidos comunistas latinoamericanos afines a Moscú:

Si el movimiento guerrillero boliviano deja pronto de ser una grave amenaza subversiva, la muerte de Guevara tendrá repercusiones aún más importantes entre los comunistas de América Latina. Los grupos dominantes de línea pacífica, que estaban en abierto desacuerdo con Castro o bien apoyaban de palabra únicamente la lucha guerrillera, podrán argumentar ahora con mayor autoridad contra la tesis de Castro, Guevara y Debray. Pueden señalar que hasta un movimiento liderado por el más notable estratega revolucionario, en un país que aparentemente ofrecía las condiciones adecuadas para la revolución, ha fracasado.

En una nota muy breve enviada al presidente Johnson, fechada el 13 de octubre a las 4 de la tarde y escrita en papelería de la Casa Blanca, Rostow escribe: "Esto desecha cualquier duda sobre el hecho de que el 'Che' Guevara esté muerto" [**Do-cumento 34, p. 240**]. El "esto" se ha borrado de la nota, pero como lo dejan claro otros documentos, las huellas digitales tomadas de las manos cortadas del Che habían sido comparadas con copias anteriores de sus huellas.

Las contradicciones de Rodríguez

El documento siguiente también está fechado el 13 de octubre y fue enviado por el director de la CIA, Richard Helms, a Rostow, la Secretaría de Estado y la Secretaría de Defensa [**Documento 35, pp. 242-244**]. El tema se titula "Declaraciones de Ernesto 'Che' Guevara previas a su ejecución en Bolivia". Aunque la fuente de la información se ha omitido, el contexto deja claro que el empleado de la CIA Félix Rodríguez es quien ha suministrado el contenido. Esto no garantiza que el contenido sea verdad, pero es la primera declaración completa oficial que tenemos de Rodríguez. El documento permite una interpretación interesante aunque, lo repetimos, no sabemos hasta qué punto es exacto. Según el mismo Rodríguez, él tuvo acceso al Che el 9 de octubre alrededor de las 7 de la mañana. El Che "estaba sentado en el suelo en un rincón de un aula pequeña y oscura de Higueras. Tenía las manos sobre la cara y llevaba las muñecas y los pies atados". Se negó a ser interrogado pero "se permitió dejarse llevar a una conversación". De acuerdo con lo expresado por Rodríguez, el Che habló de la situación económica cubana, de Camilo Cienfuegos, de Fidel, del Congo, del tratamiento que se les había dado a los prisioneros de la guerrilla en Cuba y del futuro del movimiento guerrillero.

Además escribió que "se había establecido un código telegráfico entre La Paz e Higueras en el que el número 500 representaba 'Guevara', el 600 significaba la frase 'mantener vivo' y el 700, 'ejecutar'". La orden de ejecutarlo llegó a las 11.50 de la mañana desde La Paz y "siendo las 13.15, el Che recibió una ráfaga de balas y cayó muerto". De acuerdo con este documento, las últimas palabras del Che fueron: "Díganle a mi mujer que vuelva a casarse y a Fidel Castro que la Revolución resurgirá en las Américas". A su aterrado y vacilante ejecutor le dijo:

"¡Apunte bien, va a matar a un hombre!". Rodríguez declara que "era imposible mantenerlo con vida".

Rodríguez fue nuevamente censurado con referencia a la ejecución del Che casi diez años después [**Documento 40, pp. 292-300**]. La entrevista, realizada el 29 de mayo de 1975 por el inspector adjunto de la CIA, con gran probabilidad se hizo como consecuencia de las audiencias del Comité Church (Comité selecto del Senado de los Estados Unidos para estudiar las Operaciones Gubernamentales con respecto a las Actividades de Inteligencia). En esta entrevista, Rodríguez se adjudicó el crédito de casi todo lo relativo a la captura y el asesinato del Che. Declaró que él fue quien se aseguró de que el 2° Batallón de Rangers boliviano se desplegara inmediatamente hacia Vallegrande cuando se tuvieron noticias de que Guevara probablemente estuviera en la zona. Afirmó además que cuando él y Villoldo recibieron instrucciones relativas a su misión en Bolivia "había una muy clara de que, en el caso de que el Ejército boliviano capturara a Guevara, ellos debían hacer todo lo posible para 'mantenerlo con vida'". Y continúa diciendo que, cuando Guevara cayó prisionero, él envió un mensaje a los Estados Unidos pidiendo que enviaran un representante de la embajada a la zona con autoridad sobre los militares bolivianos para resguardar la vida del Che, pues no creía que él mismo pudiera lograrlo. Aun cuando Rodríguez hubiese enviado tal mensaje, que podría servirle como coartada para el crimen que se cometería, ningún representante de la embajada estadounidense se presentó en el lugar. Luego afirma, como lo hizo en el informe anterior, que, en su calidad de "oficial boliviano de más alto rango", recibió la orden de ejecutar al Che a través del teléfono de campo del Ejército. Esta vez, dijo que se le dieron los números en código "500 y 600".

"Dijo que sabía que 500 se refería a 'Guevara', que 600 significaba la palabra 'ejecutar' y que 700 indicaba 'preservar la vida de Guevara'. Estos códigos simples se le habían comunicado previamente…"

Como hicimos notar antes, en el resumen de su informe de 1967 sobre la ejecución, Rodríguez había dicho que "600" significaba "mantener vivo" y "700" quería decir "ejecutar" [**Documento 35, pp. 242-244**]. Que Rodríguez haya confundido "esos códigos simples" referentes al momento más importante de su vida pone en duda su declaración de que él fue quien recibió la llamada, transmitió la orden y no pudo hacer nada por detener el asesinato. Rodríguez dijo que se lo había dejado "a cargo de llevar a cabo la ejecución". Le "transmitió a un sargento la orden que se había recibido de ejecutar a Guevara y le confió a él la misión".

El entrevistador de la CIA se muestra evidentemente escéptico en cuanto a que Rodríguez haya recibido la orden de ejecutar a Guevara de los militares bolivianos de mayor rango. Después de todo, los agentes de la CIA (Rodríguez y Villoldo) nunca antes habían recibido órdenes de los oficiales bolivianos. Según el Inspector General Adjunto: "A pesar de su posición aparente de oficiales bolivianos, [Rodríguez] dijo que nunca habían recibidos órdenes de oficiales bolivianos de más alto rango. (Una excepción a esta regla fue la orden que el coronel […] le impartió [a Rodríguez] el día de la ejecución de Guevara, suponiendo que creamos el relato [de Rodríguez].)" [**Documento 40, pp. 292-300**].

El cubano repitió varias veces que había recibido la orden de mantener vivo al Che si este era capturado, que él quería que permaneciera vivo y que no pudo hacer nada para detener la ejecución. Este, como vimos, era un procedimiento operativo estándar para la CIA: las huellas digitales de los Estados Unidos no debían hallarse en ninguno de los asesinatos perpetrados durante ese período. La negación plausible era de importancia clave para el gobierno de los Estados Unidos y especialmente para el presidente y el Departamento de Estado. La historia de Rodríguez y otras versiones de la muerte del Che conceden a los Estados Unidos esa posibilidad de negar. En el contexto del Comité Church, que estaba investigando los asesinatos ordenados desde la CIA y la Presidencia, esa negativa plausible era importante.

Los documentos bolivianos sobre la muerte

El 16 de octubre de 1967, el alto mando de las fuerzas armadas bolivianas emitió un comunicado relativo a la muerte del Che Guevara. La declaración está contenida en un aerograma del Departamento de Estado fechado el 18 de octubre de 1967 y enviado desde la embajada de los Estados Unidos en La Paz a varios funcionarios estadounidenses [**Documento 37, pp. 248-260**]. Adjuntos al aerograma se enviaron cuatro anexos: el certificado de defunción, el informe de la autopsia, el informe de la policía argentina y un comunicado de la embajada argentina. La Argentina había cooperado enviando expertos en huellas digitales y en caligrafía, pues en sus registros de identidad había copia de las huellas digitales del Che y de su firma. Los expertos confirmaron la coincidencia de las huellas y de la escritura manuscrita del Che aparecida en su diario.

El comunicado, que el alto mando solo emitió ocho días después de la muerte del Che, el 16 de octubre, es de interés porque en él los bolivianos continuaban afirmando que el Che había muerto como consecuencia de las heridas sufridas en la batalla:

> Referente al combate que tuvo lugar en La Higuera entre unidades de las fuerzas armadas y el grupo rojo comandado por Ernesto "Che" Guevara, como resultado del cual él, entre otros, perdió la vida, se establece lo siguiente:
> a) Ernesto Guevara cayó en manos de nuestras tropas gravemente herido y en pleno uso de sus facultades mentales. Terminado el combate, fue transferido al pueblo de La Higuera más o menos a las 20 horas del domingo 8 de octubre, donde murió como resultado de sus heridas. Su cadáver fue transportado a la ciudad de Vallegrande a las 16 horas del lunes 9 de octubre en un helicóptero de la fuerza aérea boliviana. [...]
> [*Comienzo texto clasificado.*] [...] Sin embargo, los documentos aportan poco para resolver la especulación pública sobre el momento preciso y la manera en que murió. [...] Este parecería ser un intento de salvar la diferencia entre una serie de declaraciones previas de fuentes de las fuerzas armadas que fueron desde afirmar que Guevara murió durante o poco después de la batalla hasta sugerir que sobrevivió por lo menos veinticuatro horas a ese enfrentamiento. Algunos informes anteriores de la semana pasada también indicaban que Guevara fue capturado con heridas menores, mientras que declaraciones ulteriores, incluido el informe de la autopsia adjunto, afirman que sufrió múltiples y graves heridas de bala en combate.
> Dudamos de que el comunicado responda satisfactoriamente estas preguntas y nos inclinamos a coincidir con el comentario de *Po-*

liticus, el columnista de *Presencia*, en el sentido de que estas discrepancias, ahora que la identidad del cadáver está generalmente aceptada, "van a ser el nuevo foco de polémica de los próximos días, particularmente en el exterior". [*Fin texto clasificado*]

Es sorprendente que Henderson parezca estar tan desconectado de lo que realmente ocurrió. El 13 de octubre, Rodríguez había transmitido su versión de los acontecimientos a la CIA, que sabía que el Che había sido ejecutado [**Documento 35, pp. 242-244**]. Esta es una nueva indicación de que Henderson, y posiblemente otros funcionarios del Departamento de Estado, pueden haber sido dejados al margen, al menos por un tiempo, de las informaciones relativas al asesinato, lo cual les permitiría negar toda participación de la operación homicida de la CIA.

Un documento del Departamento de Defensa fechado el 28 de noviembre de 1967 da los resultados de un informe de los oficiales de las actividades del 2° Batallón de Rangers desde el 26 de septiembre al 31 de octubre y los detalles relativos a la ejecución del "Che" Guevara [**Documento 38, pp. 262-280**]. En una versión anterior emitida como un informe del área de Inteligencia del Departamento de Defensa y fechada el 9 de noviembre de 1967, se han borrado los nombres de los bolivianos que, en cambio, aparecen incluidos en el documento del 28 de noviembre. El documento describe en detalle las diversas batallas libradas a fines de septiembre y en octubre que llevaron a herir y capturar al Che, así como los esfuerzos por eliminar al resto de los guerrilleros que se dispersaron después de la detención de Guevara. Al documento se adjuntan cuatro mapas trazados a mano de las batallas clave [**Documento 39, pp. 282-286**].

Una sección del informe consiste en una entrevista realizada el 30 de octubre de 1967 al lugarteniente Espinoza, jefe de la Compañía "B" del 2° Batallón de Rangers, donde se le pregunta sobre el trato dado al Che después de su captura:

[El lugarteniente Espinoza] habló extensamente con Guevara, aunque Guevara no le reveló ninguna información pertinente. [...] A la mañana temprano del 9 de octubre, la unidad recibió la orden de ejecutar a Guevara y a los demás cautivos. [...] Los oficiales implicados no sabían dónde se había originado la orden pero tenían la impresión de que procedía de las más altas esferas. [El capitán Prado] dio la orden de ejecutar a Guevara [al lugarteniente Pérez], pero él se sintió incapaz de cumplirla y a su vez se la dio [al sargento Terán, Compañía "B"]. [...] Por entonces, [el sargento Terán] había fortalecido su espíritu con varias cervezas y retornó a la habitación donde mantenían prisionero al Che. Cuando [Terán] entró en ella, Guevara se puso de pie, con las manos atadas por delante y dijo: "Sé a qué has venido. Estoy preparado". [Terán] se quedó mirándolo durante algunos minutos y luego dijo: "No, se equivoca, quédese sentado". [El sargento] abandonó la habitación durante un momento. [...]

[Terán] regresó. Cuando entró, Guevara se puso de pie y lo enfrentó. [Terán] le dijo que se sentara pero Guevara se negó a tomar asiento y dijo: "Prefiero estar de pie para esto". El [sargento] comenzó a enfadarse y le repitió que se sentara, pero Guevara, sin responderle, seguía de pie. Finalmente, le dijo: "¡Serénese y apunte bien! Va a matar a un hombre". [Terán] disparó entonces una ráfaga de su carabina M2, que lanzó a Guevara contra la pared del fondo.

Espinoza no hace ninguna mención de Rodríguez (también conocido como Ramos) y declara que la orden de ejecutar al Che llegó a la mañana temprano, mientras que Rodríguez dice que la recibió alrededor del mediodía [**Documento 35, pp. 242-244**]. Esta discrepancia es simplemente otra indicación de que hubo diferentes versiones de los hechos que rodearon al asesinato del Che y que las afirmaciones de Rodríguez no son creíbles. Recordemos además que, junto con la declaración de Espinoza, que no menciona a Rodríguez, hay notas del coronel boliviano Andrés Selich que fueron revisadas por Jon Lee Anderson. Tampoco en ellas se hace la menor referencia a una orden que haya sido recibida por Rodríguez o transmitida por él.

El desvío de la culpa de la CIA que hace Rodríguez ha sido un logro que ha durado mucho tiempo, pero su versión queda completamente desacreditada por los datos documentales y las circunstancias históricas. La CIA ha sido una organización paramilitar desde 1948, un año después de creada. Puede funcionar y funciona con cierta autonomía, hasta tal punto que, en 1975, se formó una comisión del Senado de los Estados

Unidos para investigar su práctica de asesinatos políticos. Como lo establece en su libro *Killing Hope* el historiador de la política exterior anticomunista estadounidense y ex funcionario del servicio exterior William Blum, desde 1948 hasta 1967, el año de la ejecución del Che, la Agencia llevó a cabo (o planeó) diecinueve asesinatos de prominentes personajes extranjeros.[94]

Además de los documentos que reproducimos en este libro, probablemente haya otros que aún no están disponibles para ser consultados. Suponemos que son documentos que reflejan las comunicaciones entre la CIA y el Departamento de Estado y los generales y el presidente boliviano inmediatamente después de que el Che fuera capturado. Pero, para hacer un resumen de los documentos con que contamos, digamos que los registros muestran que la CIA había estado siguiendo el rastro del Che desde 1954, cinco años antes de que estallara la Revolución cubana, cuando Guevara era un médico joven en Guatemala. Después de la Revolución, la Agencia documentaba regularmente el paradero y las actividades del argentino. La CIA, actuando por intermedio del mafioso de Chicago Johnny Rosselli, había intentado anteriormente envenenar a Guevara en Cuba. Pero más incriminatorio aún es el acuerdo al que el jefe de la CIA en Bolivia, Gustavo Villoldo, admite haber llegado con el general René Barrientos sobre que, en caso de que se lo capturara, el Che debía morir. Cuando el Che fue asesinado, el director de la contrainsurgencia Walt Rostow se pavoneó orgulloso del asesinato señalándole a Johnson lo beneficioso que sería para los Estados Unidos. La CIA imitó esos argumentos en su evaluación de lo que significaba la muerte del argentino para las perspectivas de la revolución en América Latina. La autonomía de los poderes legislativo y ejecutivo de que gozaba la CIA era necesaria para sostener la práctica de la "negación plausible", una formulación orwelliana de la mentira. Esa práctica permitió que la CIA y el presidente de los Estados Unidos alegaran que tenían las manos limpias. Como escribió George Orwell en *1984*:

94. William Blum, ob.cit., p. 453. El autor muestra la lista completa hasta 1991 que incluye treinta y tres personas en diversas partes del mundo.

"Quien controla el pasado controla el futuro. Quien controla el presente controla el pasado".

El panegírico de Fidel

El 19 de octubre de 1967, se realizó en la Plaza de la Revolución de La Habana una multitudinaria ceremonia pública en honor del Che. Después de mostrar fragmentos filmados de Guevara y Fidel y de una salva de veintiún cañonazos, Fidel ofreció un emotivo y elogioso discurso. Al hablar de las heroicas victorias del Che, Fidel reconoció que su muerte

> es un duro golpe, un golpe tremendo para el movimiento revolucionario, en cuanto le priva sin duda de ninguna clase de su líder más capaz y experimentado.
> Sin embargo, ¿cómo tienen los revolucionarios que afrontar ese golpe adverso? ¿Cómo tienen que afrontar esa pérdida? ¿Cuál sería la opinión del Che si tuviese que emitir un juicio sobre este particular? Esa opinión la dijo, esa opinión la expresó con toda claridad, cuando escribió en su mensaje a la Conferencia de Solidaridad de los pueblos de Asia, África y América Latina que si en cualquier parte le sorprendía la muerte, bienvenida fuera siempre que ese, su grito de guerra, hubiera llegado hasta un oído receptivo, y otra mano se extendiera para empuñar el arma.
> Y ese, su grito de guerra, llegará no a un oído receptivo, ¡llegará a millones de oídos receptivos! Y no una mano, sino que ¡millones de manos, inspiradas en su ejemplo, se extenderán para empuñar las armas!

El 13 de julio de 1997, "los restos del héroe revolucionario latinoamericano Che Guevara, enterrados desde 1967 en una tumba sin marcas en la Bolivia rural, fueron llevados de regreso a Cuba" [**Documento 43, p. 336**].

El legado del Che

Si bien hoy ya quedan unas pocas o ninguna organización guevarista que lleve adelante la guerrilla armada en el campo, la lucha del Che por un mundo mejor aún continúa viva. El Che simboliza hoy "cierto *espíritu*, tanto ético como político, formado de la rebelión contra la dominación del imperialismo, de la rabia contra las injusticias sociales capitalistas, la lucha intransigente contra el orden establecido y el intenso deseo de una transformación de la sociedad revolucionaria y socialista".[95]

En ninguna otra parte se ha demostrado más claramente esta verdad que en Bolivia, con la elección en 2005 del primer presidente indígena, Evo Morales. En su discurso de asunción Morales homenajeó al Che Guevara, "quien luchó por un mundo nuevo de igualdad".[96] En el gobierno de Morales hay militantes, como Loyola Guzmán, que lucharon junto al Che en el Ejército de Liberación Nacional de Bolivia. Cuando se le pidió a Evo Morales que respondiera a la pregunta "¿por qué le gusta el Che?", el presidente boliviano respondió: "Me gusta el Che porque peleó por la igualdad, por la justicia. No se preocupó únicamente por la gente común; él hizo de la lucha de esa gente su propia lucha".[97]

Al ser entrevistado en 2006, Fidel reflexionó sobre el Che: "¿Qué dejó detrás de sí? Creo que lo más grande que nos dejó son sus valores morales, su conciencia. El Che simbolizaba los más elevados valores humanos y él fue un ejemplo extraordinario. Creó una gran aura, una gran mística. Lo admiré enormemente y lo quise mucho".

El Che dejó la leyenda de un hombre que murió por hacer realidad sus ideas y no meramente expresarlas. El Che encarnó la esperanza de las generaciones que lo sucedieron de que el mundo puede y debe cambiarse, según las palabras de su contemporáneo afroamericano Malcolm X, "por cualquier medio que sea necesario".

Guillotinaron a Charlotte Corday y dijeron que Marat había muerto. No, Marat no ha muerto. Ponedlo en el Panteón o echadlo a la

95. Olivier Besancenot y Michael Löwy, *Che Guevara: His Revolutionary Legacy*, Nueva York, Monthly Review Press, 2009, p. 82.

96. Ibíd.

97. David Rieff, "Che's Second Coming?", en *The New York Times*, Nueva York, 20 de noviembre de 2005.

alcantarilla; no importa; él volverá al día siguiente. Renace en el hombre que no tiene trabajo, en la mujer que no tiene un poco de pan, en la muchacha que debe vender su cuerpo, en el niño que no ha aprendido a leer; renace en el conventillo sin calefacción, en el colchón miserable sin mantas, en los desempleados, en el proletariado, en el burdel, en la prisión, en nuestras leyes impiadosas, en nuestras escuelas que no ofrecen ningún futuro y reaparece en todo lo que es ignorancia y vuelve a recrearse de todo lo que es oscuridad. Oh, ten cuidado sociedad humana, no puedes matar a Marat sin antes haber matado las desdichas de la pobreza.

Victor Hugo

¡Viva el Che!

Documentos

#261 746

BIO DATA

NAME: GUEVARA de la Serna, Ernesto
aka Che

DPOB: 14 June 1928, Rosario, Argentina

TRAVEL: Visited United States August 1952.

FATHER: GUEVARA Lynch, Ernesto

DOCUMENTO 1. "Datos biográficos" del Che Guevara (1952)
El primer documento que aparece en el expediente del Che Guevara es una copia de su pasaporte argentino y su visa de turista. La información fue agregada en una hoja separada de "Datos biográficos".

#261 746

Datos biográficos

Nombre:	Guevara de la Serna, Ernesto alias "Che"
Lugar y fecha de nacimiento:	Rosario, Argentina, 14 de junio de 1928
Viajes:	Visitó los Estados Unidos en agosto de 1952
Padre:	Guevara Lynch, Ernesto

GUEVARA, Ernesto

ARGENTINA
a/o July 1956

LOMBARDO TOLEDANO PROTEGE—Ernesto Guevara, an Argentine Communist
recently arrested in Mexico in connection with the Fidel Castro plot
against President Batista of Cuba, enjoys two official sinecures in
Mexico, "one as a doctor at General Hospital, although he has never stud
medicine," for which he receives 1,500 pesos a month, and another as a
teacher in the School of Medicine at the University, for which he is
paid 600 pesos a month. At present he is still under arrest, with
Dr. Fidel Castro. Nevertheless he continues to receive his salaries.
Upon his arrival in Mexico City, after he was expelled from Guatemala
following the fall of the Arbenz Government, Guevara became a protege
of Vicente Lombardo Toledano, who accepted him as an active member of th
Partido Popular, and it was Lombardo Toledano who obtained the two
sinecures for him. (Mexico, D.F., CGV Agency, July 25, 1956,
1500 GLT—E)

Córdova García Valcor Agency

FBIS Rept., July 26, 1956 OFF. USE ONLY

DOCUMENTO 2. Ficha de archivo sobre el Che Guevara (julio de 1956)

Ficha de archivo con información referente al Che Guevara confeccionada poco después de su arresto, el 24 de junio de 1956 en México, por formar parte de un grupo liderado por Fidel Castro que planeaba una invasión a Cuba. Contiene información errónea, como que "nunca estudió Medicina". Típica ficha de los archivos mantenidos por las agencias de espías estadounidenses sobre cualquier potencial "perturbador".

Guevara, Ernesto   Argentina,
                                                                 julio de 1956

Protegido de Lombardo Toledano, Ernesto Guevara, un comunista argentino recientemente arrestado en México en relación con el complot
de Fidel Castro contra el presidente Batista de Cuba, goza de dos sinecuras oficiales en México, una como "médico del Hospital General,
aunque nunca estudió Medicina", por la cual recibe 1500 pesos por
mes, y otra como profesor de la Facultad de Medicina de la Universidad, por la cual se le pagan 800 pesos por mes. En este momento,
se encuentra todavía bajo arresto junto con el doctor Fidel Castro; sin
embargo, continúa recibiendo sus salarios. Desde su llegada a la Ciudad de México, después de haber sido expulsado de Guatemala tras
la caída del gobierno de Arbenz, Guevara pasó a ser un protegido de
Vicente Lombardo Toledano, quien lo aceptó como un miembro activo
del Partido Popular y quien obtuvo las dos sinecuras para Guevara.
(Ciudad de México, Agencia CGV [aclarado en cursiva: Agencia Cár-
dena María Velasco], 25 de julio de 1956, 1500 CLT-E.)

Informe F bis, 26 de julio de 1956. Solo de uso oficial

GUEVARA SERNA, Ernesto   Argentina

        On July 2, Hilda Gadea de Guevara denied that she or Ernesto

Guevara Serna, Her Argentine physician husband, are communists. She
was forced to leave Peru, she stated, not for Communist activities,
but because she was statistical decretary of the APRA; neither she nor
her husband have everh had Communist sympathies. She further denied
the rumor that she and her husband had come to Mexico from Gustemala
with Rogelio Cruz Wer and Jaime Rosenbery, chiefs of the Civil Guard
and the Judicial Guard under the Arbenz regime, respectively.
She stated that neither she nor her husband knew either of these men
when they were in Guatemala.
Mexico City Excelsior, 3 July 56.

SO:CIA, FOreign Documentary Summary, # 1017, 30 July 56, For Official
Use Only. at

                                            Approved for Release
                                            Date 14 APR 1984

**DOCUMENTO 3. Ficha de archivo sobre Hilda Gadea de Guevara
(julio de 1956)**
Ficha similar sobre la esposa del Che Guevara, Hilda Gadea de Guevara.

Guevara Serna, Ernesto   Argentina

El 2 de julio, Hilda Gadea de Guevara negó que ella o Ernesto Guevara Serna, su marido médico argentino, sean comunistas. Fue obligada
a abandonar Perú, según declaró, no por actividades comunistas sino
porque era secretaria de estadísticas del APRA; ni ella ni su marido
han tenido nunca simpatías comunistas. Además negó el rumor de
que ella y su marido hayan llegado a México desde Guatemala con
Rogelio Cruz Wer y Jaime Rosenbery [sic por Rosenberg], jefes respectivamente de la Guardia Civil y de la Guardia Judicial durante el
gobierno de Arbenz.

Declaró que ni ella ni su marido conocieron a ninguno de esos hombres mientras estuvieron en Guatemala.

Excelsior, Ciudad de México, 3 de julio de 1956

SO: CIA, Resumen Documentos Extranjeros, # 1017, 30 de julio de
1956, solo para uso oficial. at

Aprobado para su difusión

Fecha ~~14 de abril de 1984~~

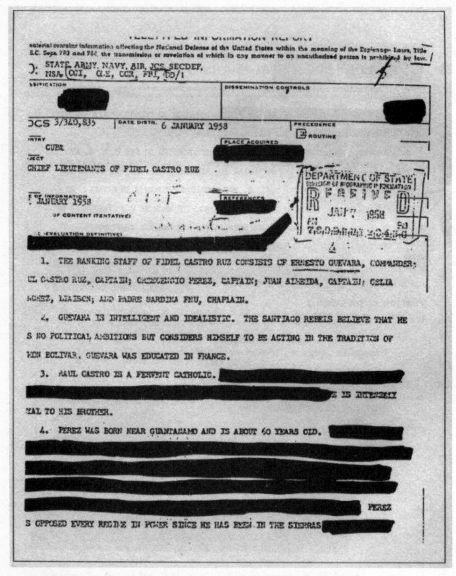

DOCUMENTO 4. Cable de la CIA sobre los "principales lugartenientes" de Fidel Castro (enero de 1958)
(A) Cable secreto de la CIA que contiene breves notas biográficas de los cabecillas de la fuerza guerrillera de Fidel Castro en Sierra Maestra. Se dice del Che Guevara que es "inteligente e idealista" y que cree estar actuando en la "tradición de Simón Bolívar". Nótese a dónde va dirigido el cable: al Departamento de Estado, el Ejército, la Marina, la Fuerza Aérea, el Estado Mayor Conjunto, la Agencia de Seguridad Nacional y a otros organismos.

El material contiene información que ofrece la Defensa Nacional de los Estados Unidos dentro del marco de las Leyes de Espionaje, Título S. C. [ilegible] 783 y 784, la transmisión o revelación del cual está prohibida por ley de cualquier forma a toda persona no autorizada.

Estado, Ejército, Marina, Fuerza Aérea, JCS, SECDEF, NSA, OCI, [ilegible], CGR, FBI, DO/1

Clasificación: Controles de difusión:
        [tachado]
DCS 3/340, S35   Fecha de distribución: Prioridad: rutina
País: Cuba   6 de enero de 1958   Sitio de adquisición:
                                                                                  [tachado]
Objeto: Principales lugartenientes de Fidel Castro Ruz

Fecha de información: [ilegible] de enero de 1958   Referencias:
                                                                                           [tachado]

        [Texto del sello: Departamento de Estado Oficina de Información
                                                            Biográfica enero de 1958]

1. Los principales lugartenientes de Fidel Castro Ruz consiste en Ernesto Guevara, comandante; Raúl Castro Ruz, capitán; Gregorio Pérez, capitán; Juan Almeida, capitán; Celia Sánchez, su compañera; y el Padre Sardiñas FNU, capellán.

2. Guevara es inteligente e idealista. Los rebeldes de Santiago creen que no tiene ambiciones políticas, pero él considera que actúa en la tradición de Simón Bolívar; Guevara fue educado en Francia.

3. Raúl Castro es un ferviente católico. [Texto tachado] es inmensamente leal a su hermano.

4. Pérez nació cerca de Guantánamo y tiene alrededor de 60 años. [Texto tachado] Pérez se ha opuesto a todo régimen que ejerció el poder desde que estuvo en las sierras [texto tachado].

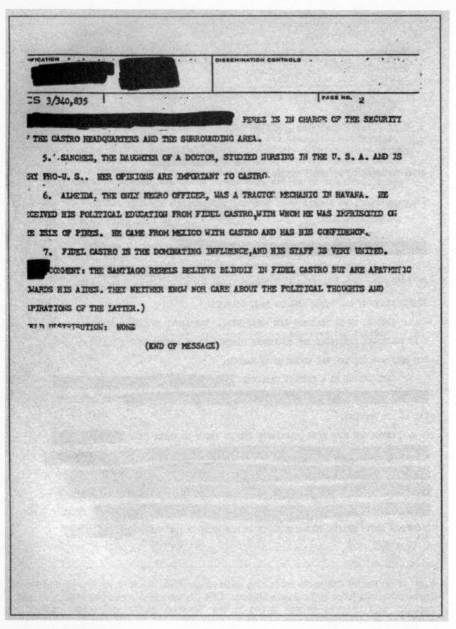

CS 3/340,835 | PAGE NO. 2

PEREZ IS IN CHARGE OF THE SECURITY
' THE CASTRO HEADQUARTERS AND THE SURROUNDING AREA.

5. SANCHEZ, THE DAUGHTER OF A DOCTOR, STUDIED NURSING IN THE U. S. A. AND IS
RY PRO-U. S.. HER OPINIONS ARE IMPORTANT TO CASTRO.

6. ALMEIDA, THE ONLY NEGRO OFFICER, WAS A TRACTOR MECHANIC IN HAVANA. HE
CEIVED HIS POLITICAL EDUCATION FROM FIDEL CASTRO, WITH WHOM HE WAS IMPRISONED ON
E ISLE OF PINES. HE CAME FROM MEXICO WITH CASTRO AND HAS HIS CONFIDENCE.

7. FIDEL CASTRO IS THE DOMINATING INFLUENCE, AND HIS STAFF IS VERY UNITED.
COMMENT: THE SANTIAGO REBELS BELIEVE BLINDLY IN FIDEL CASTRO BUT ARE APATHETIC
WARDS HIS AIDES. THEY NEITHER KNOW NOR CARE ABOUT THE POLITICAL THOUGHTS AND
SPIRATIONS OF THE LATTER.)

ELD DISTRIBUTION: NONE

(END OF MESSAGE)

DOCUMENTO 4 (B)

Clasificación   Controles de difusión
[Tachado]
CS 3/340, 835   Página n° 2

[Texto tachado] Pérez está a cargo de la seguridad del cuartel central de Castro y la zona que lo rodea.

5. Sánchez, hija de un médico, estudió enfermería en los Estados Unidos y es [ilegible] pro Estados Unidos. Sus opiniones son importantes para Castro.

6. Almeida, el único oficial negro, era mecánico de tractores en La Habana. Recibió su educación política de Fidel Castro, con quien estuvo preso en Isla de los Pinos. Llegó desde México con Castro y cuenta con su confianza.

7. Fidel Castro es la influencia dominante y su gente está muy unida.

[Texto tachado] comentario: los rebeldes de Santiago creen ciegamente en Fidel Castro pero sus ayudantes son custodios apáticos. No conocen ni se interesan por el pensamiento ni las aspiraciones políticas de su jefe.

[Ilegible] distribución: ninguna

(Fin del mensaje)

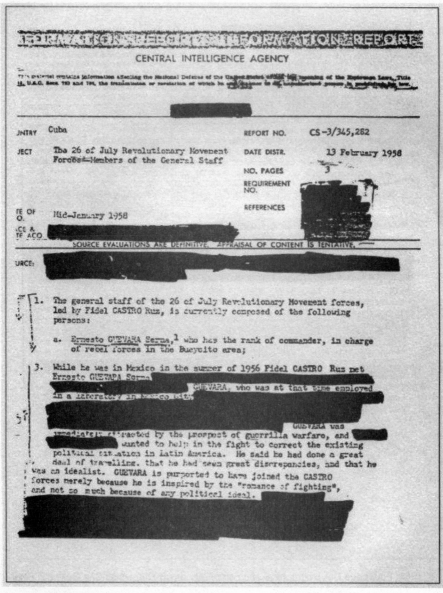

DOCUMENTO 5. Informe de la CIA sobre el personal general del Movimiento 26 de Julio (enero de 1958)
Informe sobre el personal general del Movimiento 26 de Julio. En él se describe al Che Guevara como alguien que quiere "ayudar en la lucha por corregir la situación política existente en América Latina".

Informe de Inteligencia
Agencia Central de Inteligencia
[Texto ilegible]

País: Cuba

Asunto: El Movimiento
Revolucionario 26 de julio
Fuerzas-Miembro de la
nómina general

Informe n° CS-3/345, 282
Fecha de distribución:
13 de febrero de 1958
N° de páginas: 3

Fecha de evaluación:
mediados de enero de 1958

N° de requerimiento: [tachado]
Referencias: [Texto tachado]

Las evaluaciones de la fuente son definitivas.
La valoración del contenido es tentativo.

Fuente: [Texto tachado]

1. La nómina general de las fuerzas del Movimiento Revolucionario 26 de Julio liderado por Fidel Castro Ruz se compone actualmente de las siguientes personas:

a) Ernesto Guevara Serna, que tiene el rango de comandante, está a cargo de las fuerzas rebeldes en la zona del Bueycito.

3. Mientras estaba en México en el verano de 1956, Fidel Castro Ruz conoció a Ernesto Guevara Serna [texto tachado]. Guevara, que en esa época estaba empleado en un laboratorio de Ciudad de México [texto tachado]. Guevara se sintió inmediatamente atraído por la propuesta de participar de la guerra de guerrillas y [texto tachado] quiso ayudar en la lucha por corregir la situación política existente en América Latina. Dijo que había viajado mucho, que había conocido grandes discrepancias y que era un idealista. Se supone que Guevara se ha unido a las fuerzas de Castro meramente porque se ha sentido inspirado por "el romanticismo de la lucha" y no tanto por algún ideal político. [Texto tachado]

DOCUMENTO 6. Nota biográfica de la CIA sobre el Che Guevara (febrero de 1958)
Informe biográfico y de personalidad de cuatro páginas de la CIA referentes al Che Guevara, "seguidor" de Fidel Castro. Aparentemente, esta información fue reunida por alguien del grupo del Che.

Véanse los controles especiales al final de la página.	
Informe de Inteligencia	[Texto ilegible]
Preparado y difundido por Agencia Central de Inteligencia	Informe N° 00—B-3, 098, 099
Información biográfica y de personalidad referente al "Che" (Ernesto Guevara), seguidor de Fidel Castro	Fecha de distribución: 13 de febrero de 1958 N° de páginas: 4
Información adicional (fecha o lugar en las que dieron las condiciones descritas en el informe) [Texto tachado]	Complemento del informe Responder a 00/C- [texto tachado]

Esta es información no evaluada

[Texto tachado]

El individuo que se hace llamar "Che" y que es uno de los principales lugartenientes de Castro es un médico argentino llamado Ernesto Guevara.

[Texto tachado] Lo siguiente representa la información [texto tachado] referente a este hombre. Casualmente, "Che" es una forma apelativa familiar. A Guevara nunca se lo conoce por otro nombre. [Texto tachado]

"Che" is between 25 and 30 years old, ▓▓▓▓▓▓▓▓▓▓▓ He is about five feet nine inches tall and weighs about 160 pounds. He is stocky in build, and is strong rather than lean and sinewy. He has brown hair and a brown mustache and beard. His beard, but not the hair on his head, has a very reddish tinge. By no stretch of the imagination, however, can "Che" be described as red-bearded. He has a rather square face, a straight nose, an olive complexion, and dark brown eyes. He is definitely of Spanish descent and does not ▓▓▓▓▓▓▓▓▓▓ have any negro strain in him. In short, he is a "Latino" and not a mulatto. He is, incidentally, extremely proud of his "Latino" background. He bears a rather remarkable resemblance to the Mexican artist Cantinflas and sometimes laughingly refers to himself as "Cantinflas". However, he is never known by the name "Cantinflas". He has rather clownish features. By ordinary middle class standards, "Che" has bad teeth, but by the standards of his companions in the mountains his teeth are perhaps better than the average. "Che" does not wear glasses ▓▓

▓▓▓▓ and has no particularly outstanding mannerisms, with the possible exception of his exuberance and his readiness to laugh. He smiles readily and is extremely personable. "Che" possesses a long scar on the left side of his neck, a scar caused, he says, by a wound received in combat against the Cuban Government forces. ▓▓▓▓▓▓▓▓▓▓▓▓▓▓

▓▓▓▓▓▓▓▓▓▓▓▓▓▓▓▓▓▓▓▓▓▓▓▓▓▓▓▓

▓▓▓▓▓▓▓▓▓ The outstandingly noticeable thing about "Che" from the physical aspect is that he has a severe and chronic case of asthma. His asthma is so severe that he always carries with him a portable asthma inhalator which he uses almost constantly. He is completely dependent for survival upon this inhalator ▓▓▓▓▓▓▓ and always carries a spare with him in case of emergency. One can always tell when "Che" is in a group, even when he is not to be seen, because of the bellows-like noise which this inhalator makes when in use. ▓▓▓▓▓▓▓▓▓ he has had chronic asthma ever since childhood and that he has always had to use the inhalator. The remaining noticeable physical trait of "Che" is his filth. He hates to wash and will never do so. He is filthy, even by the rather low standard of cleanliness prevailing among the Castro forces in the Sierra Maestra. Once in a while "Che" would take some of his men to a stream or pool, in

DOCUMENTO 6 (A)
Este documento pone énfasis en el asma del Che y afirma que "depende completamente de ese inhalador para sobrevivir". También incluye la afirmación de que "no tiene ningún ancestro negro" y comentarios despectivos relativos al estado de sus dientes y sus hábitos higiénicos.

El "Che" tiene entre 25 y 30 años [texto tachado]. Es un hombre de aproximadamente 1,80 metros de alto y alrededor de 75 kg. Es más bien bajo, fornido y fuerte que magro y fibroso. Tiene cabello castaño y lleva barba y bigote. Su barba, aunque no el pelo de la cabeza, tiene un tinte rojizo, pero hace falta mucha imaginación para describirlo como un hombre de barba roja. Tiene un rostro bastante cuadrado, la nariz recta, complexión olivácea y oscuros ojos pardos. Es definitivamente de ascendencia española y no tiene [texto tachado] ningún ancestro negro. En suma, es un "latino" y no un mulato. Dicho sea de paso, está extremadamente orgulloso de su ascendencia "latina". Tiene una notable semejanza con el artista mexicano "Cantinflas" y a veces, en broma, se refiere a sí mismo llamándose "Cantinflas". Sin embargo, nadie lo conoce por ese nombre. Tiene rasgos bastante cómicos. Para los estándares comunes de la clase media, el "Che" tiene los dientes en mal estado, pero para los estándares de sus compañeros de la montaña, quizá los tenga mejor que el promedio. El "Che" no usa lentes [texto tachado] y no tiene gestos particularmente notables con la posible excepción de su exuberancia y su disposición a reír. Es de sonrisa fácil y es extremadamente simpático. El "Che" tiene una larga cicatriz en el costado izquierdo del cuello provocada, según él mismo dice, por una herida recibida en combate contra las fuerzas del gobierno cubano. [Texto tachado] El rasgo más destacado y notable en el aspecto físico del "Che" es que sufre de un grave cuadro de asma crónica. Su asma es tan grave que siempre lleva consigo un inhalador que usa casi constantemente. Depende completamente de ese inhalador para sobrevivir. [Texto tachado] y siempre lleva consigo uno de repuesto para casos de emergencia. Uno siempre puede saber cuándo el "Che" está en un grupo, aunque esté fuera de la vista, a causa del sonido como de fuelle que hace el inhalador cuando lo usa. [Texto tachado] ha tenido asma desde que era niño y siempre ha tenido que usar el inhalador. El otro rasgo físico notable del "Che" es su suciedad. Odia bañarse y nunca lo hace. Es mugriento, incluso para los estándares bastante bajos de pulcritud que rigen en las fuerzas de Castro en Sierra Maestra. De vez en cuando, el "Che" lleva a algunos de sus hombres a un arroyo o un estanque

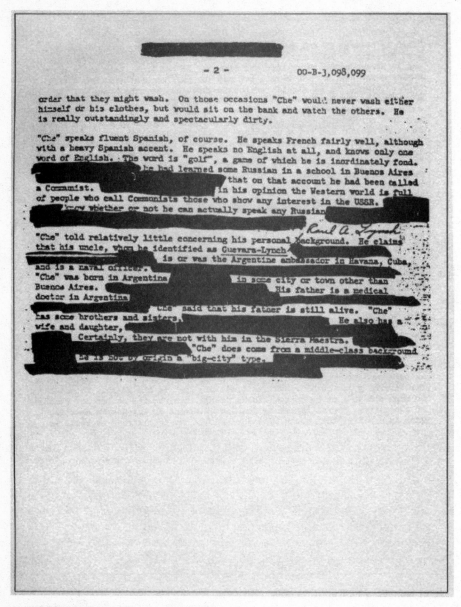

- 2 -   00-B-3,098,099

order that they might wash. On those occasions "Che" would never wash either himself or his clothes, but would sit on the bank and watch the others. He is really outstandingly and spectacularly dirty.

"Che" speaks fluent Spanish, of course. He speaks French fairly well, although with a heavy Spanish accent. He speaks no English at all, and knows only one word of English. The word is "golf", a game of which he is inordinately fond. ▮▮ he had learned some Russian in a school in Buenos Aires ▮▮ that on that account he had been called a Communist. ▮▮ In his opinion the Western world is full of people who call Communists those who show any interest in the USSR. ▮▮ know whether or not he can actually speak any Russian ▮▮

"Che" told relatively little concerning his personal background. He claims that his uncle, whom he identified as Guevara-Lynch ▮▮ is or was the Argentine ambassador in Havana, Cuba, and is a naval officer. "Che" was born in Argentina ▮▮ in some city or town other than Buenos Aires. ▮▮ His father is a medical doctor in Argentina ▮▮ "Che" said that his father is still alive. "Che" has some brothers and sisters. ▮▮ He also has a wife and daughter. ▮▮ Certainly, they are not with him in the Sierra Maestra. ▮▮ "Che" does come from a middle-class background ▮▮ he is not by origin a "big-city" type.

DOCUMENTO 6 (A). Continuación
La información sostiene que el Che Guevara solo sabe una palabra en inglés –"golf"–, un deporte que supuestamente ama.

para que puedan lavarse. En esas ocasiones él nunca se lava ni lava su ropa, sino que se sienta en la orilla y observa a los demás. Es realmente notable y espectacularmente sucio.

El "Che" habla fluidamente el español, por supuesto. Habla el francés bastante bien, aunque con un fuerte acento español. No habla nada de inglés y sabe una sola palabra en inglés: la palabra "golf", un deporte al que es excesivamente aficionado. [Texto tachado] había aprendido algo de ruso en un colegio de Buenos Aires [texto tachado] y por esa razón se lo llamaba comunista. [Texto tachado] en su opinión, en el mundo occidental está lleno de gente que llama comunista a cualquiera que muestre algún interés por la URSS. [Texto tachado] saber si realmente puede o no hablar algo de ruso [Texto tachado].

El "Che" habla relativamente poco de sus antecedentes personales. Dice que su tío, a quien identifica como Guevara Lynch [aclarado a mano Raúl A. Lynch] [texto tachado] es o fue embajador de la Argentina en La Habana, Cuba, y que es un oficial naval. [Texto tachado] El "Che" nació en la Argentina [texto tachado] en una ciudad o pueblo que no es Buenos Aires. Su padre es médico en la Argentina [texto tachado]. El "Che" dijo que su padre aún vive. El "Che" tiene hermanos y hermanas, [texto tachado]. También tiene esposa y una hija, [texto tachado]. Ciertamente, ellas no están con él en Sierra Maestra. [Texto tachado] El "Che" proviene de una familia de clase media. [Texto tachado] por su origen no es del tipo de persona "de la gran ciudad", [texto tachado].

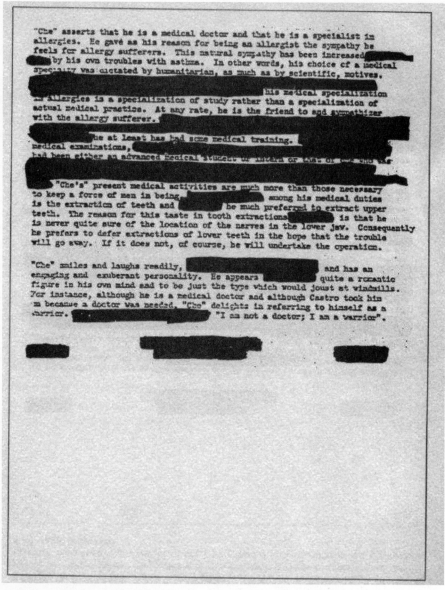

"Che" asserts that he is a medical doctor and that he is a specialist in allergies. He gave as his reason for being an allergist the sympathy he feels for allergy sufferers. This natural sympathy has been increased ▮▮▮▮ by his own troubles with asthma. In other words, his choice of a medical specialty was dictated by humanitarian, as much as by scientific, motives.

▮▮▮▮▮▮▮▮▮▮▮▮▮▮▮▮▮▮▮▮▮▮▮ his medical specialization in allergies is a specialization of study rather than a specialization of actual medical practice. At any rate, he is the friend to and sympathizer with the allergy sufferer.

▮▮▮▮ he at least has had some medical training. medical examinations, had been either an advanced medical student or intern or that or ▮▮▮ who was

▮▮▮ "Che's" present medical activities are much more than those necessary to keep a force of men in being ▮▮▮▮▮▮ among his medical duties is the extraction of teeth and ▮▮▮▮ he much preferred to extract upper teeth. The reason for this taste in tooth extractions ▮▮▮ is that he is never quite sure of the location of the nerves in the lower jaw. Consequently he prefers to defer extractions of lower teeth in the hope that the trouble will go away. If it does not, of course, he will undertake the operation.

"Che" smiles and laughs readily, ▮▮▮▮▮▮▮▮▮▮▮ and has an engaging and exuberant personality. He appears ▮▮▮▮ quite a romantic figure in his own mind and to be just the type which would joust at windmills. For instance, although he is a medical doctor and although Castro took him on because a doctor was needed, "Che" delights in referring to himself as a warrior. ▮▮▮▮▮▮▮▮▮▮ "I am not a doctor; I am a warrior".

DOCUMENTO 6 (B) y (C)
Comenta su preferencia como médico por extraer las muelas superiores. Describe al Che como "alguien capaz de emprenderla contra los molinos de viento". También afirma que el Che dijo: "No soy un médico, soy un luchador".

El "Che" afirma que es doctor en Medicina y que es especialista en alergias. Dice que decidió ser alergista por la compasión que siempre sintió por quienes sufren alergias. Ese sentimiento natural aumentó [texto tachado] a causas de sus propios problemas de asma. En otras palabras, su elección de esa especialidad médica fue dictada por motivos tanto científicos como humanitarios. [Texto tachado.] Su especialización en alergias es más de estudios que de práctica médica real. De cualquier manera es una persona que compadece a los pacientes alérgicos y simpatiza con ellos. [Texto tachado] por lo menos ha tenido algún entrenamiento médico. [Texto tachado] exámenes médicos, [texto tachado] ha sido o bien un estudiante avanzado de Medicina o residente o algo semejante [texto tachado]. Las actividades médicas actuales del "Che" son mucho más que las necesarias para mantener una fuerza de hombres en [texto tachado] entre sus deberes médicos está la extracción de dientes y [texto tachado] él ha preferido extraer las muelas superiores. La razón de esta preferencia en la extracción de dientes [texto tachado] es que nunca está del todo seguro de la localización de los nervios de la mandíbula inferior. Consecuentemente, prefiere diferir las extracciones de la dentadura inferior con la esperanza de que el problema se resuelva solo. Si esto no ocurre, por supuesto, hace la operación.

El "Che" sonríe y ríe con facilidad, [texto tachado] y tiene una personalidad simpática y exuberante. Se ve a sí mismo [texto tachado] como un personaje romántico y, a decir verdad, tiene el tipo de alguien capaz de emprenderla contra los molinos de viento. Por ejemplo, aunque es médico y aunque Castro lo reclutó porque necesitaba un médico, al "Che" le encanta referirse a sí mismo como a un guerrero. [Texto tachado] "No soy un médico, soy un luchador."

[Texto tachado]

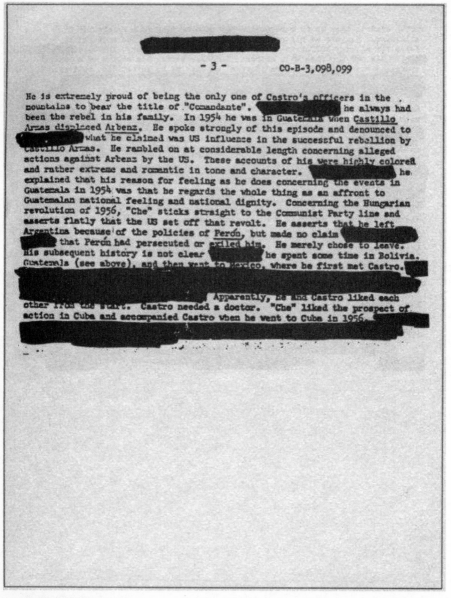

- 3 -   CO-B-3,098,099

He is extremely proud of being the only one of Castro's officers in the mountains to bear the title of "Comandante". ▮▮▮▮▮▮▮ he always had been the rebel in his family. In 1954 he was in Guatemala when Castillo Armas displaced Arbenz. He spoke strongly of this episode and denounced to ▮▮▮▮▮ what he claimed was US influence in the successful rebellion by Castillo Armas. He rambled on at considerable length concerning alleged actions against Arbenz by the US. These accounts of his were highly colored and rather extreme and romantic in tone and character. ▮▮▮▮▮▮▮ he explained that his reason for feeling as he does concerning the events in Guatemala in 1954 was that he regards the whole thing as an affront to Guatemalan national feeling and national dignity. Concerning the Hungarian revolution of 1956, "Che" sticks strongly to the Communist Party line and asserts flatly that the US set off that revolt. He asserts that he left Argentina because of the policies of Perón, but made no claim ▮▮▮▮▮▮▮ that Perón had persecuted or exiled him. He merely chose to leave. His subsequent history is not clear ▮▮▮▮▮ he spent some time in Bolivia. Guatemala (see above), and then went to Mexico, where he first met Castro. ▮▮▮▮▮▮▮▮▮▮▮▮▮▮▮▮▮▮▮▮▮▮▮▮▮▮▮▮▮▮▮▮▮▮▮ Apparently, he and Castro liked each other from the start. Castro needed a doctor. "Che" liked the prospect of action in Cuba and accompanied Castro when he went to Cuba in 1956.

DOCUMENTO 6 (D)

Afirma que el Che Guevara "siempre fue el rebelde de su familia". "Aparentemente, él y Castro se entendieron desde el primer momento. Castro necesitaba un médico. [Al 'Che' le gustaban las perspectivas de acción que había en Cuba]..."

[Texto tachado]

-3-   00-B-3, 098, 099

Está extremadamente orgulloso de ser el único de los oficiales de Castro en la montaña que tiene el cargo de "comandante". [Texto tachado] siempre fue el rebelde de su familia. En 1954, estaba en Guatemala cuando Castillo Armas derrocó a Arbenz. El Che hablaba con enojo de ese episodio y denunciaba a [texto tachado] la que en su opinión había sido influencia de los Estados Unidos en el éxito del levantamiento de Castillo Armas. Divagaba largamente sobre las supuestas acciones de los Estados Unidos contra Arbenz. Los relatos que hacía eran sumamente coloridos y de un tono y un carácter más bien extremado y romántico. [Texto tachado] explicaba que la razón de sentirse furioso en relación con los acontecimientos ocurridos en Guatemala en 1954 era que considera todo el asunto como una afrenta a la dignidad y al sentimiento nacional guatemaltecos. Con respecto a la Revolución húngara de 1956, el "Che" adhiere por completo a la versión del Partido Comunista y afirma directamente que los Estados Unidos pusieron en marcha la rebelión. Afirma que se fue de la Argentina a causa de las medidas políticas de Perón, pero no alega en ningún momento [texto tachado] que Perón lo haya perseguido ni exiliado. Sencillamente prefirió irse. Su historia inmediatamente posterior no está clara [texto tachado] pasó un tiempo en Bolivia, Guatemala (véase arriba) y luego fue a México donde conoció personalmente a Castro [texto tachado]. Aparentemente, él y Castro se entendieron desde el primer momento. Castro necesitaba un médico. Al "Che" le gustaban las perspectivas de acción que había en Cuba y acompañó a Castro cuando él regresó en 1956. [Texto tachado]

Now, it is of course impossible to state whether or not "Che" is or is not a Communist. He himself denies it. There is no question but that his utterances regarding events in Guatemala and Hungary are definitely Communist in tone and approach. There is no question that he does not entertain friendly feelings towards the US. He repeated with great solemnity and emphasis that the US is planning to cut Cuba physically into two parts by means of a canal. His political views are those of a very emotional "Latino" nationalist. Despite "Che's" undoubted hostility to the US and despite his ▮▮▮▮▮▮▮ of the Communist line concerning Guatemala and Hungary, ▮▮▮▮▮▮ difficult to believe that he is a Communist in the sense of the dedicated Party member and revolutionary, and conspirator. One reason ▮▮▮▮▮▮ is that he does not talk consistently like an intellectually-disciplined Communist (despite the two examples above). He does not have the usual jargon, the usual phrases, the pat and stock answers which ▮▮▮▮ characterize the real Communist. He does not display the patterned thinking which ▮▮▮ characterizes the real Communist. Furthermore, "Che" is such an individualist and such a romantic that he doesn't sound like an "organization man" at all. Of course, this may be nothing but camouflage, ▮▮▮▮▮▮▮▮▮▮▮▮ "Che's" attitude towards the US ▮▮▮▮▮▮ is an attitude which is fairly common among young "Latinos". He has the emotional hostility of the nationalist inhabitant of a small and backward and weak country towards the big and rich and strong country. It does not seem ▮▮▮▮▮▮▮▮▮▮ the organized, directed hostility which characterizes Communist hostility. Curiously enough, in "Che's" case this unfriendly attitude towards the US is coupled with a desire to visit the US and admire its wonders (his phrase). In sum, ▮▮▮▮▮▮▮▮ "Che's" attitude towards the US is dictated more by somewhat childish emotionalism and jealousy and resentment than by a cold, reasoned, intellectual decision. Of course, the effect may well be the same. It is the origin which is different ▮▮▮▮▮

"Che" is fairly intellectual for a "Latino". He is quite well-read in "Latino" literature and has an appreciation of the classics from other literatures. He is intelligent and quick. ▮▮▮▮▮▮▮▮▮▮▮▮▮▮▮▮▮ he has caused books to be brought into the Sierra Maestra and by the way he reads to the soldiers

DOCUMENTO 6 (E)

Principalmente interesado en establecer si el Che es o no comunista y en analizar su actitud en relación con los Estados Unidos. Incluye comentarios sobre la actitud del Che, que "es bastante común entre los jóvenes 'latinos'". Concluye que la actitud del Che respecto de los Estados Unidos "está dictada más por una sensiblería algo infantil, envidia y resentimiento que por una decisión fría, razonada e inteligente". Afirma que el Che es bastante intelectual para ser un "latino".

Por supuesto, es imposible determinar si el "Che" es o no comunista. Él mismo lo niega. Ni lo discute, pero sus declaraciones en relación con los acontecimientos de Guatemala y de Hungría son definitivamente comunistas en su tono y en su enfoque. No hay duda de que no experimenta ningún sentimiento amistoso en relación con los Estados Unidos. Ha repetido con gran solemnidad y énfasis que los Estados Unidos están planeando dividir físicamente a Cuba en dos partes mediante un canal. Sus opiniones políticas son las de un nacionalista "latino" muy emotivo. A pesar de la indudable hostilidad que siente respecto de los Estados Unidos y de su posición afín a la línea comunista con respecto a Guatemala y a Hungría, [texto tachado] es difícil creer que sea un comunista en el sentido del miembro dedicado, revolucionario y conspirador del Partido. Una de las razones [texto tachado] es que no habla coherentemente como un comunista intelectualmente disciplinado (a pesar de los dos ejemplos mencionados antes). No usa la jerga habitual, las frases habituales ni las respuestas hechas que caracterizan [texto tachado] al auténtico comunista. No exhibe el pensamiento pautado que [texto tachado] caracteriza al verdadero comunista. Además, el "Che" es de un tipo tan individualista y romántico que no suena en modo alguno como un "hombre de la organización". Por supuesto, todo esto puede no ser más que un camuflaje, [texto tachado] la actitud del "Che" en relación con los Estados Unidos [texto tachado] es muy común entre los jóvenes "latinos". Tiene la hostilidad emotiva del habitante nacionalista de un país pequeño, débil y atrasado respecto de un país grande, fuerte y rico. La suya no parece [texto tachado] una hostilidad organizada, dirigida, como lo es la característica hostilidad comunista. Es bastante curioso que, en el caso del "Che", esa actitud en relación con los Estados Unidos conviva con su deseo de visitar los Estados Unidos y la admiración por sus maravillas (según sus propias palabras). En suma, [texto tachado] la actitud que adopta el "Che" respecto de los Estados Unidos está dictada más por una sensiblería algo infantil, envidia y resentimiento que por una decisión fría, razonada e inteligente. Por supuesto, el efecto bien puede ser el mismo. Lo que difiere es el origen [texto tachado].

El "Che" es bastante intelectual para ser un "latino". Ha leído mucha literatura "latina" y sabe apreciar a los clásicos de otras literaturas. Es inteligente y rápido. [Texto tachado] ha hecho enviar libros a la Sierra Maestra y por la manera en que les lee a los soldados

[Texto tachado]

```
                                        -4-            00-B-3,098,099

in his column      never saw him reading Karl Marx or other Communist authors.
On the contrary he confines to literature his efforts to educate his
soldiers                              reading to them from the works of
Charles Dickens and of Alphonse Daudet, among others.

                        "Che" has a conception of himself as
a romantic, dashing, warrior figure. He claims that he has no political
influence over Castro and that he does not want to have any. Politics, as
such, does not interest him.              that if Castro wins his fight, he
("Che") will leave Cuba and explore the upper reaches of the Amazon River.
However, "Che" now considers himself a Cuban and as of the present moment
intends to become a Cuban citizen after Castro wins his rebellion (which
"Che" is sure he will). This is something he has always wanted to do,
said he. He is an adventurer, not a politician or a professional revolutionar
          "Che" has always been searching for something with which to give
his life some meaning and significance and that for the time being he has
found it in Castro, not Castro the politician, but in Castro the underdog,
in Castro the fighter against tyranny.

                        He is an individualist. "Che" stated
more than once              that if Castro's rebellion does not succeed
he, "Che", will "die like a man" at the head of his troops.
be would probably make the effort to do just that, because he is a combat
man", because he would feel it incumbent upon himself to set the example to
his troops of courage in the face of heavy odds. "Che" is not,
the leader to direct things from behind. He must be out in front, inspiring
his troops by his own deeds of valor. If this sounds romantic,
          "Che" is, a romantic.

                        "Che's" attitude concerning the burning
of the sugar crop and concerning bombing and terrorism, but think that he
would either consider these matters as beneath his dignity to consider or
else would consider them childish, just as the mountain forces of Castro
consider all other manifestations of the rebellion against Batista as childish.

                        - END -
```

DOCUMENTO 6 (F)
"La concepción que tiene el 'Che' de sí mismo es la de la figura de un guerrero romántico y gallardo". "La política como tal no le interesa" y "si Castro gana su lucha, él se irá de Cuba a explorar los afluentes superiores del río Amazonas". Se informa que el Che lee obras literarias a sus tropas, entre ellas de Charles Dickens y Alphonse Daudet, y que se caracteriza como un "individualista". Indica que si Fidel fracasa, él "morirá 'como un hombre' a la cabeza de sus tropas".

[Texto tachado]

-4-   00-B-3, 098, 099

en su columna [texto tachado] nunca se lo ha visto leyendo a Karl Marx ni a otros autores comunistas. Por el contrario, limita su esfuerzo por educar a los soldados a textos literarios [texto tachado] y les lee obras de Charles Dickens y de Alphonse Daudet entre otros.

[Texto tachado] la concepción que tiene el "Che" de sí mismo es la de la figura de un guerrero romántico y gallardo. Afirma que no tiene ninguna influencia política sobre Castro y que tampoco quiere tenerla. La política como tal no le interesa. [Texto tachado] que si Castro gana su lucha, él ("Che") se irá de Cuba a explorar los afluentes superiores del río Amazonas. Sin embargo, actualmente el "Che" se considera cubano y por el momento intenta convertirse en ciudadano cubano después de que Castro triunfe en su lucha (cosa que el "Che" da por descontada). Ha dicho que esto es algo que siempre quiso hacer. Es un aventurero, no un político ni un revolucionario profesional. [Texto tachado] El "Che" siempre ha estado buscando algo que diera sentido e importancia a su vida y, por el momento, lo ha encontrado en Castro, no en Castro el político, sino en Castro arquetipo del débil que lucha contra el más fuerte, que lucha contra la tiranía [texto tachado]. Es un individualista. El "Che" ha dicho más de una vez [texto tachado] que si la rebelión de Castro fracasara él "moriría como un hombre" a la cabeza de sus tropas. [Texto tachado] probablemente haría el esfuerzo por terminar justamente así porque siendo un "hombre de combate", sentiría el imperativo de dar el ejemplo del coraje a sus tropas ante las circunstancias adversas. El "Che" no es [texto tachado] un líder que dirija las cosas desde atrás. Tiene que estar en la línea de fuego inspirando a sus tropas con sus propias acciones de valor. Si esto suena romántico, [texto tachado] el "Che" es un romántico.

[Texto tachado] la actitud del "Che" concerniente a la quema de plantaciones de azúcar y concerniente a los bombardeos y al terrorismo, pero piensa que considerar esas cosas estaría por debajo de su dignidad o que son acciones infantiles, así como las fuerzas de montaña de Castro consideran infantil todas las demás manifestaciones de rebelión contra Batista.

–Fin–

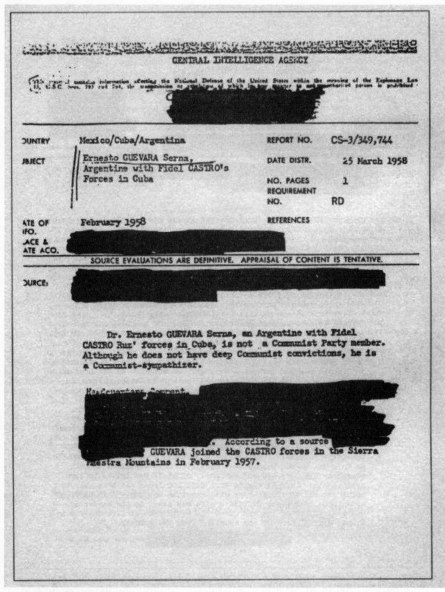

DOCUMENTO 7. Informe de la CIA sobre las simpatías comunistas del Che Guevara (febrero de 1958)
El informe de la CIA hace notar que el Che no es miembro del Partido Comunista aunque "es simpatizante de los comunistas".

Agencia Central de Inteligencia
[Texto ilegible]
[Texto tachado]

País: México/Cuba/Argentina

Asunto: Ernesto Guevara Serna,
argentino con tropas de
Fidel Castro en Cuba

Informe n° CS-3/349, 744

Fecha de distribución:
25 de marzo de 1958

N° de páginas: 1
N° de requerimiento: RD

Fecha información: febrero de 1958
[Texto tachado]

Referencias:

Las evaluaciones de la fuente son definitivas.
La valoración del contenido es tentativo.

Fuente: [Texto tachado]

El doctor Ernesto Guevara Serna, un argentino que está con las fuerzas de Fidel Castro Ruz en Cuba, no es miembro del Partido Comunista. Aunque no tiene profundas convicciones comunistas, es simpatizante de los comunistas.

[Texto tachado]

De acuerdo con una fuente [texto tachado] Guevara se unió a las fuerzas de Castro en las montañas de Sierra Maestra en febrero de 1957.

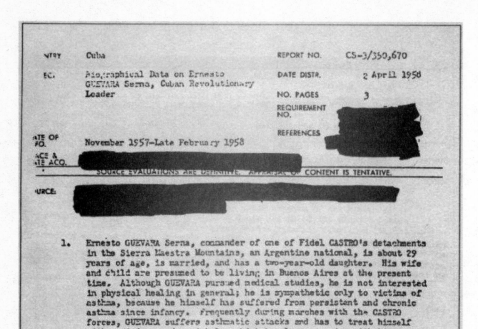

```
NTRY        Cuba                              REPORT NO.        CS-3/350,670

EC.         Biographical Data on Ernesto      DATE DISTR.        2 April 1958
            GUEVARA Serna, Cuban Revolutionary
            Leader                            NO. PAGES          3

                                              REQUIREMENT
                                              NO.

ATE OF                                        REFERENCES
FO.         November 1957-Late February 1958
ACE &
IE ACQ.

            SOURCE EVALUATIONS ARE DEFINITIVE.    APPRAISAL OF CONTENT IS TENTATIVE.

URCE:
```

1. Ernesto GUEVARA Serna, commander of one of Fidel CASTRO's detachments in the Sierra Maestra Mountains, an Argentine national, is about 29 years of age, is married, and has a two-year-old daughter. His wife and child are presumed to be living in Buenos Aires at the present time. Although GUEVARA pursued medical studies, he is not interested in physical healing in general; he is sympathetic only to victims of asthma, because he himself has suffered from persistent and chronic asthma since infancy. Frequently during marches with the CASTRO forces, GUEVARA suffers asthmatic attacks and has to treat himself with medicines and an inhaler which he always carries with him.

2. GUEVARA belongs to a middle-class family. He has pleasing manners, speaks French fluently, and has a good cultural background. He is familiar with such writers as Malaparte[1] and Koestler.[2] His life-long ambition has been to become a revolutionary fighter. He has never been to the United States, although he has traveled extensively in Central America and South America. On occasion he has described his experiences on the Bolivian plateau and in Mexico. From his references to Guatemala it is apparent that GUEVARA was in that country at the time Carlos CASTILLO Armas overthrew the regime of Jacobo Arbenz and assumed power. GUEVARA was apparently on the side of the Arbenz forces, since he criticizes the United States bitterly for helping to oust Arbenz. GUEVARA claims that the late John Peurifoy, then United States Ambassador to Guatemala, told Arbenz he could remain in power if he rounded up and killed his Communist followers. According to GUEVARA, when Arbenz refused to do this the United States sent warplanes into Guatemala to help overthrow him, and Arbenz' own chief of staff was bribed to turn against him. GUEVARA claims that CASTILLO Armas was then able to seize control of the country with American weapons. When CASTILLO Armas came into power GUEVARA's wife was taken to the border by Guatemalan police; she was given the equivalent of five dollars in United States currency and expelled from the country.

DOCUMENTO 8. Datos biográficos de la CIA sobre el Che Guevara (noviembre de 1957-febrero de 1958)
Informe biográfico de tres páginas de la CIA sobre el Che Guevara.
(A) Habla del asma crónica del Che, sus intereses literarios, su deseo de "llegar a ser un luchador revolucionario" y su apoyo a Arbenz en Guatemala.

País: Cuba

Asunto: Datos biográficos de
Ernesto Guevara Serna,
líder revolucionario cubano

Informe n° CS-3/350, 670

Fecha de distribución:
2 de abril de 1958

N° de páginas: 3
N° requerimiento: [Tachado]
Referencias: [Tachado]

Fecha información: noviembre de 1957-fin de febrero de 1958
Lugar de adquisición: [Texto tachado]

Las evaluaciones de la fuente son definitivas.
La valoración del contenido es tentativo.

Fuente: [Texto tachado]

1. Ernesto Guevara Serna, comandante de uno de los destacamentos de Fidel Castro en las montañas de Sierra Maestra, de nacionalidad argentina, tiene alrededor de 29 años de edad, está casado y tiene una hija de 2 años. Se presume que en este momento la esposa y la hija viven en Buenos Aires. Aunque estudió Medicina, Guevara no está interesado en la práctica de la curación física en general. Solo se muestra particularmente compasivo con las víctimas del asma porque él ha sufrido desde niño un asma persistente y crónica. Frecuentemente, durante la marcha con las fuerzas de Castro, Guevara sufre ataques asmáticos y él mismo se administra los remedios y utiliza un inhalador que siempre lleva consigo.

2. Guevara pertenece a una familia de clase media. Tiene buenos modales, habla fluidamente el francés y tiene una buena formación cultural. Está familiarizado con autores como Malaparte[1] y Koestler.[2] Su ambición de toda la vida ha sido llegar a ser un luchador revolucionario. Nunca ha visitado los Estados Unidos, aunque ha viajado extensamente por América Central y Sudamérica. En alguna ocasión ha descrito sus experiencias en la meseta boliviana y en México. Por lo que refiere de Guatemala, es evidente que Guevara estuvo en ese país en el momento en que Carlos Castillo Armas derrocó el régimen de Jacobo Arbenz y asumió el poder. Guevara, aparentemente, estaba del lado de las fuerzas de Arbenz, puesto que critica amargamente a los Estados Unidos por haber ayudado a destituir a Arbenz. Guevara alega que el fallecido John Peurifoy, entonces embajador de los Es-

tados Unidos en Guatemala, le dijo a Arbenz que podría permanecer en el poder si perseguía y mataba a sus seguidores comunistas. Según Guevara, cuando Arbenz se negó a hacerlo, los Estados Unidos enviaron aviones de guerra para ayudar a derrocarlo y sobornaron al propio jefe de gabinete guatemalteco para volverlo contra Arbenz. Afirma Guevara que entonces Castillo Armas estuvo en condiciones de tomar el control del país con armas estadounidenses. Cuando Castillo Armas llegó al poder, la policía guatemalteca llevó a la esposa de Guevara hasta la frontera, le entregó el equivalente de cinco dólares en moneda estadounidense y la expulsó del país.

[Texto tachado]

One of GUEVARA's principal and most emotional preoccupations is the subject of what he considers United States interference in Latin American affairs and the resultant anti-democratic proceedings against nationalist or leftist public figures, i.e. SANDINO in Nicaragua, Jose MENENDEZ (sic), and others. GUEVARA is keenly aware of Latin America's inferior position in the world. He feels that the Latin Americans have made no contribution to the world. He resents bitterly the resultant handicaps of Latins trying to compete with advanced Westerners, and he resents the fact that at any job the American always has to be the boss. He feels that in social and political matters the role of Latin America has been one of neglect. As an example of this, he remarked on one occasion, "Five thousand workers are shot down on the Bolivian highlands, and maybe there is one line in the New York papers, which mentions that there is labor unrest in Bolivia." He wonders if the United States so-called international labor unions would take an interest in the South American worker and if it might help to raise the living standards of the Latin Americans to a level which might come closer to that of the North Americans.

4. GUEVARA's thinking does not appear to follow any fixed economic or sociological pattern. He has denied vehemently that he is, or that he ever was, a Communist. In fact, his thinking seems to be far removed from the orthodox Marxist pattern. GUEVARA would be described more accurately as a Latino populist, with a touch of the intellectual's self-focused searching and an intense degree of ultra-nationalistic Latin pride. GUEVARA, like Malraux's 3revolutionaries, seeks a meaning for his own life before anything else.

5. In his present role as commander of Fidel CASTRO's No. 2. column, GUEVARA seems to have found deep fulfillment. He does not appear to be troubled with such frequent asthma. Except for a scar on his neck directly under his jaw, the result of a nearly-fatal bullet wound sustained in fighting at Alegria in December 1956, he is unscathed and in high spirits.4 He watches over his troops with paternal concern, and his men worship him. In the evening they gather around him like children, and he reads adventure stories to them. The rebel soldiers call him muy valiente (very brave fellow), which is about the highest term of approbation in the Sierra Maestra Mountains. His popularity is second only to that of Fidel CASTRO. He appears to be much more popular than Raul CASTRO, who is somewhat a martinet, is harsh, impatient, and self-righteous.

6. GUEVARA disclaims all political ambitions beyond helping CASTRO to achieve victory. He plans to settle in Cuba when the fighting is over; however, he does not seem to be the type of person to settle permanently in one place. GUEVARA sometimes talks about organizing an expedition in the future to explore the upper reaches of the Amazon and the Orinoco Valleys.5

Headquarters Comments

1. Presumed to be a reference to Curzio Malaparte, Italian leftist writer who died recently. Malaparte, one of the founding members of the Italian Fascist Party in 1919, wrote, among other books, The Skin and Caputt. Malaparte claimed to be strongly opposed to any form of totalitarianism.

DOCUMENTO 8 (B)
Describe las opiniones del Che Guevara referentes a la interferencia de los Estados Unidos en los asuntos latinoamericanos. Se considera que el pensamiento del Che "está muy lejos del modelo marxista ortodoxo" y se lo describe más como a un "populista latino". Es el comandante de la 2ª Columna guerrillera de Fidel Castro y sus hombres "lo veneran".

3. Una de las preocupaciones principales y más emotivas de Guevara es el tema de lo que él considera la interferencia de los Estados Unidos en los asunto de América Latina que resulta en procedimientos antidemocráticos contra figuras nacionalistas o de izquierda. Por ejemplo, Sandino en Nicaragua, José Menéndez (sic) [texto ilegible]. Guevara es plenamente consciente de la posición inferior que ocupa América Latina en el mundo. Siente que los latinoamericanos no han hecho ninguna contribución al mundo. Lamenta amargamente la desventaja resultante para los latinos que intentan competir con los occidentales avanzados y también le produce resentimiento el hecho de que en cualquier trabajo, el estadounidense tenga que ser el jefe. Siente que en cuestiones sociales y políticas el rol de América Latina ha sido dejado de lado. Como ejemplo de ello, alguna vez destacó que "disparan contra 5000 trabajadores bolivianos en las sierras de Bolivia y la noticia puede ocupar una línea de los diarios de Nueva York en la que diga que hay disturbios por cuestiones laborales en Bolivia". Se pregunta si los llamados sindicatos internacionales de trabajadores de los Estados Unidos se interesarían por un trabajador latinoamericano y si podrían ayudar a elevar las condiciones de vida de los latinoamericanos a un nivel que pudiera acercarse al de los estadounidenses.

4. El pensamiento de Guevara no parece seguir ninguna pauta económica ni sociológica fija. Ha negado vehementemente que sea o que haya sido alguna vez comunista. En realidad, su pensamiento parece estar muy lejos del modelo marxista ortodoxo. Podría describirse más precisamente a Guevara como un populista latino, con un toque de la indagación concentrada en sí misma propia del intelectual y con un intenso grado de orgullo latino ultranacionalista. Guevara, como los revolucionarios de Malraux,[3] está buscando antes que nada un sentido a su propia vida.

5. En la función que cumple actualmente de comandante de la 2ª Columna de Fidel Castro, Guevara parece haber encontrado profunda satisfacción. No parece que sus frecuentes ataques de asma lo perturben demasiado. Salvo por una cicatriz en el cuello, justo debajo de la mandíbula, consecuencia de una herida de bala casi fatal recibida cuando luchaba en Alegría en diciembre de 1956, está indemne y con el espíritu elevado.[4] Cuida a sus tropas con preocupación paternal y sus hombres lo veneran. Al anochecer, todos se reúnen a su alrededor como niños y él les lee historias de aventuras.

Los soldados revolucionarios dicen de él que es *muy valiente* [en español], que es más o menos el máximo término de aprobación en las montañas de Sierra Maestra. Solo Fidel Castro lo supera en popularidad. Parece ser mucho más popular que Raúl Castro, que es en cierto modo un rigorista, severo, impaciente y mojigato.

6. Guevara renuncia a toda ambición política más allá de ayudar a Castro a alcanzar la victoria. Planea establecerse en Cuba cuando la lucha haya terminado; sin embargo, no parece ser el tipo de persona que se establezca permanentemente en un lugar. Guevara habla a veces de organizar en el futuro una expedición con el propósito de explorar los afluentes superiores del Amazonas y los valles del Orinoco.[5]

Comentarios del cuartel general

[1] Supuestamente una referencia a Curzio Malaparte, escritor izquierdista italiano que murió recientemente. Malaparte, que fue uno de los miembros fundadores del Partido Fascista italiano en 1919, escribió, entre otros libros *La Piel* y *Kaputt*. Malaparte declaraba oponerse vehementemente a cualquier forma de totalitarismo.

2. Presumed to be a reference to Arthur Koestler, who was born in Budapest in 1905 and joined the Communist Party of Hungary in 1931. Koestler left the Party at the time of the Moscow trials in 1938. He has lived in the United States, England, and France. He is the author of many novels, among them, Darkness at Noon, Spanish Testament, Scum of the Earth, Arrow in the Blue, and Invisible Writing. The two latter books are an autobiography of the author: Arrow in the Blue describes Koestler's life to his 27th year, and Invisible Writing is a detailed account of his seven years in the Communist Party of Hungary.

3. Presumed to be a reference to Andre Malraux, a Frenchman by birth, who went to Indo-China at an early age. He became involved in politics there and also wrote several books based on life in Indo-China. He was acting as associate secretary-general of the Kuomintang in China in 1925, at a time when the Kuomintang had a number of members who admired the Soviet Union. Malraux played a leading role in the National Liberation Movement of China. One of his books, Man's Fate, dramatizes the Chinese Revolution of 1924, in which he participated. Another one of his books, Days of Wrath, depicts the heroism of Communists under the regime of Adolph Hitler in Germany.

██████ Comments

4. During late November or early December 1957 GUEVARA was wounded in the leg. This wound was serious enough to warrant his evacuation from the Sierra Maestra Mountains to Manzanillo.

5. In January 1958 ██
said that GUEVARA was no longer an Argentine citizen. He claimed that a ceremony conferring Cuban citizenship on GUEVARA had been performed by Fidel CASTRO Ruz in the Sierra Maestra Mountains. Although this act has no validity, it is possibly intended to provide an acceptable basis for the formal granting of citizenship when and if the revolution is successful.

DOCUMENTO 8 (C)
Menciona una herida que sufrió el Che Guevara, y que Fidel le confirió la ciudadanía cubana.

2. Supuestamente una referencia a Arthur Koestler, nacido en Budapest en 1905, que se sumó al Partido Comunista de Hungría en 1931. Koestler abandonó el Partido en la época de los juicios de Moscú de 1938. Vivió en los Estados Unidos, en Inglaterra y en Francia. Es autor de muchas novelas, entre ellas *El cero y el infinito*, *Testamento español*, *La espuma de la tierra*, *Flecha en el azul* y *La escritura invisible*. Los dos últimos son autobiográficos: *Flecha en el azul* narra la vida de Koestler hasta los 27 años y *La escritura invisible* es un relato detallado de sus siete años como miembro del Partido Comunista húngaro.

3. Supuestamente una referencia a André Malraux, un francés de nacimiento que fue a vivir a Indochina desde muy pequeño. Comenzó a militar en política allá y además escribió varios libros basado en la vida en Indochina. Actuó como secretario general adjunto del Kuomintang en China, en 1925, en una época en que el Kuomintang tenía muchos miembros que admiraban a la Unión Soviética. Malraux desempeñó un papel destacado en el Movimiento de Liberación de la China. Uno de sus libros, *La condición humana*, dramatiza la Revolución china de 1924, de la cual participó. Otro de sus libros, *El tiempo del desprecio*, pinta el heroísmo de los comunistas durante el régimen de Adolph Hitler en Alemania.

[Texto tachado] Comentarios

4. A fines de noviembre o comienzos de diciembre de 1957, Guevara fue herido en una pierna. La herida era la suficientemente grave para exigir su evacuación de Sierra Maestra a Manzanillo.

5. En enero de 1958 [texto tachado] dijo que Guevara ya no era ciudadano argentino. Afirmó que Fidel Castro Ruz encabezó una ceremonia en las montañas de Sierra Maestra en la que confirió a Guevara la ciudadanía cubana. Aunque ese acto no tiene ninguna validez, posiblemente estuvo destinado a proporcionar una base aceptable para otorgarle la ciudadanía cuando la revolución alcanzara el éxito, si lo alcanzaba.

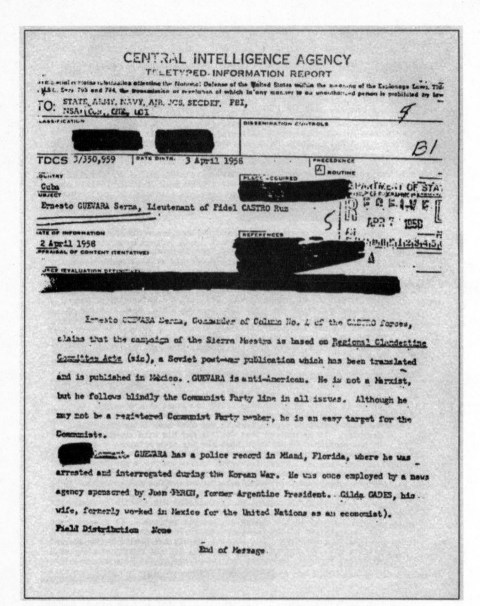

DOCUMENTO 9. Informe de la CIA que comunica que Guevara comanda una columna de guerrilleros (abril de 1958)
Informe de la CIA que declara que el Che Guevara comanda la Columna Nº 4 de las fuerzas de Castro, que es un "antiestadounidense" y que tiene un expediente policial en Miami donde fue arrestado e interrogado durante la guerra de Corea. (Si es verdad, debe haber ocurrido durante su visita en 1952.)

Agencia Central de Inteligencia
Informe de Inteligencia enviado por teletipo

[Encabezado ilegible]

A: Departamento de Estado, Ejército, Marina, Fuerza Aérea, JCS, Secretaría de Defensa, FBI, NSA, [ilegible], CNE, UCI

Clasificación [texto tachado]   Controles de difusión

TDCS 3/350, 959   Fecha distribución: Prioridad:
                           3 de abril de 1958   rutina
País: Cuba   Lugar de adquisición:
                                          [Texto tachado]

Asunto: Ernesto Guevara Serna, lugarteniente de Fidel Castro Ruz
Fecha de información: Referencias: [Texto tachado]
2 de abril de 1958
Valoración del contenido: tentativo
Fuente de evaluación definitiva: [Texto tachado]

Ernesto Guevara Serna, comandante de la Columna N° 4 de las fuerzas de Castro, afirma que la campaña de Sierra Maestra está basada en *Leyes de los Comités Regionales clandestinos* (sic), una publicación soviética de posguerra traducida y publicada en México. Guevara es antiestadounidense. No es marxista, pero sigue ciegamente la línea del Partido Comunista en todas las cuestiones. Aunque puede no estar registrado como miembro del Partido Comunista, es un blanco fácil para los comunistas.

[Texto tachado] Comentario: Guevara tiene un expediente policial en Miami, Florida, donde fue arrestado e interrogado durante la guerra de Corea. Alguna vez fue empleado de una agencia de noticias patrocinada por Juan Perón, ex presidente argentino. Gilda Gades (sic) [Se refiere a Hilda Gadea], su esposa, trabajó antes en México como economista para las Naciones Unidas.

Distribución de campo: ninguna

Fin del mensaje

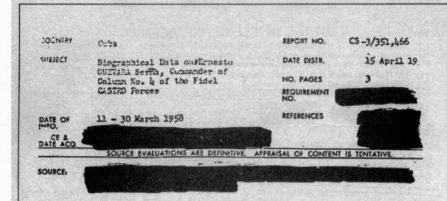

COUNTRY   Cuba   REPORT NO.   CS-3/351,466

SUBJECT   Biographical Data on Ernesto   DATE DISTR.   15 April 19.
               GUEVARA Serna, Commander of
               Column No. 4 of the Fidel   NO. PAGES   3
               CASTRO Forces
                                                              REQUIREMENT
                                                              NO.

DATE OF   11 - 30 March 1958   REFERENCES
INFO.

CE &
DATE ACQ.

SOURCE EVALUATIONS ARE DEFINITIVE. APPRAISAL OF CONTENT IS TENTATIVE.

SOURCE:

1.   Ernesto GUEVARA Serna ("Che") was born in Rosario, Province of Santa
     Fe, Argentina, on 6 June 1928. His parents still live in Rosario.
     He is Commander of Column No. 4 of the 26 of July Revolutionary
     Movement forces in the Sierra Maestra, the largest of the five columns
     under the command of Fidel CASTRO Ruz. GUEVARA studied medicine at
     the University of Buenos Aires. While at the University of Buenos
     Aires he expressed his opposition to Juan PERON, then dictator of
     Argentina, and later voted against him. In 1953, when GUEVARA was
     called for his compulsory military service, he refused to serve under
     PERON and for that reason left Argentina. He visited Bolivia, Peru,
     Ecuador, Panama, Costa Rica, Nicaragua, Honduras, Guatemala, Mexico,
     and Cuba.

2.   GUEVARA specialized in allergies and for that reason has done a
     great deal of physiological research. When he graduated from medical
     school he did some work in this field with a doctor in Buenos Aires.
     Later in Mexico he apparently tried to resume this research. He
     never established a medical practice. In Mexico he married a
     Peruvian exile who was an Aprista and they have a two-year-old
     daughter. It is rumored that GUEVARA and his wife are separated.
     He has mentioned on occasion that she may have returned to Peru
     since the change of administration in that country.

3.   GUEVARA was in Guatemala during the last days of the regime of
     Jacobo Arbenz and defended the latter in the Guatemalan press. After
     the fall of Arbenz GUEVARA went to Mexico where he joined the 26 of
     July Revolutionary Movement of Fidel CASTRO Ruz. While in Mexico he
     received training in mountain warfare. GUEVARA was to serve the
     CASTRO Movement in the capacity of combat surgeon. He is one of the
     twelve survivors of the GRAMA expedition led by CASTRO which landed
     in Cuba on 2 December 1956. During the sixteen months in the Sierra
     Maestra with the forces of Fidel CASTRO, GUEVARA abandoned his post
     as combat surgeon to assume command of one of CASTRO's columns.

**DOCUMENTO 10. Datos biográficos de la CIA sobre el Che Guevara
(reunidos entre el 11 y el 30 de marzo de 1958)**
Informe de la CIA de tres páginas con datos biográficos del Che Guevara.
(A) El Che votó en contra de Perón, se negó a cumplir el servicio militar en la
Argentina y por esa razón dejó el país. El Che fue uno de los doce sobrevivien-
tes de la expedición del *Granma*.

País: Cuba

Asunto: Datos biográficos de
Ernesto Guevara Serna,
comandante de la Columna
N° 4 de las fuerzas de
Fidel Castro

Fecha de infor.: 11-30 de marzo
de 1958

Lugar de adquisición: [Texto tachado]

Informe n° CS-3/351, 466

Fecha de distribución:
15 de abril de 1958

N° de páginas: 3

Requerimiento N° [texto tachado]

Referencias: [texto tachado]

Las evaluaciones de la fuente son definitivas.
La valoración del contenido es tentativo.

Fuente: [Texto tachado]

1. Ernesto Guevara Serna ("Che") nació en Rosario, provincia de Santa
    Fe, Argentina, el 6 de junio de 1928. Sus padres viven aún en Rosario.
    Es comandante de la Columna N° 4 de las fuerzas del Movimiento Re-
    volucionario 26 de julio en la Sierra Maestra, la más numerosa de las
    cinco columnas que dirige Fidel Castro Ruz. Guevara estudió Medici-
    na en la Universidad de Buenos Aires. Mientras estaba en la Univer-
    sidad expresaba su oposición a Juan Perón, el entonces dictador de
    Argentina, y más tarde votó en su contra. En 1953, cuando Guevara
    fue llamado a cumplir el servicio militar obligatorio, se negó a servir
    bajo el régimen de Perón y por esa razón se fue de la Argentina. Visi-
    tó Bolivia, Perú, Ecuador, Panamá, Costa Rica, Nicaragua, Honduras,
    Guatemala, México y Cuba.

2. Guevara se especializó en alergias y por ello ha hecho mucha in-
    vestigación fisiológica. Cuando se recibió en la Facultad de Me-
    dicina, trabajó en ese campo en el consultorio de otro médico en
    Buenos Aires. Luego, en México, aparentemente trató de reanudar
    sus investigaciones. Nunca estableció su propio consultorio. En
    México se casó con una exiliada peruana que era aprista y ambos
    tienen una hija de 2 años. Se rumorea que Guevara y su esposa es-
    tán separados. Él mismo dijo en una ocasión que ella podía haber
    regresado a Perú desde que cambió la administración en ese país.

3. Guevara estuvo en Guatemala durante los últimos días del régimen de Jacobo Arbenz y defendió a este último en la prensa guatemalteca. Después de la caída de Arbenz, Guevara fue a México donde se unió al Movimiento Revolucionario 26 de julio de Fidel Castro Ruz. Mientras estuvo en México recibió entrenamiento para la guerrilla de montaña. Guevara estaba asignado en el movimiento de Castro para cumplir la tarea de cirujano de combate. Es uno de los doce sobrevivientes de la expedición del *Granma* liderada por Castro que arribó a Cuba el 2 de diciembre de 1956. Durante los dieciséis meses que estuvo en la Sierra Maestra con las fuerzas de Fidel Castro, Guevara abandonó su puesto como cirujano de combate para asumir el mando de una de las columnas de Castro.

[Texto tachado]

GUEVARA claims emphatically that he is not now, nor has he ever been a Communist. He is a self-acclaimed individualist, a non-conformist, and an ultra-nationalist in the Latin American sense. He resents accusations that he is a Communist and blames the United States and the United Press for such charges. GUEVARA claims that he defended the regime of Arbenz in Guatemala because he believed in the rise of an American republic which could defend itself against exploitation by foreign capital, for example, by the United Fruit Company. He refuses to believe that there was a Soviet penetration in Guatemala during the regime of Arbenz, and he said that all Latin Americans resented United States interference in the affairs of Guatemala.

GUEVARA said he became interested in Cuba during his university days when he read several books on Jose MARTI, the Cuban patriot. Later he met several Cuban exiles in Guatemala who were members of the 26 of July Revolutionary Movement. The aims and the ideals of the Movement appealed to GUEVARA, so he joined the organization.

GUEVARA is well-mannered, soft-spoken, and hesitant in conversation. He is extremely popular throughout the 26 of July Movement, both among the civilian and military components of the organization. In spite of his gentle nature he seems to have better military command than most of the leaders of the Movement. He is energetic, athletic, participates in any type of activity about the camp no matter whether it is softball, general recreation, or caring for pets. His men respect him because he is daring in combat and never passes up an opportunity for an encounter. He is the only commander in the Movement who has ever been observed to stand a man at attention and discipline him for inefficiency.

GUEVARA is about 5'11" tall, weighs about 170 lbs, and has a medium build. He is very tanned, but normally his complexion is very fair. He has crudely cut, dark brown hair, brown eyes, a rather high forehead, and a sparse brown beard. He generally wears olive-drab combat dungarees and a black turtle-neck wool sweater. His dungarees and vest pockets are used as files for messages, and are always stuffed with papers.

GUEVARA suffers from chronic asthma and must use his inhaler at night and during marches. Fidel CASTRO has ordered him to ride whenever possible during marches.

GUEVARA's sense of humor seemed to overcome his vexation when asked about Communism during a recent United Press interview. He answered that he was not a Communist, but that such questions from the press and indirectly from the United States Government were inducive to becoming a Communist. Later, when asked why he had abandoned his country, his profession, his wife and child for a distant ideological cause, he answered with mirth that this could have been a result of two factors: 1) that he read MARTI as a boy, or 2) because of the rubles he had hidden in his headquarters. In the same interview he was questioned concerning the duration and hardship of the struggle in the mountains and how long morale of the Movement would hold up. He answered that they have all the time in the world; that they are constantly growing; that only 12 men survived the landing 15 months previously but that there were now 1,200 men in the Sierra Maestra fighting forces.

DOCUMENTO 10 (B)

Guevara dice que defendió a Arbenz para que Guatemala pudiera defenderse de "la explotación a la que la sometía el capital extranjero", particularmente de la United Fruit Company. Llegó a interesarse por Cuba durante sus años de universidad cuando leyó los libros de José Martí.

Guevara declara enfáticamente que no es ni nunca fue comunista. Se autoproclama individualista, no conformista y ultranacionalista en el sentido latinoamericano. Le molesta que se lo tilde de comunista y culpa a los Estados Unidos y a la United Press por acusarlo de comunista. Guevara afirma que defendió el régimen de Arbenz en Guatemala porque creía en el ascenso de una república americana que pudiera defenderse contra la explotación a la que la sometía el capital extranjero, por ejemplo, de la United Fruit Company. Se niega a creer que durante el régimen de Arbenz haya habido una penetración soviética en Guatemala y dijo que todos los latinoamericanos repudiaban la interferencia de los Estados Unidos en los asuntos de Guatemala.

Guevara dijo que llegó a interesarse en Cuba durante sus años de universidad cuando leyó varios libros de José Martí, el patriota cubano. Luego conoció en Guatemala a varios cubanos exiliados que eran miembros del Movimiento Revolucionario 26 de Julio. Los objetivos e ideales del movimiento atrajeron a Guevara y así fue como se unió a la organización.

Guevara tiene buenos modales, habla suavemente y vacila al conversar. Es extremadamente popular entre los integrantes del Movimiento 26 de Julio, tanto entre los componentes civiles como entre los militares de la organización. A pesar de su naturaleza amable parece tener mejor mando militar que la mayoría de los líderes del Movimiento. Es enérgico, atlético, participa en cualquier tipo de actividad que se realice en el campamento, ya sea jugar al *softball*, la recreación general o cuidar de las mascotas. Sus hombres lo respetan porque es osado en el combate y nunca deja pasar la oportunidad de un enfrentamiento. Es el único comandante del Movimiento que ha sido visto alguna vez haciendo poner en posición de firme a un hombre y disciplinándolo por ineficiencia.

Guevara mide alrededor de 1,75 m y pesa unos 77 kg; es de contextura media y tiene la piel muy bronceada, pero normalmente tiene una complexión muy clara. Tiene el cabello castaño oscuro cortado toscamente, ojos pardos, la frente bastante ancha y una barba castaña rala. Generalmente usa un mono de combate color oliva y suéter negro de lana de cuello alto. Utiliza los bolsillos del mono y de la chaqueta como archivos para mensajes y los tiene siempre llenos de papeles.

Guevara sufre de asma crónica y debe usar su inhalador de noche y durante las marchas. Fidel Castro le ha ordenado que, cuando sea posible, debe montar a caballo durante las marchas.

El sentido del humor de Guevara pareció superar su enfado cuando en una reciente entrevista para United Press se le preguntó sobre el comunismo. Respondió que no era comunista, pero que el hecho de que la prensa, e indirectamente el gobierno de los Estados Unidos, le hicieran a uno semejante pregunta inducía a hacerse comunista. Luego, cuando se le preguntó por qué había abandonado su país, su profesión, a su mujer y a su hija por una distante causa ideológica, respondió riendo que tal decisión podía ser el resultado de dos factores: 1) que cuando niño hubiera leído a Martí; y 2) a causa de los rublos que había escondido en su cuartel general. En la misma entrevista se lo interrogó sobre la duración y las penurias de la lucha en las montañas y sobre cuánto creía que podía durar la moral del Movimiento. El "Che" respondió que tenían todo el tiempo del mundo; que estaban creciendo constantemente; que solo doce hombres habían sobrevivido al desembarco ocurrido quince meses antes y que en el momento actual había 1200 hombres conformando la fuerza de combate de Sierra Maestra.

CS-3/351,466

- 3 -

GUEVARA spends most of this time on combat missions. During his absence
from his headquarters Ramiro VALDES, his second-in-command, takes over. When
GUEVARA is in camp his typical day begins at 7 a.m. He has early coffee,
plays with a dog or cat, and then wanders out for his morning tea.
Messages and visitors begin to arrive about 8:30 a.m. Headquarters business
may range from cases of military discipline to logistics, or to arbitration
in cases of military transaction involving the property of farmers. Since
his command is a base installation, the paper work is relatively heavy
for a guerrilla movement. In the afternoon he may be needed at a civilian
or military trial. Offenses involved may range from something as light as
property liability to something as serious as treason. By evening he is
" dy to listen to news broadcasts or chat with camp visitors. He retires
at 9 p.m., when he lights his carbide lamp, and a huge cigar, and
brings out his book on Jose MARTI.

Headquarters' Comment.   CS-3/350,670
GUEVARA serial.   ntain additional information on Ernesto

DOCUMENTO 10 (C)
Describe un día típico en la vida de guerrillero del Che Guevara. Se pasa "la
mayor parte de su tiempo en misiones de combate" y a la noche fuma un
"enorme cigarro y saca a relucir su libro de José Martí".

[Texto tachado]   CS-3/351, 466
-3-

Guevara pasa la mayor parte de su tiempo en misiones de combate. Durante su ausencia del cuartel general, Ramiro Valdés, el segundo al mando, toma el control. Cuando Guevara está en el campamento su día típico comienza a las 7 de la mañana. Toma un primer café, juega con un perro o un gato y luego sale a caminar por los alrededores hasta la hora del té de la mañana. Mensajeros y visitantes comienzan a llegar alrededor de las 8.30. Los asuntos del cuartel pueden variar desde casos de disciplina militar a logística o la necesidad de arbitrar en casos de transacciones militares en las que está implicada la propiedad de los campesinos. Como su comando es una instalación de base, el papelerío que se realiza es bastante abundante por tratarse de un movimiento guerrillero. Por la tarde, pueden llamarlo para participar en un juicio civil o militar. Los delitos que se tratan pueden ir desde algo tan menor como la responsabilidad de la propiedad a algo tan grave como una traición. Al atardecer está listo para escuchar las noticias por la radio o para charlar con quienes visitan el campamento. Se retira a las 9 de la noche, cuando enciende su lámpara de carburo y un enorme cigarro y saca a relucir su libro de José Martí.

Comentario del cuartel general. [Texto tachado] CS 3/350/670 [texto tachado] con información adicional sobre Ernesto Guevara Serna.

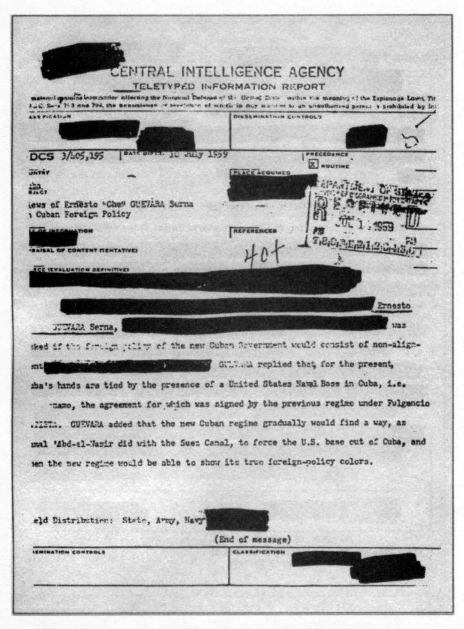

DOCUMENTO 11. Informe de Inteligencia de la CIA referente a las opiniones de Guevara sobre política exterior de Cuba (julio de 1959)
Informe de Inteligencia de la CIA sobre "Opiniones de Ernesto 'Che' Guevara Serna sobre la política exterior cubana".

Agencia Central de Inteligencia
Informe de Inteligencia enviado por teletipo

[Encabezado ilegible]

Clasificación: [Texto tachado] Controles de difusión: [Texto tachado]
DCS 3/405,195   Fecha distribución: Prioridad:
                      10 de julio de 1959   rutina
País: Cuba   Lugar de adquisición: [Texto tachado]

Asunto: Noticias de Ernesto "Che" Guevara Serna
Política exterior cubana

Fecha información   Referencias: 40 +
[Texto tachado]

Fuente (evaluación definitiva)
[Texto tachado]
[Texto tachado] Se le preguntó a Ernesto Guevara Serna si la política exterior del nuevo gobierno cubano consiste en no alineamiento [texto tachado]. Guevara replicó que, por el momento, Cuba tiene las manos atadas por la presencia de una base naval de los Estados Unidos en Cuba, es decir, Guantánamo, cuyo acuerdo fue firmado por el régimen anterior de Fulgencio Batista. Guevara agregó que el nuevo régimen cubano gradualmente encontraría una manera, como la encontró Gamal Abdel Nasser con el Canal de Suez, para obligar al retiro de la base estadounidense de Cuba, y solo entonces el nuevo régimen podría mostrar el verdadero color de su política exterior.

Distribución de campo: Departamento de Estado, Ejército, Marina [texto tachado]

(Fin del mensaje)

Controles de difusión   Clasificación: [Texto tachado]

COUNTRY	Cuba/Latin America	REPORT NO. CS -3/406,916
SUBJECT	Views of Ernesto "Che" GUEVARA, Cuban Revolutionary Leader	DATE DISTR. 28 July 1959
		NO. PAGES 2
		REFERENCES RD

TE OF
D.
ACE &
TE ACQ.

FIELD REPORT NO.

SOURCE EVALUATIONS ARE DEFINITIVE. APPRAISAL OF CONTENT IS TENTATIVE.

SOURCE:

1. The policy of the United States in Latin America is wrong and will have to change, in the interest of the U.S. Whatever the intentions of the American people may be, the U.S. Government and U.S. business firms have, in fact, supported dictators from one end of Latin America to the other, notably BATISTA, TRUJILLO, and PEREZ Jimenez. In Cuba the revolutionary movement was opposed by BATISTA forces using U.S. planes, which dropped U.S. napalm. The CASTRO government has letters and documentary proof showing improper collaboration between the former U.S. Ambassador and the BATISTA regime. The U.S. military mission gave tactical advice to the BATISTA forces in their attempted suppression of the revolution. The U.S. sent spies into the CASTRO camp in the guise of journalists or others, whose information was then relayed to the BATISTA regime.

2. GUEVARA still remains suspicious of U.S. intentions toward Cuba. He said that there has been a build-up at Guantanamo Bay since the CASTRO victory which is not justified by any local unrest. The precedent of U.S. intervention in Guatemala is not forgotten. CASTRO's remark that, "if the Marines landed, there would be 200,000 dead gringos" was not intended for public consumption and was most unfortunate. However, it did contain a moral: everyone acknowledged the overwhelming power of the U.S., but the Cuban revolutionaries were willing to die to the last man if need be.

3. GUEVARA feels he is unfairly treated by the U.S. press. Reports that there were two Russian advisors with CASTRO, that Marxist indoctrination centers had been established, and that GUEVARA is himself a Communist are untrue. The U.S. press is prone to brand people as Communists who are fighting for freedom from tyranny, from economic domination by foreign companies, and from interference by such companies in local politics, which are legitimate aims. Rightly or wrongly, the U.S. is viewed throughout Latin America as the enemy of popular and reform movements.

4. The U.S. made a great mistake in Guatemala. Although Arbenz and some others were Communists, the movement in Guatemala was essentially a popular one, the people versus United Fruit Company. GUEVARA feels more strongly about this than about U.S. aid to BATISTA. His then wife was dragged through the streets by the forces of CASTILLO Armas. Guatemala

DOCUMENTO 11. Continuación

País: Cuba/Latinoamérica
Asunto: Opiniones de Ernesto
    "Che" Guevara, líder
    revolucionario cubano

Informe n° CS -3/406, 916
Fecha distribución:
28 de julio de 1959
N° de páginas: 2
Referencias: RD

Fecha de información:
[Texto tachado]
Lugar de adquisición:
[Texto tachado]

Informe de campo N° [tachado]

Las evaluaciones de la fuente son definitivas.
La valoración del contenido es tentativo.

Fuente: [Texto tachado]

1. La política de los Estados Unidos en América Latina es errada y tendrá que cambiar, por el propio interés de los Estados Unidos. Independientemente de cuáles sean las intenciones del pueblo estadounidense, el gobierno y las empresas de negocios de los Estados Unidos han apoyado de hecho a dictadores de un extremo al otro de América Latina, particularmente a Batista, a Trujillo y a Pérez Jiménez. En Cuba, el Movimiento Revolucionario fue resistido por las fuerzas de Batista que utilizan aviones estadounidenses que lanzaron bombas napalm estadounidenses. El gobierno de Castro tiene cartas y pruebas documentales que muestran la colaboración inapropiada entre el ex embajador estadounidense y el régimen de Batista. La misión militar de los Estados Unidos dio asesoramiento táctico a las fuerzas de Batista en su intento de sofocar la revolución. Estados Unidos envió espías al campamento de Castro que se hicieron pasar por periodistas u otras personas que no eran y que luego transmitieron la información reunida al régimen de Batista.

2. Guevara aún sospecha de las intenciones de los Estados Unidos respecto de Cuba. Dijo que, desde la victoria de Castro, se ha estado fortaleciendo la base de la Bahía de Guantánamo, cosa que no está justificada por ningún malestar local. Nadie olvida el precedente de la intervención estadounidense en Guatemala. La observación hecha por Castro de que "si desembarcan los *Mari-*

nes habrá 200.000 gringos muertos" no fue dicha con la intención de que se hiciera pública y fue sumamente desafortunada, aunque contiene una moraleja: cualquiera reconoce el abrumador poder de los Estados Unidos; aun así, los revolucionarios cubanos estaban dispuestos a luchar hasta que muriera el último hombre si era necesario.

3. Guevara siente que la prensa estadounidense lo trata injustamente. Los informes que afirman que hay dos consejeros rusos junto a Castro, que se ha instalado un centro de adoctrinamiento marxista y que Guevara es comunista son falsos. La prensa de los Estados Unidos siempre está pronta a llamar comunistas a las personas que luchan por liberar a sus pueblos de la tiranía, de la dominación económica de las compañías extranjeras y de la interferencia de tales corporaciones en la política local, objetivos que son legítimos. Equivocada o no, la gente en toda Latinoamérica ve a los Estados Unidos como al enemigo de los movimientos populares y reformistas.

4. Estados Unidos cometió un gran error en Guatemala. Aunque Arbenz y algunos otros eran comunistas, el movimiento que se dio en Guatemala era esencialmente popular, era el pueblo contra la United Fruit Company. A Guevara le parece más grave lo ocurrido allí que la ayuda que Estados Unidos le prestó a Batista. La que entonces era su esposa fue arrastrada por *las calles por las fuerzas de* Castillo Armas. Guatemala

- 2 -

was in the crisis victory, perhaps, for United Fruit, but it alienated a whole generation of Latin Americans.

5. The coming year will see popular upheavals throughout Latin America— Nicaragua, the Dominican Republic, Colombia, Paraguay. In Argentina Frondizi has no power of his own but retains power by acting as a balance-wheel between the Army and the people. The editor of La Prensa had said that Frondizi had achieved the miracle of alienating both the Communists and the free press at the same time. Brazil had much poverty and distress but had achieved a certain political stability.

6. With respect to the future of U. S. business in Cuba, the U. S. note accepting the principles of agrarian reform and the right of nationalization was gratifying. The difficulty would lie in the valuation of properties. It was not Cuba's intention to drive out U. S. business or force it to the wall, but Cuba did insist on controlling foreign business within its borders to prevent injustices of the past and interference in local politics.

7. Whatever the respective motives might be, the fact is that U. S. influence or equipment was being used to suppress popular movement in Latin America, whereas the Communist bloc was supporting such popular movements around the world. In Cuba the Communists at first had hoped to take over the revolutionary movement, but, when they realized that the people were behind CASTRO, they fell into line, which was a prudent thing for them to do.

8. The United States has achieved social justice and liberty for its own people, but it objects when small Latin American countries struggle for the same things for themselves. This policy is inconsistent and doomed to failure.

DOCUMENTO 11. Continuación

[Texto tachado]   CS-3 /406, 916

-2-

tal vez haya sido una victoria para la United Fruit pero terminó antagonizando a toda una generación de latinoamericanos.

5. El año próximo habrá rebeliones populares a lo largo de América Latina: Nicaragua, República Dominicana, Colombia y Paraguay. En la Argentina, Frondizi no tiene poder propio pero mantiene el poder actuando como un engranaje de equilibrio entre el Ejército y el pueblo. El editor de *La Prensa* ha dicho que Frondizi había logrado el milagro de enemistarse tanto con los comunistas como con la prensa libre al mismo tiempo. Brasil tiene mucha más pobreza y sufrimiento pero ha logrado cierta estabilidad política.

6. Con respecto al futuro de los negocios de los Estados Unidos en Cuba, la nota de los Estados Unidos en la que aceptan los principios de la reforma agraria y el derecho de nacionalización fue gratificante. La dificultad podría estar en la valuación de las propiedades. No era intención de Cuba expulsar los negocios estadounidenses ni arrinconarlos contra la pared, pero Cuba sí insistió en controlar los negocios extranjeros dentro de sus fronteras para impedir las injusticias y la interferencia en la política local que se dieron en el pasado.

7. Sean cuales fueren los respectivos motivos, lo cierto es que la influencia o el equipamiento de los Estados Unidos estuvieron siendo utilizados para suprimir el movimiento popular en América Latina, mientras que el bloque comunista ha estado apoyando tales movimientos populares en todo el mundo. En Cuba, los comunistas al principio tenían la esperanza de apoderarse del movimiento revolucionario, pero cuando advirtieron que el pueblo apoyaba a Castro, se mantuvieron al margen, lo cual fue una actitud muy prudente.

8. Los Estados Unidos han alcanzado la justicia social y la libertad para su propio pueblo, pero objetan que los países pequeños de América Latina luchen por conseguir esas mismas cosas para sí mismos. Esta visión política es incoherente y está destinada al fracaso.

Comentarios del cuartel general: [Texto tachado]

GUEVARA, Ernesto "Che"   CUBA
                                     March 1960

Che Guevara is the most intellectual member of the group. He
creates fear because of his reserve, giving the impression of
holding back more than he is saying. While he does not cause the
antagonism that Raul does, the fadt that he is a foreigner is a
major factor preventing his ever being the leader. He knows
that he cannot force matters to a showdown. He tried to avoid
the foreign visits but had to give in to Fidel. He is not really
the "gray eminence"behind Castro, who gets out to the people too
much and is too individualistic to be so controlled. Of course,
Che does present his point of view well and strongly, but his
position is not so important as reported in the US press. This is
more of a legend because of his inaccessibility than the true
picture. He is certainly a Marxist, a great admirer of the USSR,
but a party-liner would hardly praise such a deviationist as Tito.
I am not actually sure that he is a communist party member and do
not think that he is directed by Moscow.

CIA 00-B-3,155,060, 6 April 1960, CUBA,

**DOCUMENTO 12. La CIA informa que Guevara es marxista pero no
está alineado con el Partido (marzo de 1960)**
Documento de la CIA que muy probablemente proceda de un informante que
estaba en Cuba. Dice que Guevara es marxista pero que probablemente no
esté alineado con el Partido, como lo muestra su elogio del presidente Tito de
Yugoslavia.

Guevara, Ernesto "Che"   Cuba
                                  [tachado] marzo de 1960

El Che Guevara es el miembro del grupo más intelectual. Inspira temor
por su reserva, que siempre da la impresión de que se guarda más
de lo que dice. Si bien no provoca antagonismo como lo hace Raúl,
el hecho de que sea extranjero es un factor esencial que impide que
llegue a ser alguna vez el líder. Sabe que no puede forzar las cuestiones hasta un enfrentamiento. Trató de evitar las visitas de extranjeros
pero tuvo que someterse a lo ordenado por Fidel. *No es realmente* "la
eminencia gris" que está detrás de Castro ni es verdad que salga demasiado a hablar al pueblo; es demasiado individualista para dejarse
controlar tanto. Por supuesto, presenta sus puntos de vista con claridad y firmeza, pero su posición no es tan importante como se informa
en la prensa estadounidense. Esta es más una leyenda surgida de su
inaccesibilidad que un retrato verdadero. Ciertamente es un marxista,
gran admirador de la URSS, pero si estuviera realmente alineado con
el Partido difícilmente elogiaría a un desviacionista como Tito. No estoy realmente seguro de que sea miembro del Partido Comunista y no
creo que esté dirigido por Moscú.

CIA, 00-B-3, 155, 060, 6 de abril de 1960, Cuba [texto tachado].

December 3, 1962

Three indicators from Cuba that worry me are:

1.   This
would suggest that we soon would face the prospect of operational SAM sites manned by Soviets.

2. Che Guevara's statement to the London Daily Worker that peace has been assurred and that Cuba will pursue the arms struggle already xx taking place in a number of Latin American countries such as Venezuela, Guatemalam Paraguzy and Colombia. This would indicate no intentio to halt Castro sub version in Latin America.

3. Mikoyan's public statement in Moscow that he had achieved Soviet objective of maintaining a Communist regime in the Western hemisphere.

These three statements would prompt extreme caution on the part of the United States in any agreement which might give Castro and the Communists a sanctuary.

John A. McCone
Director

SANITIZED COPY

DOCUMENTO 13. Memorándum del director de la CIA John McCone sobre la entrevista dada por Guevara al *Daily Worker* (3 de diciembre de 1962)

Documento firmado por John A. McCone, director de la CIA, enviado posiblemente al secretario de Estado o al presidente referente a un acuerdo con la Unión Soviética respecto de Cuba. Específicamente menciona como uno de los tres "indicadores" negativos la entrevista del Che Guevara en el *Daily Worker* sobre la lucha armada. McCone dice: "Cuba proseguirá la lucha armada [sic] que ya se está desarrollando en una cantidad de países latinoamericanos...".

3 de diciembre de 1962

Tres indicadores de Cuba que me preocupan son:

1. [Texto eliminado] Esto sugiere que pronto afrontaremos la perspectiva de sitios operativos de misiles superficie-aire manejados por soviéticos.

2. La declaración hecha por el Che Guevara al *London Daily Worker* de que la paz está asegurada y que Cuba proseguirá la lucha armada que ya se está desarrollando en una cantidad de países latinoamericanos tales como Venezuela, Guatemala, Paraguay y Colombia. Esto indicaría que no hay intenciones de detener la subversión de Castro en América Latina.

3. La declaración pública de Mikoyan en Moscú de que había logrado el objetivo soviético de mantener un régimen comunista en el hemisferio occidental.

Estas tres declaraciones darían lugar a una extremada cautela por parte de los Estados Unidos en cualquier acuerdo que pueda conceder a Castro y a los comunistas un santuario.

John A. McCone
Director

Copia depurada

OUTGOING TELEGRAM Department of State

INDICATE: ☐ COLLECT
☐ CHARGE TO

CONFIDENTIAL

ACTION: USUN NEW YORK   PRIORITY   1531 **ADVANCE COPY**

FOR STEVENSON AND McCLOY

With reference to current negotiations with Kuznetzov, White

House wants to be positive that you are aware of following excerpt
                                                        Che
from XXX Guevara interview with Havana correspondent of London

Daily Worker contained in FBIS No. 70, November 29:

QUOTE   My final question to Major Guevara was on the contribution

that the Cuban revolution has made to the development of Marxist

thought and practice. His reply was typically modest, and he

deliberately limited himself to the effects of the Cuban example

in Latin America. "The Cuban revolution," he said, "has shown

that in conditions of imperialist domination such as exist in

Latin America, there is no solution but armed struggle--for the

people to take power out of the hands of the Yankee imperialists

and the small group of the national bourgeoisie who work with

them.' The question then was, he added, how this armed struggle

could be most effectively carried through. While the bourgeoisie

had their armed forces concentrated in the cities where they had

Drafted by:
S/S-Mr. Little:amp 12/7/62 | Telegraphic transmission and classification approved by: | :/S-ESLittle

Clearances:
IO-Mr. Handyside
White House - Bromley Smith

DECLASSIFIED

CONFIDENTIAL

DS-322

DOCUMENTO 14. Telegrama del Departamento de Estado sobre las negociaciones con la URSS (7 de diciembre de 1962)
Telegrama enviado por el Departamento de Estado al embajador de los Estados Unidos ante las Naciones Unidas, Adlai Stevenson, referente a las negociaciones con la Unión Soviética. Nuevamente advierte sobre los comentarios hechos por el Che Guevara al *Daily Worker* sobre la lucha armada y cita los párrafos pertinentes.

Telegrama saliente   Departamento de Estado

~~Confidencial~~

Origen / Acción: Misión de EE.UU. ante las Naciones Unidas Nueva York

Prioridad: 1531

Destino: para Stevenson y McCloy   Copia anticipo [texto del sello]

Con referencia a las actuales negociaciones con Kuznetsov, la Casa Blanca quiere asegurarse de que ustedes estén al tanto del siguiente extracto tomado de la entrevista del Che Guevara con el corresponsal del *Daily Worker* de Londres en FBIS N° 70, 29 de noviembre:

Comillas

Mi pregunta final al mayor Guevara fue sobre la contribución que ha hecho la Revolución cubana al desarrollo del pensamiento y la práctica marxista. Su respuesta fue típicamente modesta y el Che deliberadamente se limitó a mencionar los efectos del ejemplo cubano en América Latina. "La revolución cubana", dijo, "ha mostrado que, en las condiciones de dominación imperialista tales como las que existen en América Latina, no hay ninguna otra solución más que la lucha armada para que el pueblo arranque el poder de manos de los imperialistas yankees y del pequeño grupo de la burguesía nacional que trabaja con ellos". "La cuestión", agregó luego, "es pues cómo puede llevarse adelante de la manera más efectiva esa lucha armada. Mientras la burguesía tiene sus fuerzas armadas concentradas en las ciudades donde tenían

~~Confidencial~~

Queda prohibida la reproducción
de esta copia salvo que
esté "desclasificada"

CONFIDENTIAL

the factory workers at their mercy. They were comparatively weak
in the countryside, where the peasants are living mostly in a state
of feudal oppression and are also very revolutionary.

"Cuba has shown," he continued, "that small guerrilla groups,
well-led and located in key points, with strong links with the masses
of the people, can act as a catalyst of the masses bringing them into
mass struggle through action. "Such action, to be convincing, must
be effective, and guerrilla action has shown how armed forces can
be beaten and how guerrillas can be converted into an army which
eventually can destroy the armed forces of the class enemy.
                              continued
"We say," Major Guevara continued, "that this can be done in a
large number of Latin American countries. But this is not to say
that Cuba's example is to be followed mechanically, but rather
adapted to the specific conditions in each of Latin America's 20
raña countries." He pointed out that in Venezuela, Guatemala,
Paraguay, and Colombia, guerrillas are already active in armed struggle
against the American imperialists and their henchmen, while there have
been clashes in Nicaragua and Peru, and none of this had any physical
connection with Cuba.

"There is no other solution possible in these countries except
armed struggle. The objective conditions for this exist, and Cuba's
example has shown these countries the way."   UNQUOTE
                                                     END

DOCUMENTO 14. Continuación

Página 2 de telegrama a USUN Nueva York

~~Confidencial~~

a su merced a los obreros fabriles. Comparativamente eran débiles en el campo, donde los campesinos viven en su mayoría en un estado de opresión feudal y también son muy revolucionarios".

"Cuba ha mostrado", continuó, "que los pequeños grupos guerrilleros, bien conducidos y situados en los puntos clave, con fuertes vínculos con las masas del pueblo, pueden actuar como un catalizador de las masas y llevarlas a la lucha generalizada a través de la acción. Tal acción, para ser convincente, debe ser efectiva y la acción de las guerrillas ha mostrado cómo puede derrotarse a las fuerzas armadas y cómo los guerrilleros pueden llegar a formar un ejército que finalmente puede destruir las fuerzas armadas del enemigo de clase".

"Decimos", continuó el mayor Guevara, "que esto puede hacerse en una gran cantidad de países de América Latina. Con esto no quiero decir que el ejemplo de Cuba deba ser seguido mecánicamente, sino que debe adaptarse a las condiciones específicas en cada uno de los veinte países de Latinoamérica". El Che destacó además que en Venezuela, Guatemala, Paraguay y Colombia, las guerrillas ya están activas en la lucha armada contra los imperialistas estadounidenses y sus secuaces, y que ha habido enfrentamientos en Nicaragua y Perú y que ninguno de ellos tuvo ninguna conexión física con Cuba.

"En estos países no hay ninguna otra solución posible salvo la lucha armada. Las condiciones objetivas para ella existen y el ejemplo de Cuba ha mostrado el camino a estos países."

Cierre de comillas

Fin

DOCUMENTO 15. Pedido del FBI de copias más recientes de las huellas digitales del Che (14 de enero de 1964)
Pedido de la oficina central del FBI de una copia más reciente de las huellas digitales del Che Guevara. ¿Cuál es la razón del pedido en este momento tan particular? ¿Sospechaban que el Che había cometido un delito? ¿O que estaba viajando como combatiente guerrillero? ¿O que estaba usando un disfraz? ¿Tenían un plan para matarlo y querían estar seguros de haber liquidado a la persona indicada?

Oficina central
14 de enero de 1964

Memorándum para: Agente Especial a Cargo
[Texto tachado]
Asunto: Guevara de la Serna, Ernesto, alias "Che"
\# 261 746   F SD/4

1. [Texto tachado]

2. Como Oficina de Origen, se le exige que obtenga una copia de las huellas digitales del Sujeto posteriores a agosto de 1958.

3. Se adjunta la información biográfica disponible sobre el Sujeto.

4. En este caso se ha establecido como fecha límite el *28 de enero de 1964*.

Adjunto
Tarjetas de control
Datos biográficos   Aprobado para difusión
Fecha: 24 [ilegible]

14 de enero de 1964
Pendiente

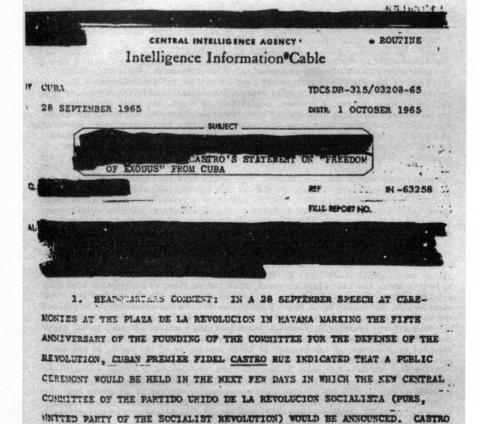

DOCUMENTO 16. Informe de la CIA sobre la declaración de Fidel referida a la "ausencia" de Guevara (28 de septiembre de 1965)
Informe de la CIA en el que se observa que Fidel Castro dice que leerá una declaración en una ceremonia pública futura que explicará la ausencia del Che Guevara.

Agencia Central de Inteligencia / Rutina
Cable de información de Inteligencia

País: Cuba   TDCS DR- 315/03208-65
28 de septiembre de 1965   Distribución: 1 de octubre de 1965

Asunto:

[Texto tachado] declaración de Castro sobre la
"libertad de éxodo" de Cuba

Q [texto tachado]   Referencia IN-63258
                                                      ...informe n°

[Texto tachado]

1. COMENTARIO DEL CUARTEL CENTRAL: EN UN DISCURSO PRO-
NUNCIADO EL 28 DE SEPTIEMBRE DURANTE LAS CEREMONIAS
REALIZADAS EN LA PLAZA DE LA REVOLUCIÓN DE LA HABANA EN
OCASIÓN DEL 5° ANIVERSARIO DE LA FUNDACIÓN DEL COMITÉ
PARA LA DEFENSA DE LA REVOLUCIÓN, EL PRIMER MINISTRO CU-
BANO FIDEL CASTRO RUZ INDICÓ QUE EN LOS PRÓXIMOS DÍAS
SE REALIZARÍA UNA CEREMONIA EN LA QUE SE ANUNCIARÍA UN
NUEVO COMITÉ CENTRAL DEL PARTIDO UNIDO DE LA REVOLU-
CIÓN SOCIALISTA (PURS). CASTRO PROMETIÓ QUE EN ESA CERE-
MONIA SE LEERÍA UN DOCUMENTO QUE EXPLICABA LA AUSEN-
CIA, DESDE MEDIADOS DE MARZO DE 1965, DEL MINISTRO DE
INDUSTRIAS ERNESTO "CHE" GUEVARA SERNA. EN ESTE MISMO
DISCURSO INVITÓ A LAS PERSONAS QUE ESTUVIERAN DESCON-
TENTAS CON SU RÉGIMEN A ABANDONAR CUBA, Y CITÓ [TEXTO
TACHADO].

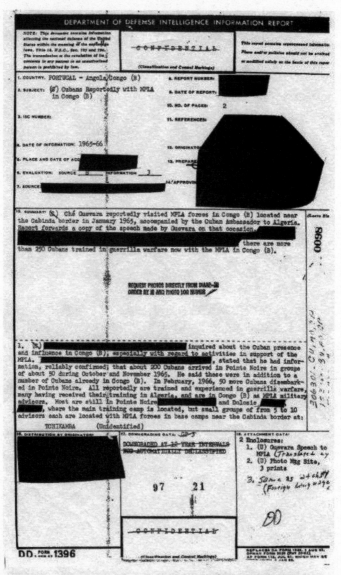

DOCUMENTO 17. Informe de Inteligencia del Departamento de Defensa sobre la visita del Che a los guerrilleros en lucha del MPLA (Movimiento Popular para la Liberación de Angola) en el Congo (1965-1966)

El Che, junto con el embajador cubano en Argelia, visita a los guerrilleros del MPLA (Movimiento Popular para la Liberación de Angola) que luchan en el Congo. El documento informa que hay unos doscientos cincuenta cubanos peleando a favor del MPLA. El Che da un discurso a los combatientes del MPLA que fue traducido del portugués por los Estados Unidos y distribuido a la comunidad de inteligencia.

INFORME DE INTELIGENCIA DEL DEPARTAMENTO DE DEFENSA		
[Texto ilegible]	~~CONFIDENCIAL~~	[Texto ilegible]
1. País: Portugal-Angola/Congo (E) 2. Asunto (G): Supuestamente cubanos con MPLA en el Congo (B) 3. Número ISC: 4. Fecha de información: 1965-66 5. Lugar y fecha adquisición: [Tachado] 6. Evaluación. Fuente B-Información 3 7. Fuente: [Tachado]		8. Número informe: [Tachado] 9. Fecha informe: [Tachado] 10. Nº de páginas: 2 11. Referencias: 12. Originador: [Tachado] 13. [Tachado] 14. Aprobación: [Tachado]

Sumario (C): Supuestamente el Che Guevara visitó las fuerzas del MPLA en el Congo (B) cerca de la frontera de Cabinda en enero de 1965, acompañado por el embajador cubano en Argelia. Al frente del informe, se adjunta una copia del discurso dado por Guevara en esa ocasión. [Texto tachado] hay más de 290 cubanos entrenados en la guerra de guerrillas actualmente con el MPLA en el Congo (B).

SE REQUIEREN FOTOS DIRECTAMENTE [ILEGIBLE]
Y NÚMERO DE REGISTRO DE LA FOTO.

1. (C) [Texto tachado] inquirido sobre la presencia y la influencia cubanas en el Congo (B), especialmente con respecto a las actividades en apoyo del MPLA. [Texto tachado] dijo que tenía información, confiablemente confirmada de que alrededor de doscientos cubanos llegaron a Pointe Noire en grupos de aproximadamente cincuenta hombres durante octubre y noviembre de 1965. Dijo que estos se agregaron a una cantidad de cubanos que ya estaban en el Congo (B). En febrero de 1966, cincuenta cubanos más desembarcaron en Pointe Noire. Según lo que se informa todos están entrenados y tienen experiencia en la guerra de guerrillas, y muchos han recibido su entrenamiento en Argelia y están en el Congo (B) como asesores militares del MPLA. La mayoría está todavía en Pointe Noire [texto tachado] y Dolosie [texto tachado], donde se encuentra el campamento principal de entrenamiento, pero hay pequeños grupos de entre cinco y diez asesores distribuidos en los campamentos de las fuerzas del MPLA cerca de la frontera de Cabinda en:

TCHIKAMBA (no identificado)

Cont. →

| [texto tachado] | Fecha de baja de categoría
BAJAR DE CATEGORÍA A INTERVALOS DE DOCE AÑOS. NO AUTOMÁTICAMENTE DESCLASIFICADO

~~CONFIDENCIAL~~ | Datos adjuntos
2 Sobres
1.(U) Discurso de Guevara al MPLA (traducido por)
2.(U) Foto M[ilegible], 3 impresiones
3. Lo mismo del 1 (lengua extranjera) |

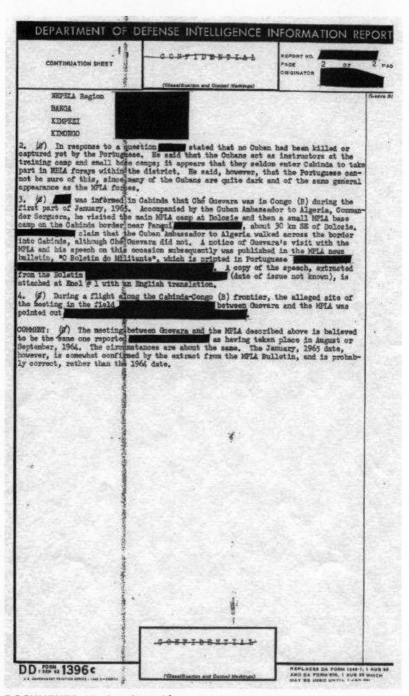

DOCUMENTO 17. Continuación

INFORME DE INTELIGENCIA DEL DEPARTAMENTO DE DEFENSA		
Página continuación	~~CONFIDENCIAL~~	Informe N° [tachado] Página 2 de 2 págs. Originador [tachado]

Región: NEPELA

BANGA

KIMPEZI   [texto tachado]

KIMONGO

2. (G) En respuesta a una pregunta [texto tachado] declaró que los portugueses todavía no habían matado ni capturado a ningún cubano. Dijo que los cubanos actúan como instructores en el campamento de entrenamiento y en pequeños campamentos base; parece que raras veces entran en Cabinda para participar de incursiones en Hela dentro del distrito. Dijo, sin embargo, que los portugueses no pueden estar seguros de eso porque muchos de los cubanos son bastante oscuros y en su apariencia general son semejantes a las fuerzas del MPLA.

3. (G) [Texto tachado] se ha informado en Cabinda que el Che Guevara estaba en el Congo (B) durante la primera parte de enero de 1965. Acompañado por el embajador cubano en Argelia, el comandante Serguera, visitó el campamento principal del MPLA en Dolosie y luego un pequeño campamento base del MPLA en la frontera de Cabinda cerca de Fangui [texto tachado], a unos 30 km al SE de Dolosie. [Texto tachado] afirma que el embajador cubano en Argelia recorrió la frontera en Cabinda, aunque el Che Guevara no fue con él. Una noticia de la visita de Guevara al MPLA y su discurso en esa ocasión fue luego publicada en el boletín noticioso del MPLA, "O Boletin do Militante", que se imprime en portugués [texto tachado]. Se adjunta al informe N° 1 una copia del discurso, extraída del boletín [texto tachado] (fecha de publicación desconocida), con una traducción al inglés.

4. (G) Durante un vuelo sobre la frontera entre Cabinda y Congo (B), fue ubicado el supuesto sitio de la reunión en el campo [texto tachado] entre Guevara y el MPLA [texto tachado].

Comentario: [G] Se cree que la reunión entre Guevara y el MPLA descrita arriba es la misma que, según informó [texto tachado], tuvo lugar en agosto o septiembre de 1964. Las circunstancias son más o menos las mismas. Sin embargo, la fecha de enero de 1965 ha sido de cierto modo confirmada por lo publicado en el boletín del MPLA y probablemente sea la correcta y no la de 1964.

| DD 1396 c | ~~CONFIDENCIAL~~ | |

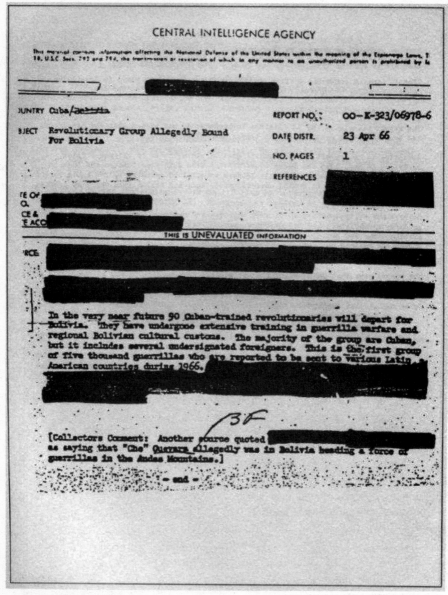

DOCUMENTO 18. Informe de la CIA que declara que Guevara está viajando hacia Bolivia (23 de abril de 1966)

Un documento de la CIA del 23 de abril de 1966 titulado "Grupo revolucionario supuestamente viaja con destino a Bolivia" declara que "revolucionarios entrenados por cubanos" están yendo hacia Bolivia y que el Che Guevara lidera una fuerza de guerrilleros en los Andes.

Agencia Central de Inteligencia

[Texto ilegible]

[Texto tachado]

País: Cuba

Asunto: Grupo revolucionario
supuestamente viaja
con destino a Bolivia

Informe nº 00-K-323/06978-6

Fecha de distribución:
23 de abril de 1966
Nº de páginas: 1
Referencias: [Texto tachado]

Fecha de informe: [Texto tachado]
Lugar de adquisición: [Texto tachado]

Esta es información no evaluada

Fuente: [Texto tachado]

En el futuro muy cercano noventa revolucionarios entrenados por cubanos partirán hacia Bolivia. Se han sometido a un extenso entrenamiento en guerra de guerrilla y en costumbres culturales regionales bolivianas. La mayoría de los integrantes del grupo son cubanos, pero también hay varios extranjeros inscritos. Este es el primer grupo de los 5000 guerrilleros que según se ha informado fueron enviados a varios países latinoamericanos en 1966. [Texto tachado]

[Comentario de los colectores: otra fuente citada {texto tachado} que afirmaba la supuesta presencia del "Che" Guevara en Bolivia comandando una fuerza de guerrilla en las montañas de los Andes.]

Fin

17 de marzo de 1967, 7.57 h

TELEGRAMA ENTRANTE
Departamento de Estado

ASUNTO: ACTIVIDAD DE GUERRILLEROS INFORMADA EN BOLIVIA

1. A urgente solicitud del presidente Barrientos, fui a visitarlo esta tarde a su casa acompañado por [ilegible] y DEFATT y lo encontramos en una reunión con el jefe interino de las fuerzas armadas, general Belmonte; el comandante del Ejército, general Lafuente; el jefe de gabinete, coronel Vásquez; y colaboradores.

2. Barrientos dijo que ayer a la mañana las autoridades bolivianas apresaron a dos sospechosos de ser guerrilleros (Vicente Rocaboado Terrazas y Pastor Barrera Quntel [sic por Quintana]) cerca de Ipita, Departamento de Santa Cruz, coordinadas aproximadas 19 grados, 40 minutos Sur y 63 grados, 32 minutos Oeste.

3. [Ilegible] En el interrogatorio realizado hoy en La Paz, sospechosos admitieron su supuesta asociación con grupo de guerrilleros de entre treinta y cuarenta hombres en la región que rodea Ipita, que va aproximadamente de Monteagudo y Lagunillas en el sur a Vallegrande en el norte. Dijeron que supuestamente el grupo estaba liderado por cubanos castristas y que incluía peruanos, argentinos y tal vez otros extranjeros. Según se informa los sospechosos independientemente identificaron como otros elementos también implicados en la guerrilla a Moisés, Guevara y una persona conocida como "Chino" de quien recientemente también se informó aquí estaría implicado en preparaciones guerrilleras.

4. Cantidades y tipos no especificados de armas; y disponían de "amplios" fondos. Los sospechosos, en realidad, fueron detenidos después de que surgieran sospechas de las autoridades locales por los ofrecimientos indebidamente generosos que estaban haciendo para aprovisionarse de alimentos. Sin embargo, la causa más aproximada de su detención puede haber sido la venta que efectuaron de un rifle calibre 22.

DOCUMENTO 19. Telegrama al Departamento de Estado en el que se informa la captura de dos guerrilleros y el pedido de apoyo militar del presidente de Bolivia (17 de marzo de 1967)
El embajador Henderson informa a Washington que dos guerrilleros fueron interrogados luego de ser capturados. El presidente Barrientos solicita ayuda, a lo que Henderson responde recomendando la entrega del aparato localizador de radio que Barrientos había pedido.

5. No ha habido contacto armado ni de ningún otro tipo con los guerrilleros mencionados en la zona, aunque, según se informa, dos escuadrones de las tropas bolivianas van marchando medio día detrás de ellos por terreno muy dificultoso.

6. Barrientos y sus comandantes militares de mayor rango parecían estar dispuestos a creer que había algún tipo de preparación guerrillera en la zona y afirmaron como un hecho que había cierta cantidad de transmisores de radios de los guerrilleros que estaban enviando señales codificadas dentro de la región.

7. Barrientos dijo que creía que el propósito de los guerrilleros era desviar las fuerzas militares bolivianas a este terreno remoto, de vegetación densa y extremadamente difícil desde el punto de vista militar para dejar los centros viales tales como La Paz, Cochabamba, Oruro y las minas con una protección reducida contra la posible acción subversiva en esos lugares.

8. Barrientos dijo que no caería en semejante trampa y que, en cambio, planea poner fuerzas de seguridad en los centros clave con alerta adicional y enviar pequeñas unidades especialmente calificadas a la zona de guerrilleros informada para "enjaularlos".

9. Barrientos pidió asistencia inmediata de los Estados Unidos en los siguientes aspectos:

A. Provisión de equipamiento para localizar radios y el necesario respaldo técnico para permitir que el GOB ubique los puntos donde se hallan los transmisores de radio de los guerrilleros sobre los que se ha informado.

B. Equipo de comunicaciones adicional que pudieran necesitar las fuerzas de campo en el lugar.

10. Barrientos dijo que creía que habría que comunicar a las fuerzas de seguridad de Paraguay y la Argentina de lo que ocurre, en el caso de que los guerrilleros de que se informa sean expulsados y se dirijan a esos países. Pidió nuestra cooperación para transmitir este mensaje.

11. Yo no tomé ningún compromiso y solamente prometí que me ocuparía de ver qué podemos hacer al respecto.

12. Estamos tomando este informe de la actividad guerrillera con cierta reserva, pero creemos que no estaría de más que las embajadas en Asunción y en Buenos Aires pasen el mensaje mencionado en el párrafo 7 supra a su discreción.

13. Mientras tanto, estamos viendo qué podemos hacer localmente en lo referente a suministrar equipo localizador de radio antes de solicitar ayuda adicional al gobierno de los Estados Unidos en este sentido.

GP. HENDERSON

DOCUMENTO 19. Continuación

163. Nota editorial de la publicación del Departamento de Estado
Foreign Relations 1964-1968 South and Central America
El 16 de marzo de 1967, la embajada en La Paz informó que el presidente Barrientos había informado personalmente al embajador Henderson que dos sospechosos guerrilleros habían sido detenidos por autoridades bolivianas y que, sometidos a interrogatorio, había admitido su asociación con un grupo de entre treinta y cuarenta guerrilleros "dirigidos por cubanos castristas" y otros extranjeros. Según se informó, los sospechosos mencionaron que el Che Guevara era el líder del grupo guerrillero pero que no lo habían visto. Barrientos solicitó con urgencia a los Estados Unidos equipamiento para comunicaciones que permitieran al gobierno boliviano localizar los transmisores de radio que, según se ha informado, poseen los guerrilleros. Henderson no se comprometió a nada y solamente prometió averiguar qué podían hacer los Estados Unidos (Telegrama 2314 desde La Paz, 16 de marzo; Archivos Nacionales y Administración de Registros, RG 59, Expedientes centrales 1967-69, POL 23-9 BOL).

Un año antes hubo informes de Inteligencia que aseguraban que el Che Guevara estaba en Sudamérica, pero analistas de los Estados Unidos encontraron pocas pruebas que apoyaran esa afirmación. En un memorándum del 4 de marzo de 1966 referente a los rumores sobre la presencia de Guevara en Colombia, FitzGerald señalaba que "las incursiones de grupos insurgentes no habían revelado ninguna indicación de la presencia de Guevara en ninguno de esos grupos" (Agencia Central de Inteligencia, DDO/ IMS, Grupo Operativo, Tarea 78-5505, Actividad de área- Cuba). Análisis adicionales de la Agencia identificaron siete rumores contradictorios relativos al paradero de Guevara. El 23 de marzo de 1966, un memorándum preparado en la División del Hemisferio Occidental hizo notar que la utilidad de Guevara había quedado reducida a su capacidad como guerrillero y que "con su mito, él mide tres metros; sin su mito, es un mortal de estatura normal". En tales circunstancias, la Agencia llegaba a la siguiente conclusión: "No se cree justificable desviar considerables cantidades de tiempo, dinero y hombres a un esfuerzo por localizar a Guevara. Se considera mucho más importante utilizar esos recursos para penetrar y monitorear los esfuerzos subversivos comunistas donde sea que se estén llevando a cabo, puesto que la presencia de Guevara en una región no afectará en gran medida el resultado de ningún esfuerzos insurgente dado" (ibíd.).

DOCUMENTO 20. Publicación del Departamento de Estado, *Foreign Relations 1964-1968 South and Central America*, nota editorial 163 que describe las reuniones mantenidas por los Estados Unidos con el presidente de Bolivia referentes a la "subversión" (marzo-mayo de 1967)

El 24 de marzo de 1967, la embajada en La Paz informó que Barrientos se reunió con el director interino de la misión el 23 de marzo para advertirle que la situación guerrillera había empeorado y que este deterioro lo preocupaba cada vez más. Barrientos creía que la actividad guerrillera era "parte de un amplio movimiento subversivo liderado por cubanos y otros extranjeros". Indicó que las tropas bolivianas desplegadas en la zona de actividad de la guerrilla eran "inexpertas y estaban mal equipadas" y reiteró su urgente pedido de asistencia de los Estados Unidos. La embajada le respondió a Barrientos que "nuestros funcionarios militares están trabajando con los militares bolivianos para evaluar los hechos relacionados con los requerimientos" (Telegrama 2381 desde La Paz, 24 de marzo, Archivos Nacionales y Administración de Registros, RG 59, Expedientes centrales 1967-69, POL 23-9 BOL). Dos funcionarios del grupo asesor de asistencia militar de los Estados Unidos informaron que el 23 de marzo veintitrés guerrilleros emboscaron a veintidós hombres pertenecientes a una patrulla del Ejército boliviano cerca de Ñancahuazú, lo cual provocó que la embajada informara el 27 de marzo al Departamento: "Ahora se ha acumulado suficiente información para que el equipo que opera en el país acepte como un hecho que hay actividad guerrillera en el área previamente mencionada y que esa actividad podría constituir una amenaza potencial a la seguridad para GOB" (Telegrama 2384 desde La Paz, 27 de marzo, ibíd.).

En una reunión de 90 minutos con el embajador Henderson mantenida el 27 de marzo, Barrientos solicitó directo apoyo presupuestario de los Estados Unidos para las fuerzas armadas bolivianas para afrontar la "emergencia, una emergencia en la que Bolivia estaba 'contribuyendo a luchar por los Estados Unidos'".

Al informar al Departamento sobre esta conversación, Henderson observó: "Sospecho que Barrientos está comenzando a sufrir cierta angustia genuina por el triste espectáculo que ofreció la pobre actuación de sus fuerzas armadas en este episodio; es decir, una impetuosa incursión en una zona donde se informó la presencia de guerrilleros, aparentemente basada en un fragmento de información de Inteligencia y que dio por resultado un desastre menor que además infundió pánico en los responsables del gobierno y desencadenó una serie de actividades mal coordinadas, con una planificación profesional y un apoyo logístico menos que adecuados". Henderson continuó diciendo que, "presionado por sus militares, Barrientos puede tratar de recurrir a los talentos intrigantes del embajador Sanjines en Washington en un esfuerzo por saltarse hábilmente los canales apropiados de comunicación

DOCUMENTO 20. Continuación

con las autoridades de los Estados Unidos" (Telegrama 2405 desde La Paz, 29 de marzo, ibíd.).

El 29 de marzo, la CIA informó que los guerrilleros capturados por el Ejército boliviano habían suministrado información de que el movimiento guerrillero "es una operación internacional independiente bajo dirección cubana y no está afiliada a ningún partido político boliviano". La Agencia había recibido información relativa al desarrollo de otros grupos guerrilleros en Bolivia. "Si estos otros grupos decidieran entrar en acción en este momento, para el gobierno boliviano sería sumamente oneroso tratar de lidiar con ellos", además de hacerlo con el grupo respaldado por los cubanos (Memorándum de [nombre no desclasificado] al jefe de la División para el Hemisferio Occidental, 29 de marzo, Agencia Central de Inteligencia, DDO/IMS, Tarea 88-01415 [nombre del archivo no desclasificado]).

El 31 de marzo, el Departamento respondió a las preocupaciones de Henderson: "No tenemos pruebas de que acá se esté intentando 'saltar' ninguna instancia". El Departamento instruyó a la embajada en La Paz:

De acuerdo con el informe de la CIA del 10 de mayo, el Che Guevara dijo [texto no desclasificado] que había llegado a Bolivia "para iniciar un movimiento guerrillero que se extendería a otras partes de América Latina" (Cable de información de la CIA TDCS 314/06486-67, ibíd.).

"Usted podrá informar a Barrientos a su discreción que estamos sumamente reacios a considerar un apoyo significativamente aumentado al Ejército, tanto mediante la provisión de material adicional como mediante la renovación del apoyo presupuestario. Respaldamos plenamente el concepto de suministrar cantidades limitadas de material esencial para asistir a una respuesta cuidadosamente orquestada a la amenaza, utilizando en la máxima extensión posible las tropas mejor entrenadas y equipadas disponibles. Si la amenaza terminara siendo definitivamente mayor que la capacidad de las fuerzas actuales, puede asegurársele a Barrientos la disposición de los Estados Unidos a considerar la provisión de asistencia adicional" (Telegrama 166701 a La Paz, 31 de marzo; Archivos Nacionales y Administración de Registros, RG 59, Expedientes Centrales 1967-69, POL 23-9 BOL).

También el 31 de marzo el Departamento informó a las bases de Estados Unidos en los países vecinos a Bolivia que el plan en curso "es bloquear el escape de los guerrilleros y luego hacer entrar en la zona una unidad de tipo comando entrenada y preparada para eliminar a los guerrilleros". El Departamento también indicó que

DOCUMENTO 20. Continuación

los Estados Unidos estaban considerando la creación de un equipo
especial de entrenamiento militar (MTT) "para el entrenamiento
acelerado de una fuerza contra la guerrilla" (Telegrama 16641 a
Buenos Aires y otros, 31 de marzo, ibíd.).

El 11 de mayo, Rostow informaba al presidente Johnson que "la
CIA ha recibido el primer informe creíble de que el 'Che' Guevara
está vivo y operando en Sudamérica". La información procedió del
interrogatorio hecho a los guerrilleros capturados en Bolivia. "Necesitamos más pruebas antes de concluir que Guevara está operativo y no muerto, como, con el paso del tiempo, se ha inclinado más
a creer la comunidad de inteligencia" (Memorándum de Rostow
a Johnson, 11 de mayo; Johnson Library, National Security File,
Country File: Bolivia, vol. IV, Memoranda, enero de 1966-diciem-
bre de 1968).

DOCUMENTO 20. Continuación

I. La información presentada sigue cuidadosamente el formato "tachado".

1. (A4) Después de subestimar informes sobre la actividad guerrillera durante el fin de semana del 17 al 21 de marzo de 1967, el día
23 de marzo una patrulla del Ejército boliviano se enfrentó con un
grupo guerrillero cuyo número, según los diferentes informes, variaba de cincuenta a cuatrocientos individuos. Este enfrentamiento tuvo lugar en la zona de Ñancahuasu [Ñancahuazú] (1930S/
63400), situada en el sur de Bolivia, aproximadamente a 70 km
de Cairi (2003S/63310). La información disponible indica que el
grupo guerrillero consta de aproximadamente un 80% de bolivianos (la fuerza total no supera los cien hombres); el resto son cubanos castristas, peruanos, argentinos y europeos. Es una fuerza bien
organizada, y sus hombres están armados con armas modernas y
dirigidos por cubanos castristas. El Ejército boliviano estableció un
puesto de mando de avanzada en Lagunillas (1936S/63410) bajo el
mando de la 4ª División. Para descubrir a los guerrilleros, el Ejército boliviano comenzó explorando la zona con cien hombres de la 4ª
División acantonados en Lagunillas que luego fueron apoyados por
una compañía de otros cien hombres provenientes de Santa Cruz
enviada por avión para reforzar la 4ª División y dos compañías de
aproximadamente ciento sesenta a ciento setenta hombres del 2°
regimiento "Bolívar" de Viacha, que también volaron primero hacia Santa Cruz y luego se trasladaron a la región de Camiri para
suministrar una fuerza adicional en la zona de combate. En este
momento, el Ejército boliviano tiene aproximadamente seiscientos
hombres dedicados a la busca de la banda de guerrilleros. Cuenta
con el apoyo de la fuerza aérea que proporciona transporte aéreo,
metralla y bombarderos, así como reconocimiento aéreo de la zona.
Las fuerzas armadas bolivianas han tenido un buen desempeño
ante esta situación de insurgencia a pesar de la falta de suficiente
entrenamiento, comunicaciones, raciones de campo y transporte
vehicular que ha dificultado definitivamente sus operaciones.

2. (c.) Asuntos militares/políticos

a. (C1) El rol militar en los asuntos nacionales: la influencia de los
militares bolivianos en la política nacional ha sido extensa desde
el golpe de noviembre de 1964. Tradicionalmente, los militares
bolivianos siempre han estado implicados en los asuntos políticos

**DOCUMENTO 21. Informe de Inteligencia del Departamento de De-
fensa sobre la actividad guerrillera en marzo de 1967 (31 de marzo
de 1967)**
Este informe del Departamento de Defensa evalúa las habilidades contrainsurgentes bolivianas ante las crecientes actividades guerrilleras. Da cuenta de
una discrepancia de entre cincuenta a cuatrocientos guerrilleros organizados y
bien armados dirigidos por cubanos castristas. Estados Unidos es el único país
que proporciona ayuda militar, aunque la Argentina también puede ayudarlos.

y desde el 4 de noviembre de 1964 hasta el 6 de agosto de 1966 dirigieron directamente el gobierno de la Junta y han mantenido efectivamente la seguridad interna. El prestigio alcanzado ante la población ha sido excelente. Su obra con el pueblo en proyectos de acción cívica se ha ganado la comprensión, el respeto y la amistad del pueblo. La insistencia de las fuerzas armadas en organizar tempranamente elecciones constitucionales y hacer volver las tropas... a los cuarteles, lo cual han hecho, ha elevado su posición a los ojos de la población civil al punto más elevado de su historia. Las fuerzas armadas han estado y continúan estando muy preocupadas por las condiciones de vida en el país. Esta es la razón por la que se sublevaron contra el gobierno el 4 de noviembre de 1964. Respaldaron lealmente a la Junta Militar y eligieron y apoyaron al general Barrientos en su campaña presidencial. Continuarán apoyando al general Barrientos y a su nuevo gobierno siempre que este trabaje con honestidad y éxito para el desarrollo social y económico de Bolivia. Las fuerzas armadas están en la posición del poder detrás del trono y están preparadas para, en caso de que fuera necesario, volver a entrar en la arena política. Ha habido y siempre habrá camarillas dentro de las fuerzas pero, en general, como grupo colectivo, las fuerzas armadas no pertenecen ni apoyan a ningún partido político como tal. Las fuerzas armadas en su conjunto son proestadounidenses y anticomunistas. La autoridad de los oficiales políticos claves dentro de las fuerzas es fuerte puesto que pasa del presidente del país al comandante en jefe de las fuerzas armadas, quien también cumplió la función de presidente durante un breve período.

b) (C2) Inestabilidad: Hasta el momento, la actividad guerrillera actual no había tenido ningún efecto en detrimento de las fuerzas armadas, aunque si estas no consiguen controlar ni eliminar la actual amenaza guerrillera, esa situación puede cambiar. Aunque inadecuadamente equipadas y entrenadas para la guerra de guerrillas, las fuerzas armadas están teniendo un desempeño razonablemente bueno en la operación actual. Mientras permanezcan unidas, ninguna fuerza opositora actual ni ninguna combinación de fuerzas debería estar en condiciones de plantear una amenaza real a la seguridad del país.

c) (C3) Asistencia militar: Los Estados Unidos son el único país extranjero que proporciona asistencia militar en equipamiento a Bolivia. Sin embargo, la Argentina ha indicado que puede dar apoyo en armas y municiones a Bolivia para ayudar en la presente operación antiguerrillera, pero lo coordinarían con los Estados Unidos para eliminar la duplicación. Los militares bolivianos reciben algún entrenamiento de colegios de Brasil, Argentina, Perú, Uruguay

DOCUMENTO 21. Continuación

e Inglaterra. Además, la Argentina tiene una pequeña misión naval en Bolivia que hasta ahora ha ofrecido solamente entrenamiento a la Marina boliviana. Pueden encontrarse más detalles en IR 2 808 120 66, asunto: Asistencia Militar Extranjera, fechado el 31 de octubre de 1966.

d) (C4) Acuerdos militares colectivos: No hay ningún acuerdo militar conocido entre Bolivia y los países vecinos. Bolivia es miembro de la Junta Interamericana de Defensa. Además, es signatario de [ilegible] de Río [fin].

DOCUMENTO 21. Continuación

Memorándum de Acuerdo referente a la activación, organización y entrenamiento del 2° Batallón de Rangers del Ejército boliviano

Prefacio: Basado en un intercambio de notas firmadas en La Paz (Anexo A) el 26 de abril de 1962. El gobierno de los Estados Unidos de América acordó poner a disposición del gobierno de Bolivia artículos y servicios de defensa para la seguridad interna, sujetos a la Ley de Asistencia Extranjera de 1961. Reconociendo una posible amenaza a la seguridad interna de la República de Bolivia en el Oriente, específicamente en las áreas de responsabilidad de la 3ª, 4ª, 5ª y 8ª División se acuerda crear en la vecindad de Santa Cruz, República de Bolivia, una fuerza de reacción rápida del tamaño de un batallón capaz de ejecutar operaciones de contrainsurgencia en la selva y en terrenos difíciles por toda esta región.

1. Términos de cooperación:

a) Las fuerzas armadas bolivianas acuerdan suministrar un cuartel en cuyos alrededores habrá, como mínimo, superficies adecuadas de entrenamiento e instalaciones para las maniobras de unidades tácticas y para disparar todas las armas orgánicas de combate; adicionalmente, se proveerán edificios y galpones para asegurar adecuado almacenamiento, protección y mantenimiento del equipo MAP suministrado.

b) Las fuerzas armadas bolivianas acuerdan asignar personal a esta unidad en las cantidades y aptitudes indicadas en el Anexo B. La reasignación de personal desde o dentro de esta unidad será mínima y el período de servicio de sus miembros no será menor a dos años.

c) Las fuerzas armadas bolivianas acuerdan suministrar suficientes cantidades iniciales de munición de entrenamiento a esta unidad, entre ellas reservas a disposición de munición MAP y no MAP.

d) Las fuerzas armadas acuerdan mantener todo el equipamiento aportado por los Estados Unidos en los más altos niveles de disponibilidad para el combate. Esto incluye mantenimiento técnico así como "el material liviano" como neumáticos, baterías, lubricantes, material de limpieza y conservación en cantidades razonables y adecuadas. La verificación del cumplimiento de estas normas se hará dentro de los términos del Párrafo 6 "Intercambio de notas" (Anexo A) mediante repetidas inspecciones hechas conjuntamente por

DOCUMENTO 22. Acuerdo contractual entre el Ejército de los Estados Unidos y el Ejército boliviano titulado "Memorándum de Acuerdo referente a la activación, organización y entrenamiento del 2° Batallón de Rangers del Ejército boliviano" (28 de abril de 1967)
Este es uno de los documentos clave que demuestran la profunda implicación de los Estados Unidos en la búsqueda del Che. Aquí se establece la conformidad de los Estados Unidos para entrenar y dar suministros a los soldados aportados por el gobierno boliviano para buscar y eliminar a los guerrilleros.

representantes del Ejército boliviano y de Estados Unidos. Adicionalmente, cada dos meses, el comandante de la unidad presentará informes del estado de equipamiento a la Sección-MILGP del Ejército estadounidense a través del 4° Departamento del Ejército boliviano.

e) A los efectos de su identificación, la Sección-MILGP del Ejército de los Estados Unidos reconoce esta unidad como el 2° Batallón de Rangers. Esto de ningún modo excluye que el Ejército boliviano designe esta unidad con cualquier nombre histórico o tradicional que desee elegir.

f) La Sección-MILGP del Ejército estadounidense acepta equipar esta unidad tan rápidamente como le sea posible en concordancia con la lista de equipamiento que se presenta en el Anexo D. Este equipamiento se proveerá dentro de los términos del "Intercambio de notas" del 22 de abril de 1962 (sic) (Anexo A).

g) La Sección-MILGP del Ejército de los Estados Unidos acuerda sostener el mantenimiento del equipamiento suministrado por los Estados Unidos con cantidades razonables de repuestos y piezas de reemplazo a través de los canales logísticos establecidos por el Ejército boliviano. Se reconoce que la duración de este apoyo se ajustará a cualquier modificación futura de la Ley de Asistencia Extranjera de los Estados Unidos de 1961.

h) La Sección-MILGP del Ejército de los Estados Unidos acuerda suministrar su servicio de asesoramiento permanente tanto en los aspectos técnicos como operativos dentro de sus posibilidades. Adicionalmente, recibirá solicitudes de asistencia para entrenamiento especial que no se consiga localmente.

i) La Sección-MILGP del Ejército de los Estados Unidos iniciará acciones, por ejemplo, en cuanto se establezca un sitio adecuado y se disponga del personal necesario.

2. Reconociendo una solicitud hecha por las fuerzas armadas de Bolivia de asistencia para entrenamiento especial durante la fase inicial de organización y entrenamiento de esta unidad, se proveerá de un equipo de entrenamiento de especialistas estadounidenses proveniente de la 8ª fuerza especial, una unidad del Ejército de los Estados Unidos, Panamá, CZ cumpliendo las siguientes condiciones:

a) El equipo estará constituido por especialistas con calificación de comando y experimentados en combate.

b) El equipo estará constituido por dieciséis oficiales y oficiales no comisionados, dirigidos por un oficial con el grado no menor de mayor. (La constitución del equipo podrá ser modificada según las necesidades.)

c) La misión de este equipo será producir una fuerza de reacción rápida capaz de realizar operaciones de contrainsurgencia y preparada de tal forma que, en cuatro meses de entrenamiento intensivo, pueda capacitar al personal presentado por las fuerzas armadas bolivianas.

DOCUMENTO 22. Continuación

d) El programa de entrenamiento que se presente deberá ser el que se muestra en el Anexo E.

e) Los miembros de este equipo tendrán las mismas responsabilidades, los mismos derechos y los mismos privilegios que tienen otros miembros de misiones del Ejército de los Estados Unidos en Bolivia.

f) Los miembros de este equipo no ejercen autoridad de mando sobre ningún miembro de las fuerzas armadas bolivianas. Sin embargo, se espera que en cualquier situación de entrenamiento sus instrucciones se cumplan y sean aceptadas con un espíritu de comprensión y cooperación mutua. Cualquier desentendimiento que pudiera surgir de estas situaciones de entrenamiento que el comandante de la unidad y el jefe del equipo no puedan resolver serán derivados al jefe de Comando de Operaciones Especiales del Ejército de los Estados Unidos (USARSEC) y al jefe del Ejército.

g) Todos los miembros de este equipo de entrenamiento especial tienen específicamente prohibido participar en las operaciones de combate reales, tanto en calidad de observadores como de asesores de los miembros de las fuerzas armadas bolivianas.

h) Todos los miembros de este equipo de entrenamiento especial están bajo el control operativo del jefe del USARSEC. Cualquier incidente que exija acción disciplinaria deberá ser remitido al jefe del USARSEC para que realice la acción necesaria.

3. El incumplimiento voluntario, en su totalidad o en parte, de estos convenios generales declarados por cualquiera de las partes, anulará de hecho este memorándum de acuerdo.

Kenneth T. Macek
Coronel, GS
Jefe USARSEC/MILGP [?]

David Lafuente
Comandante del Ejército boliviano

Alfredo Ovando C.
General
Comandante de las fuerzas armadas

*Los Anexos no fueron proporcionados.

DOCUMENTO 22. Continuación

THE WHITE HOUSE

WASHINGTON

Thursday – May 11, 1967

Mr. President:

_____ the first credible report that "Che" Guevara is
alive and operating in South America.

We need more evidence before concluding that Guevara is operational -- and not dead, as the intelligence community, with the
passage of time, has been more and more inclined to believe.

Rostow

Attachment

SANITIZED
E.O. 12356. Sec. 3.4
NLJ 91-33
By _____, NARA, Date 1-7-93

**DOCUMENTO 23. Nota de la Casa Blanca de Walt Rostow, asistente
especial para Asuntos de Seguridad Nacional, al presidente Johnson
donde le informa que el Che está operando en Sudamérica (11 de
mayo de 1967)**
Esta nota escrita en papel con membrete de la Casa Blanca por Rostow, el
asistente especial para Asuntos de Seguridad Nacional, y enviada al presidente demuestra que el nivel más alto del gobierno de los Estados Unidos estaba
haciendo un seguimiento del Che.

La Casa Blanca
Washington

Jueves, 11 de mayo de 1967

Sr. Presidente:

[Texto tachado] el *primer informe creíble de que el "Che" Guevara está vivo* y operando en Sudamérica.

[Texto tachado]

Necesitamos tener más pruebas antes de llegar a la conclusión de que Guevara está activo y no muerto como, con el paso del tiempo, se ha inclinado más a creer la comunidad de inteligencia.
[Texto tachado]

Rostow

Adjunto

Foreign Relations 1964-1968 South and Central America, Nota editorial 164

164. Memorándum del Asistente Especial del Presidente (Rostow) al presidente Johnson[1]
Washington, 23 de junio de 1967
[1] Fuente: Biblioteca Johnson, Archivo de Seguridad Nacional, Expediente país, Bolivia, vol. IV, Memoranda, enero de 1966-diciembre de 1968. Secreto; Delicado. El memorándum indica que el presidente Johnson lo vio.

Sr. Presidente:
Esto es lo que está ocurriendo con los guerrilleros en Bolivia:
El pasado 24 de marzo, las fuerzas de seguridad bolivianas cayeron en una emboscada en una región remota del sudeste de Bolivia mientras estaban investigando informes de un campamento de entrenamiento guerrillero. Desde entonces ha habido otros seis enfrentamientos menores. Las fuerzas bolivianas han tenido un pobre desempeño en esas escaramuzas y han perdido veintiocho de sus hombres contra dos o tres rebeldes muertos.
El interrogatorio al que fueron sometidos varios desertores y prisioneros, entre ellos un joven comunista francés –Jules Debray– estrechamente asociado a Fidel Castro y de quien se sospecha que está cumpliendo funciones de correo cubano, sugiere a las claras que los guerrilleros están patrocinados por cubanos, aunque esto es difícil de documentar. Hay algunas pistas que indican que el "Che" Guevara *puede* haber estado con el grupo. Debray informa haberlo visto. Una fuente sumamente delicada [*menos de una línea de texto de la fuente no desclasificada*] informa sobre una declaración reciente de Brezhnev según la cual Guevara está en América Latina "haciendo sus revoluciones".[2]

[2] En un cable del 4 de junio dirigido al presidente Johnson, Rostow señalaba que "la CIA cree que el 'Che' Guevara ha estado con este grupo". También indicaba que "hemos puesto a Bolivia primera en esta lista, más a causa de la fragilidad de la situación política y la debilidad de las fuerzas armadas que por el tamaño y la efectividad del movimiento guerrillero" (ibíd., América Latina, vol. VI, junio-septiembre de 1967). La CIA recibió información, supuestamente basada en un documento escrito y firmado por el Che Guevara

DOCUMENTO 24. *Foreign Relations 1964-1968 South and Central America,* **nota editorial 164 que le describe al presidente Johnson los resultados del interrogatorio del "comunista" francés capturado Régis Debray y otros (23 junio de 1967)**
Rostow le comunica al presidente Johnson que el Che está en Bolivia, que la situación política es frágil y que el Ejército boliviano es débil. Le informa que los Estados Unidos han enviado un equipo de entrenamiento y equipamiento especiales para ayudar a organizar un batallón lo antes posible.

en el cual el revolucionario declaraba que "la rebelión comenzó en Bolivia a causa del descontento ampliamente difundido allí y la desorganización del Ejército". [*Texto no desclasificado*] Agencia Central de Inteligencia, Expedientes DDo/IMS [*nombre del expediente no desclasificado*].

Las estimaciones de la fuerza de la guerrilla varían entre cincuenta y sesenta hombres. Aparentemente fueron lanzados al terreno cuando todavía estaban en la fase preliminar de entrenamiento y antes de estar preparados para las operaciones abiertas. A pesar de ello, hasta ahora han aventajado claramente a las fuerzas de seguridad bolivianas. El desempeño de las unidades del gobierno ha revelado una grave falta de coordinación de mando, de liderazgo de sus oficiales y de entrenamiento y disciplina en la tropa.

Poco después de que quedó confirmada la presencia de guerrilleros, enviamos un equipo especial y algo de equipamiento para ayudar a organizar otro batallón de tipo comando. En el plano militar, estamos ayudando a la mayor velocidad que permite la capacidad de los bolivianos de absorber nuestra asistencia. El desvío de los escasos recursos a las fuerzas armadas puede llegar a provocar problemas presupuestarios y es posible que más adelante este mismo año sea necesaria nuestra asistencia financiera.

El panorama no está claro. Los guerrilleros fueron descubiertos mucho antes de que pudieran consolidarse y tomar la ofensiva. La persecución de las fuerzas del gobierno boliviano, si bien no es muy eficiente, los mantiene en permanente huida. Estas son dos ventajas.

Con la fuerza que poseen hoy, los guerrilleros no parecen constituir una amenaza inmediata para Barrientos, pero si esa fuerza aumentara rápidamente y la guerrilla estuviera en posición de abrir nuevos frentes en el futuro próximo, como se está rumoreando, las débiles fuerzas armadas bolivianas estarían muy presionadas y la frágil situación política estaría amenazada. La esperanza que abrigamos es que, con nuestra ayuda, las capacidades del sistema de seguridad bolivianas sobrepasarán ampliamente las de los guerrilleros y finalmente terminarán con ellos.

El Departamento de Estado, el DOD y la CIA están siguiendo de cerca estos desarrollos.[3] Como lo he mencionado, Defensa está entrenando y equipando a fuerzas adicionales. La CIA ha incrementado sus operaciones.

[3] Un memorándum del 14 de junio preparado por la CIA se concentraba en el patrocinio que los cubanos están dando a la guerrilla boliviana y el fracaso del gobierno boliviano para resolver la amenaza insurgente (Biblioteca Johnson, Archivo de Seguridad

DOCUMENTO 24. Continuación

Nacional, Expediente de Inteligencia, Problema de la guerrilla en América Latina).

Argentinos y brasileños también están vigilando esta amenaza. La Argentina es el único país, además del nuestro, con una misión militar en La Paz. Entre Argentina y Bolivia hay tradicionalmente estrechos vínculos militares. La Argentina también ha aportado suministros militares a los bolivianos.

W. W. Rostow[4]

[4] Impreso de una copia que lleva esta firma mecanografiada.

DOCUMENTO 24. Continuación

Foreign Relations 1964-1968 South and Central America,
Nota editorial 165

165. Memorándum de conversación[1]
Washington, 29 de junio de 1967
[1] Fuente: Biblioteca Johnson, Archivo de Seguridad Nacional, Expediente país, Bolivia, vol. IV, Memoranda, enero 1966-diciembre de 1968. Secreto. Preparado por Bowdler. Se han entregado copias a Rostow y Sayre.

Participantes
Embajador de Bolivia
Julio Sanjines-Goytia

Sr. William G. Bowdler:

Invitado por el embajador boliviano, esta tarde fui a su residencia para conversar sobre la situación boliviana.
La mayor parte de la conversación de una hora fue un monólogo del locuaz embajador en el que describió los antecedentes de la administración de Barrientos y la actual situación política. Hacia el final de la conversación se concentró en los dos temas que tenía en mente.
El primero era el aumento de la asistencia externa. Le pregunté qué tenía pensado específicamente y me respondió que no estaba pensando en un apoyo presupuestario pues Bolivia había superado esa etapa y estaba orgullosa de sus logros. Luego le pregunté en qué tipo de proyecto de asistencia había pensado. Sobre esta cuestión fue muy vago y me dijo que nosotros deberíamos enviar una misión especial desde Washington para estudiar qué proyectos adicionales podrían ponerse en marcha para promover el mayor desarrollo de Bolivia.
La cuestión en la que se mostró más interesado –y obviamente el principal propósito de su invitación– fue pedir nuestra ayuda para establecer lo que él llamó un equipo de "cazadores homicidas" para descubrir dónde se hallan los guerrilleros. Me dijo que esa no era una idea propia sino que se la habían sugerido algunos amigos de la CIA. Le pregunté si el Batallón de Rangers actualmente en entrenamiento no era suficiente y me respondió que él había pensado más bien en unos entre cincuenta o sesenta oficiales jóvenes del Ejército con inteligencia, motivación e impulso suficientes para recibir rápido entrenamiento y en quienes pudiera confiarse para que persiguieran tenaz y valerosamente a los guerrilleros. Le

DOCUMENTO 25. *Foreign Relations 1964-1968 South and Central America*, nota editorial 165, memorándum de William G. Bowdler, funcionario del Consejo de Seguridad Nacional, en el que describe el pedido del embajador boliviano de un equipo de "'cazadores homicidas' para descubrir dónde se hallan los guerrilleros" (29 de junio de 1967) pregunté si un grupo de elite como ese no causaría problemas dentro del Ejército y tal vez incluso problemas políticos entre Barrientos y quienes lo apoyan. El embajador dijo que esos problemas podrían minimizarse rotando a un número fijo de miembros del equipo que regresaran al Ejército en intervalos regulares. El sistema de rotación tendría el beneficio adicional de brindar un mayor grado de profesionalismo a las filas de oficiales del Ejército. Le dije que la idea podía tener su mérito pero que tenía que ser examinada más cuidadosamente.

Antes de irme, le dije que había visto informes en los que se afirmaba que Bolivia podría estar considerando declarar un estado de guerra contra Cuba y le pregunté si tenía alguna información que diera sustentación a tales informes. El embajador se mostró completamente sorprendido y manifestó su fuerte oposición señalando que semejante acción expondría a Bolivia al ridículo internacional. Estimó que tales informes podrían haber sido difundidos por exiliados cubanos y me confió que algunos cubanos se le habían acercado sugiriéndole esa idea y que suponía que en Bolivia podía haber exiliados cubanos que estuvieran difundiéndola entre oficiales bolivianos. Le expresé que también yo creía que una acción semejante sería un grave error, no solo por la mala impresión que causaría Bolivia, sino también a causa de los graves problemas legales y prácticos que surgirían al convertirse en un Estado en guerra con Cuba.

Al despedirnos, el embajador me dijo que apreciaba haber tenido la oportunidad de hablar francamente conmigo y expresó el deseo de intercambiar opiniones en su país de vez en cuando. Le respondí que lo haría con gusto cada vez que él lo considerara útil.

WGB

DOCUMENTO 25. Continuación

En un memorándum del 5 de julio de 1967 dirigido al asistente especial Walt Rostow, William Bowdler, funcionario del Consejo de Seguridad Nacional, resumió el rol actual del entrenamiento militar de los Estados Unidos: "DOD está ayudando a entrenar y equipar a un nuevo Batallón de Rangers. Siendo la capacidad de absorción de los bolivianos la que es, no parece aconsejable por ahora brindar asistencia militar adicional [*tres líneas del texto fuente no desclasificadas*]". Bowdler recomendó que "se establezca una variable de la fuerza especial de choque aceptable para el equipo de campo. Podría formar parte del nuevo Batallón de Rangers" (Biblioteca Johnson, Archivo de Seguridad Nacional, Expediente de Inteligencia, Problema de la Guerrilla en América Latina). Las objeciones hechas por el equipo de campo fueron transmitidas en el telegrama 2291 desde La Paz el 24 de mayo. El equipo declaró que los bolivianos verían una fuerza de choque como una "solución mágica" y un "sustituto de un trabajo duro y la necesaria reforma" (Archivos Nacionales y Administración de Registros, RG 59, Expedientes Centrales 1967-69, POL 23 NOL).

A las 4.30 de la tarde del 5 de julio, Rostow, Bowdler y Peter Jessup se reunieron en la Sala de Situación de la Casa Blanca con representantes del Departamento de Estado, incluidos el secretario asistente de Estado Covey Oliver, el secretario asistente adjunto Robert Sayre y el embajador Henderson, con William Lang del Departamento de Defensa y Desmond FitzGerald y William Broe de la Agencia Central de Inteligencia. El grupo acordó que una fuerza especial de choque no es aconsejable a causa de las objeciones planteadas por la embajada. Asimismo, decidieron que los Estados Unidos deberían "concentrarse en el entrenamiento del 2° Batallón de Rangers y en preparar una unidad de inteligencia que forme parte del Batallón". También estuvieron de acuerdo en evaluar la expansión del programa de policía rural, preparar planes de contingencia para cubrir la posibilidad de que la insurgencia escape al

DOCUMENTO 26. *Foreign Relations 1964-1968 South and Central America*, **nota editorial 166, memorándum de William Bowdler a Walt Rostow que resume el entrenamiento militar estadounidense en curso de los soldados bolivianos (5 de julio de 1967)**
El documento que Bowdler le envía a Rostow resume el entrenamiento militar que en ese momento estaban brindando fuerzas estadounidenses a soldados bolivianos. En él señala las debilidades de la capacidad boliviana para reunir información de inteligencia. Se le otorgaba formalmente responsabilidad a la CIA para planificar y ofrecer esa inteligencia. Los agentes de la CIA Villoldo y Rodríguez llegaron a Bolivia el 2 de agosto de 1967 para entrenar a los comandos bolivianos en prácticas de inteligencia. También se les ordenó que acompañaran a esos soldados al campo y se les dijo que "ayudaran realmente a dirigir las operaciones". La asignación de estas tareas fue aprobada por el presidente boliviano Barrientos, el embajador estadounidense Henderson y por el comandante en jefe del Ejército, el general Ovando.

control de Barrientos y las fuerzas armadas bolivianas y sugirieron que Barrientos podría necesitar una asignación o una asistencia de apoyo de entre 2 y 5 millones de dólares en los próximos dos meses para resolver los problemas presupuestarios resultantes de la situación de inseguridad (Memorándum de reunión: Biblioteca Johnson, Archivo de Seguridad Nacional, América Latina, vol. VI, junio de 1967-septiembre 1967). La decisión última de estas cuestiones fue dejada en manos del presidente en el contexto de una política más amplia de contrainsurgencia en América Latina; véase el documento 61.

Los esfuerzos de los Estados Unidos por apoyar el programa de contrainsurgencia aplicado en Bolivia contra los guerrilleros liderados por cubanos siguieron un desarrollo de dos pasos. Para ayudar a superar las deficiencias del Ejército boliviano, se envió a Bolivia un equipo de entrenamiento militar de dieciséis hombres de fuerzas especiales estadounidenses con el propósito de apoyar al 2° Batallón de Rangers en el desarrollo de tácticas y técnicas antiguerrilleras. Los Estados Unidos también suministraron municiones y equipamiento en comunicaciones para casos de emergencia de acuerdo con el Programa de Aprendizaje Militar y el envío urgente de cuatro helicópteros (Documento redactado por W. D. Broderick, 11 de julio, Archivos Nacionales y Administración de Registros, RG 59, Expedientes ARA: Lot 70 D 443, POL 23-4, 1967, IRG Subgrupo de Contrainsurgencia). Un memorándum del 3 de julio preparado por la CIA dice: "Aunque las estimaciones originales indicaban que el batallón no estaría listo para el combate hasta aproximadamente diciembre de 1967, el MILGROUP ahora cree que esta fecha puede adelantarse a mediados de septiembre de 1967" (Agencia Central de Inteligencia, Tarea 88-01415R, DDO/IMS [nombre del expediente no desclasificado]).

A medida que avanzaba el entrenamiento del batallón de comandos, se hizo evidente su debilidad para reunir información de inteligencia. El 14 de julio se le asignó a la CIA la responsabilidad de desarrollar un plan para promover esa capacidad (ARG/ARA/COIN Action Memo #, 20 de julio; Archivos Nacionales y Administración de Registros, RG 59, Expedientes ARA, Lot 70 D122, IRG/ARA/COIN Action Memos). La operación planeada fue aprobada por el Departamento de Estado, CINCSO, el embajador de los Estados Unidos en La Paz, el presidente boliviano Barrientos y el comandante en jefe de las fuerzas armadas bolivianas Ovando. El 2 de agosto llegó a La Paz un equipo de dos instructores. Además de entrenar a los bolivianos en las técnicas de recolección de información, los instructores [texto no desclasificado] proyectaban acompañar al

DOCUMENTO 26. Continuación

2° Batallón de Rangers al campo. Aunque al equipo se le ha asignado una función de asesoramiento, la CIA "esperaba que ayudaran realmente a dirigir las operaciones". La Agencia también contemplaba este plan "como un programa piloto para aplicarlo probablemente en otros países de América Latina que enfrentaran el problema de la guerra de guerrillas" (Memorándum del jefe interino, División para el Hemisferio Occidental, 22 de agosto, ibíd.).

DOCUMENTO 26. Continuación

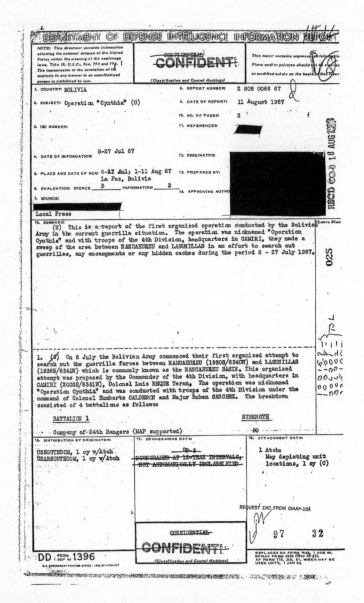

DOCUMENTO 27. Informe de Inteligencia del Departamento de Defensa de la primera operación realizada por el Ejército boliviano contra los guerrilleros (11 de agosto de 1967)

Informe del Departamento de Defensa sobre la primera operación emprendida por el Ejército boliviano contra los guerrilleros, cuyo nombre en código era "Operación Cynthia". El informe observa que las tropas bolivianas "por primera vez, al recibir los disparos enemigos, no dejaron caer sus armas ni salieron corriendo". Este era el resultado del entrenamiento brindado por los Estados Unidos.

INFORME DE INTELIGENCIA DEL DEPARTAMENTO DE DEFENSA		
Nota: este documento contiene información que afecta la defensa nacional de los Estados Unidos en el sentido de las leyes de espionaje. Titulo 18 USC., Sec. 793 y 79 [ilegible]. La transmisión o revelación de su contenido de cualquier manera a una persona no autorizada está prohibido por ley.	~~CONFIDENCIAL~~ (Marcas de clasificación y control)	Este informe contiene información no procesada. No deberían [ilegible] ni modificarse planes y/o políticas únicamente sobre la base de este informe.

1. País: Bolivia 2. Asunto: Operación "Cynthia" (U) 3. Número ISC: 4. Fecha de información: 8-27 de julio de 1967 5. Lugar y fecha de adquisición: 8-27 de julio de 1967 La Paz, Bolivia 6. Evaluación: Fuente B Información 2 7. Fuente: [Texto tachado] Prensa local	8. N° de informe: 2 808 0066 67 9. Fecha de informe: 11 de agosto de 1967 10. N° de páginas: 2 11. Referencias: [Texto tachado] 12. Originador: [Texto tachado] 13. Preparado por [Texto tachado] 14. Autoridad de aprobación: [Texto tachado]

15. Resumen

(U) Este es un informe de la primera operación organizada dirigida por el Ejército boliviano en la actual situación de guerrilla. La operación fue apodada "Operación Cynthia" y, con las tropas de la 4ª División, con cuartel general en Camiri, las fuerzas barrieron el área entre Ñancahuazú y Lagunillas en un esfuerzo por descubrir guerrilleros, cualquier campamento o cualquier escondite oculto durante el período comprendido entre el 8 y el 27 de julio de 1967.

Cont. →

1. (C) El 8 de julio, el Ejército boliviano comenzó su primer intento organizado de rastrear las fuerzas guerrilleras entre Ñancahuazú (1930S/6340O) y Lagunillas (1936S/ 6341O), conocida comúnmente como cuenca de Ñancahuazú. Esta acción organizada fue propuesta por el comandante de la 4ª División con asiento en Camiri (2003S/ 6341O), coronel Luis Reque Terán. La operación fue apodada "Operación Cynthia" y fue realizada con tropas de la 4ª División al mando del coronel Humberto Calderón y el mayor Rubén Sánchez. El desglose de los 4 batallones es el siguiente:

BATALLÓN 1   FUERZA

Compañía de 24 comandos (apoyados por MAP) [90]

16. Distribución por originador	17. Fecha desclasificación	18. Datos de adjuntos
USSOUTHCOM, 1 cop. c/adj USARSOUTHCOM, 1 cop. c/adj	GP-3 ~~Bajar de categoría cada doce años. No desclasificar automáticamente~~ ~~CONFIDENCIAL~~	1. Adj: mapa que muestra ubicación de la unidad, 1 cop. (c)
DD Formulario 1396 1 sept. 67	Marcas de clasificación y control	Reemplaza el form. 1048, 1 de agosto 60 OPNVA form. 3620 (rev. 10-61) AF. form. 112 julio 61, que puede utilizarse hasta enero de 1963

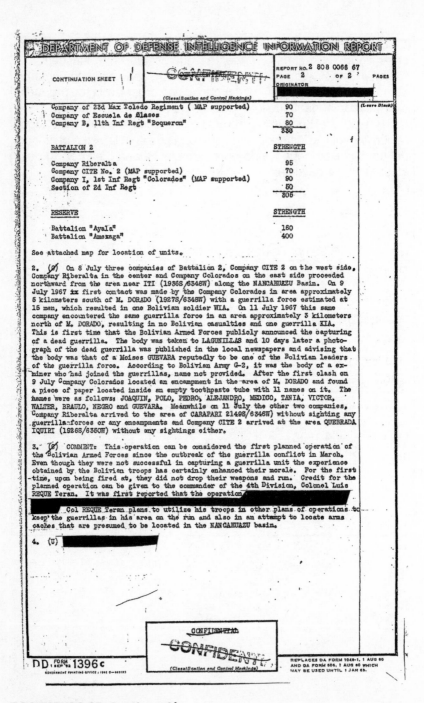

DEPARTMENT OF DEFENSE INTELLIGENCE INFORMATION REPORT

CONTINUATION SHEET		CONFIDENTIAL		REPORT NO. 2 808 0066 67	

PAGE 2 OF 2 PAGES
ORIGINATOR ▓▓▓▓▓

(Classification and Control Markings)

(Leave Black)

Company of 23d Max Toledo Regiment (MAP supported)	90
Company of Escuela de Clases	70
Company B, 11th Inf Regt "Boqueron"	80
	330

BATTALION 2	STRENGTH
Company Riberalta	95
Company CITE No. 2 (MAP supported)	70
Company I, 1st Inf Regt "Colorados" (MAP supported)	90
Section of 2d Inf Regt	50
	305

RESERVE	STRENGTH
Battalion "Ayala"	160
Battalion "Amexaga"	400

See attached map for location of units.

2. (∅) On 8 July three companies of Battalion 2, Company CITE 2 on the west side, Company Riberalta in the center and Company Colorados on the east side proceeded northward from the area near ITI (1936S/6348W) along the NANCAHUAZU Basin. On 9 July 1967 ix first contact was made by the Company Colorados in area approximately 5 kilometers south of M. DORADO (1927S/6348W) with a guerrilla force estimated at 15 men, which resulted in one Bolivian soldier WIA. On 11 July 1967 this same company encountered the same guerrilla force in an area approximately 3 kilometers north of M. DORADO, resulting in no Bolivian casualties and one guerrilla KIA. This is first time that the Bolivian Armed Forces publicly announced the capturing of a dead guerrilla. The body was taken to LAGUNILLAS and 10 days later a photo- graph of the dead guerrilla was published in the local newspapers and advising that the body was that of a Moises GUEVARA reputedly to be one of the Bolivian leaders of the guerrilla force. According to Bolivian Army G-2, it was the body of a ex- miner who had joined the guerrillas, name not provided. After the first clash on 9 July Company Colorados located an encampment in the area of M. DORADO and found a piece of paper located inside an empty toothpaste tube with 11 names on it. The names were as follows: JOAQUIN, POLO, PEDRO, ALEJANDRO, MEDICO, TANIA, VICTOR, WALTER, BRAULO, NEGRO and GUEVARA. Meanwhile on 11 July the other two companies, Company Riberalta arrived to the area of CARAPARI 2149S/6346W) without sighting any guerrilla forces or any encampments and Company CITE 2 arrived at the area QUEBRADA IQUIRI (1926S/6350W) without any sightings either.

3. (∅) COMMENT: This operation can be considered the first planned operation of the Bolivian Armed Forces since the outbreak of the guerrilla conflict in March. Even though they were not successful in capturing a guerrilla unit the experience obtained by the Bolivian troops has certainly enhanced their morale. For the first time, upon being fired at, they did not drop their weapons and run. Credit for the planned operation can be given to the commander of the 4th Division, Colonel Luis REQUE Teran. It was first reported that the operation ▓▓▓▓▓

▓▓▓▓▓ Col REQUE Teran plans to utilize his troops in other plans of operations to keep the guerrillas in his area on the run and also in an attempt to locate arms caches that are presumed to be located in the NANCAHUAZU basin.

4. (U) ▓▓▓▓▓

CONFIDENTIAL

CONFIDENTIAL

(Classification and Control Markings)

DD FORM 1396c
GOVERNMENT PRINTING OFFICE : 1962 O—562193

REPLACES DA FORM 1048-1, 1 AUG 60 AND DA FORM 506, 1 AUG 60 WHICH MAY BE USED UNTIL 1 JAN 63.

DOCUMENTO 27. Continuación

INFORME DE INTELIGENCIA DEL DEPARTAMENTO DE DEFENSA		
Página continuación	~~CONFIDENCIAL~~ (Marcas de clasificación y control)	Informe N°: 2 808 0066 67 Página 2 de 2 Originador: [Texto tachado]

Compañía de 23 Regimiento Max Toledo (apoyado por MAP)	90
Compañía de Escuela de Clases	70
Compañía "B", Regimiento 11° de Infantería "Boquerón"	80
	330
BATALLÓN 2	FUERZA
Compañía Riberalta	95
Compañía CITE N° 2 (apoyada por MAP)	70
Compañía I, Primer Reg. Infantería "Colorados" (apoyada por MAP)	90
Sección del 2° Regimiento de Infantería	50
	305
RESERVA	FUERZA
Batallón "Ayala"	180
Batallón "Amezaga"	400

Véase el mapa adjunto para localizar las unidades.

2. (O) El 8 de julio, tres compañías del Batallón 2, la Compañía CITE 2 en el lado oeste, la Compañía Riberalta en el centro y la Compañía Colorados en el flanco oriental avanzaron hacia el norte desde la zona cercana a ITI (1936S/634 SO) bordeando la cuenca del Ñancahuazú. El 9 de julio de 1967 se produjo un primer contacto de la Compañía Colorados en una zona a aproximadamente cinco kilómetros al sur de M. Dorado (1027S/634SO) con una fuerza guerrillera estimada en quince hombres y que tuvo por resultado un soldado boliviano herido en combate. El 11 de julio de 1967, esta misma compañía se enfrentó con la misma fuerza guerrillera en una zona

Cont. ➞

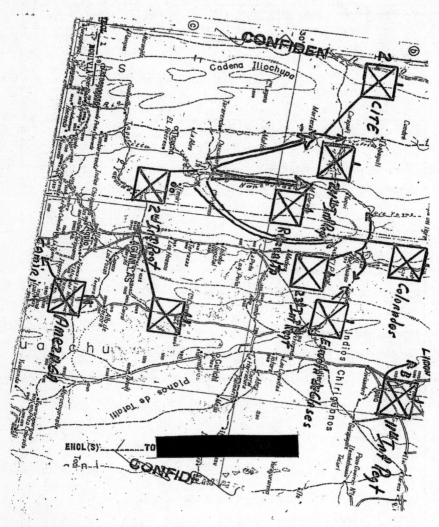

DOCUMENTO 27. Continuación

ubicada aproximadamente a tres kilómetros al norte de M. Dorado, encuentro en el que no hubo bajas bolivianas y un guerrillero resultó muerto en combate. Esta es la primera vez que las fuerzas armadas bolivianas anunciaron públicamente haber capturado a un guerrillero muerto. El cadáver fue trasladado a Lagunillas y diez días después fue publicada en los diarios locales una fotografía del guerrillero muerto con el anuncio de que el cadáver era el de Moisés Guevara, quien tiene fama de ser uno de los líderes bolivianos de la fuerza guerrillera. Según el G-2 del Ejército boliviano, era el cadáver de un ex minero que se había unido a la guerrilla y cuyo nombre no se suministró. Después del primer enfrentamiento, el 9 de julio, la Compañía Colorados localizó un campamento en la zona de M. Dorado y encontró un papel con once nombres dentro de un tubo de dentífrico. Los nombres anotados eran Joaquín, Polo, Pedro, Alejandro, Médico, Tania, Víctor, Walter, Braulio, Negro y Guevara. Mientras tanto, el 11 de julio, las otras dos compañías siguieron avanzando: la Compañía Riberalta llegó a la zona de Carapari (2149S/634SO) sin avistar ninguna fuerza guerrillera ni ningún campamento y la Compañía CITE 2 llegó al área de Quebrada Iquiri (1926S/635SO) sin haber hecho tampoco ningún avistamiento.

3. (G) Comentario: Esta operación puede considerarse la primera organizada por las fuerzas armadas bolivianas desde el comienzo del conflicto guerrillero en marzo. Aunque no tuvieron éxito en cuanto a capturar una unidad guerrillera, la experiencia obtenida por las tropas bolivianas ciertamente ha aumentado su moral. Por primera vez, al recibir los disparos enemigos, no dejaron caer sus armas ni salieron corriendo. Puede darse el crédito de esta operación planeada al comandante de la 4ª División, el coronel Luis Reque Terán. Al principio se informó que la operación [texto tachado]. El coronel Reque Terán planea utilizar sus tropas en otros planes de operación para mantener a los guerrilleros de la zona en continua huida y como un intento de localizar escondites de armas que presumiblemente se hallan en la cuenca del Ñancahuazú.

4. (U) [texto tachado]

DD Formulario 1396 C 1 sept. 67	~~CONFIDENCIAL~~ (Marcas de clasificación y control)	Reemplaza el form 1048, 1 de agosto [ilegible] OPNVA form. 3620 (rev. 10-61). AF. form [ilegible] agosto 61, que puede utilizarse hasta 1 de enero de [ilegible].

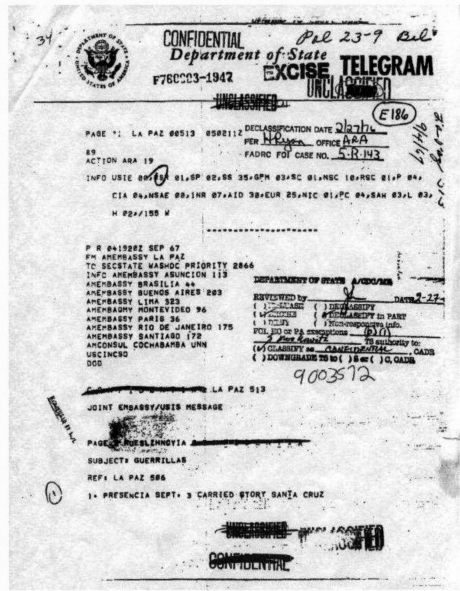

DOCUMENTO 28. Telegrama del Departamento de Estado referente a la entrevista mantenida con el guerrillero herido José Castillo (Paco) en la que habla de Debray y Tania (4 de septiembre de 1967)

El telegrama del Departamento de Estado enviado al secretario de Estado con referencia a la captura y la entrevista del guerrillero José Castillo (Paco), quien dio información sobre Debray y Tania. Tania acababa de morir en combate y los bolivianos estaban buscando su cadáver. Este documento, como muchos otros, muestra la participación de los más altos niveles del gobierno de los Estados Unidos en la eliminación del Che.

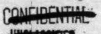

F760003-1948

Department of State UNTELEGRAM

~~CONFIDENTIAL~~

~~UNCLASSIFIED~~TIAL

PAGE 02 LA PAZ 00513 050211Z

CORRESPONDENT EDWIN CHACON, WHO INTERVIEWED
GUERRILLA JOSE CARILLO, SLIGHTLY WOUNDED AND
CAPTURED AUG. 31 CLASH. CHACON QUOTED CARILLO
AS SAYING QUOTE DEBRAY WAS IN NANCAHUAZU, CARRYING
ARMS AND NEARLY ALWAYS WITH THE GUEVARA AND THE
CUBANS UNQUOTE. CARRILLO ALSO SAID DEBRAY GAVE
LECTURES LP GUERRILLAS BUT HE (CARRILLO) WAS
ON GUARD DUTY AND DID NOT HEAR THEM. CARRILLO
ALSO REPORTED AS SAYING (A) HE MET GUEVARA WEARING
SPARSE BARD IN NANCAHUAZU DURING FIRST WEEK JANUARY,
(B) GUEVARA PARTICIPATED ATTACK ON SAMAIPATA AND
LEFT ARE SEVERAL DAYS LATER WITH FIVE UNIDENTIFIED

PAGE 3 RUESLZ 038A ▆▆▆▆▆▆▆▆▆
CUBANS. (C) TANIA WAS WITH GUERRILLA GROUP FROM
BEGINNING AND WAS VERY VALIANT. (D) HE. CARRILLO,
WAS MEMBER COMMUNIST YOUTH ORGANIZATION ORURO AND
UNEMPLOYED SINCE 1964, JOINED GUERRILLA GROUP
NANCAHUAZU JAN. THIS YEAR WITH TEN OTHER BOLIVIANS,
MET FORTY MORE AT CAMP WHERE RECEIVED ARMS TRAINING,
AND LATER FOUGHT WITH VARIOUS GROUPS.

2. COMMUNIQUE RELEASED LAST NIGHT INDICATED NEW FIRE-
FIGHT OCCURRED SEPT. 3 BETWEEN GUERRILLA FRACTION AND
ELEMENTS FOURTH DIVISION AT PALMARITO. ONE GUERRILLA
KILLED AND BODY TRANSPORTED CAMIRI FOR IDENTIFICATION.
DEFATT CONFIRMS AND STATES NO BAF CASUALTIES.

3. PRESS REPORTS ANOTHER GUERRILLA FRACTION CONTACTED
MORNING SEPT. 3 BY EIGHTH DIVISION UNIT AT MASICURI BAJO
(VADO DE YESO) SHORT DISTANCE FROM SITE AUGUST 31 CLASH.
PRESENCIA CLAIMS FIREFIGHT FOLLOWED THOUGH NO DETAILS YET
AVAILABLE. NO OFFICIAL CONFIRMATION.

PAGE 4 RI SLZ 038A ▆▆▆▆▆▆▆ L

4. ARMY COMMANDER LA FUENTE ANNOUNCED MILITARY  UNCLASSIFIED

~~UNCLASSIFIED~~

~~CONFIDENTIAL~~

DOCUMENTO 28. Continuación

Departamento de Estado
~~Confidencial~~ / Telegrama
Desclasificado

Página 2 / La Paz / 00513   050211Z

El corresponsal Edwin Chacón, quien entrevistó al guerrillero José Carrillo, herido levemente y capturado en el enfrentamiento del 31 de agosto. Chacón citó a Carrillo diciendo, abre comillas, Debray estaba en Ñancahuazú llevando armas y casi siempre con Guevara y los cubanos. Cierra comillas. Carrillo también dijo que Debray daba conferencias a los guerrilleros pero que él (Carrillo) hacía guardia y no las escuchó. También se informa que Carrilló dijo (A) que conoció a Guevara que usaba una barba rala en Ñancahuazú durante la primera semana de enero, (B) que Guevara participó en el ataque a Samaipata y partió varios días después con cinco

Página 3 RUESLZ 038 A [texto tachado]
cubanos no identificados, (C) que Tania estuvo con el grupo guerrillero desde el comienzo y era muy valiente, (D) que él, Carrillo, era miembro de una organización juvenil comunista en Oruro y estuvo desempleado desde 1964, que se unió al grupo guerrillero en Ñancahuazú en enero de este año con otros diez bolivianos. Que en el campamento donde recibió entrenamiento para usar armas conoció a otros cuarenta y que luego peleó con varios grupos.

2. Un comunicado enviado anoche indicaba que hubo un nuevo enfrentamiento. La refriega se libró el 3 de septiembre entre la fracción guerrillera y elementos de la 4ª División de Palmarito. Un guerrillero muerto y su cadáver transportado a Camiri para ser identificado. [Ilegible] confirma y declara que no hubo bajas del Ejército boliviano.

3. La prensa informa que otra fracción de guerrilleros se enfrentó la mañana del 3 de septiembre con una unidad de la 8ª División en Masicuri [ilegible] a poca distancia del sitio del enfrentamiento ocurrido el 31 de agosto. Testigo presencial sostiene que hubo disparos aunque no dio detalles. Ninguna confirmación oficial.

Página 4 RI SLZ 035 A [texto tachado]

4. El comandante del Ejército Lafuente anunció que hay patrullas militares
Desclasificado
~~Confidencial~~

223

~~CONFIDENTIAL~~

Department of State **TELEGRAM**

F760003-1949

~~CONFIDENTIAL~~ **UNCLASSIFIED**

PAGE 03 LA PAZ 00513 050211Z

PATROLS ARE SEARCHING RIO GRANDE FOR BODIES TANIA
AND NEGRO. ALLEGEDLY KILLED AUGUST 31. HOWEVER,
ARMY G-3 INFORMS DEFATT SINCE BODIES NOT YET
RECOVERED IT IS NOW BELIEVED THEY MAY ALREADY
ESCAPED.

5. COMMENT: ⌐   ⌐CORRECT NAME PRISONER
IS JOSE CASTILLO CHAVEZ (AKA PACO) AND JOINED
GUERRILLAS FEB. NOT JAN. AS REPORTED PRESS. HENDERSON

B1A5

~~CONFIDENTIAL~~ **UNCLASSIFIED**

~~CONFIDENTIAL~~

DOCUMENTO 28. Continuación

Confidencial.
Departamento de Estado
Telegrama
Desclasificado

Página 3 / La Paz / 00513 050211Z

en Río Grande buscando los cadáveres de Tania y Negro, que supuestamente cayeron el 31 de agosto. Sin embargo, el G-3 del Ejército
informa que, como los cuerpos no se han recuperado aún, ahora se
cree que en realidad podrían haber escapado.
5. Comentario [texto tachado] el nombre correcto del prisionero es
José Castillo Chávez (alias Paco) y se unió a la guerrilla en febrero, no
en enero, como indicó la prensa. Henderson

Desclasificado
Confidencial

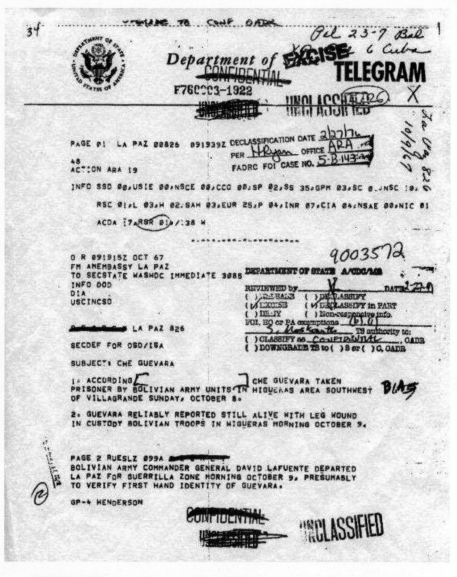

DOCUMENTO 29. Telegrama del Departamento de Estado que informa que el Che cayó prisionero del Ejército boliviano y estaba aún con vida (9 de octubre de 1967)

Telegrama de la embajada de los Estados Unidos al secretario de Estado donde se informa que el Che fue tomado prisionero el 8 de octubre, que fuentes confiables informaban que aún estaba vivo con una pierna herida y que a la mañana del 9 de octubre de 1967 permanecía en Higueras retenido por tropas bolivianas. La fuente no revela que, probablemente, quien suministró la información haya sido el agente de la CIA Félix Rodríguez.

Departamento de Estado [a mano] Cuba

Quitar
Telegrama

~~Confidencial~~

~~Desclasificado~~

Página 01 / La Paz / 00826

Fecha de desclasificación:
27 de febrero de 1976
Por: H. Ryan Oficina: ARA
Caso N° 5-B6-143

48
Acción ARA 19

[Textos en código sobre a quiénes va dirigido el telegrama]

Asunto: Che Guevara

1. De acuerdo con [texto tachado] el Che Guevara fue tomado prisionero por unidades del Ejército boliviano en la zona de Higueras al sudoeste de Villagrande el domingo 8 de octubre.

2. Según un informe confiable, Guevara aún estaba vivo con una pierna herida custodiado por tropas bolivianas en Higueras la mañana del 9 de octubre.

Página 2 RUESLZ 099A

El comandante general del Ejército boliviano David Lafuente partió de La Paz hacia la zona de guerrilla el 9 de octubre, presumiblemente para verificar de primera mano la identidad de Guevara.

GP-4 Henderson

~~Confidencial~~
Desclasificado

MEMORANDUM

THE WHITE HOUSE
WASHINGTON

~~CONFIDENTIAL~~

Monday, October 9, 1967 -- 6:10 p.m.

Mr. President:

This tentative information that the Bolivians got Che Guevara will interest you. It is not yet confirmed. The Bolivian unit engaged is the one we have been training for some time and has just entered the field of action.

"1. President Barrientos at 10:00 a.m., October 9, told a group of newsmen, but not for publication until further notice, that Che Guevara is dead.

2. No further confirmation or details as yet."

"Presencia, October 9, reports capture "Che" Guevara. Guerrillas reported lost three dead and two seriously wounded and captured, including "Che" in six hour firefight on October 8 with unit of 2nd Rangers, seven kilometers north of Higuera. Bolivian armed forces losses two dead and four wounded. General Ovando reportedly proceeding to Vallegrande today at head of investigating team for purpose of identifying guerrilla dead and captured.

"Comment: This confirms Bolivian armed forces conviction that "Che" Guevara earlier seriously wounded or ill and among captured. Among dead are believed to be two Cubans, "Antonio" and "Arturo", not otherwise identified. Also captured is said to be Bolivian "Willy" (identified as Simon Cuba). Due to nightfall, evacuation of dead and wounded guerrillas deferred until morning, October 9. Bolivian armed forces believes Rangers have surrounded guerrilla force boxed into canyon and expect to eliminate them soon."

Rostow

DECLASSIFIED
E.O. 12356, Sec. 3.4
NLJ 91-31
By ___ NARA, Date 7-23-91

~~CONFIDENTIAL~~

DOCUMENTO 30. Memo de la Casa Blanca enviado por Rostow al presidente Johnson que informa sobre la captura del Che Guevara (9 de octubre de 1967)
En una nota dirigida al presidente Johnson, Rostow declara que el Che cayó prisionero y se jacta de que la unidad boliviana "implicada es la que hemos estado entrenando durante un tiempo".

Memorándum

La Casa Blanca
Washington

~~Confidencial~~

Lunes, 9 de octubre de 1967 – 6.10 h

Sr. Presidente:

Esta información tentativa de que los bolivianos capturaron al Che Guevara le interesará. Aún no está confirmada. La unidad boliviana implicada es la que hemos estado entrenando durante un tiempo y que acababa de entrar en el campo de acción.

"1. A las 10 de la mañana del 9 de octubre, el presidente Barrientos dijo ante un grupo de periodistas, pero para no ser publicado hasta obtener más información, que el Che Guevara había muerto.

2. No ha habido ninguna confirmación ni más detalles hasta el momento."

"*Presencia* el 9 de octubre informa la captura del 'Che' Guevara. Se informa que los guerrilleros tuvieron tres bajas y dos más fueron gravemente heridos y capturados, incluido el 'Che', durante un enfrentamiento con la unidad del 2° Batallón de Rangers, que duró seis horas el 8 de octubre y tuvo lugar a siete kilómetros al norte de Higuera. Las fuerzas armadas bolivianas sufrieron la pérdida de dos de sus hombres y cuatro más resultaron heridos. Según se ha informado, el general Ovando está viajando hoy hacia Vallegrande a la cabeza de un equipo de investigación con el propósito de identificar a los guerrilleros muertos y capturados.

"Comentario: Esto confirma la convicción de las fuerzas armadas bolivianas de que el 'Che' Guevara antes herido gravemente o enfermo estaba entre los capturados. Entre los muertos se cree que hay dos cubanos: 'Antonio' y 'Arturo', sin otros elementos que los identifiquen. También se dice que fue capturado el boliviano 'Willy' (identificado como Simón Cuba). Debido a que estaba oscureciendo, la evacuación de los guerrilleros muertos y heridos fue pospuesta para la mañana del 9 de octubre. Las fuerzas armadas bolivianas creen que sus comandos han rodeado a las fuerzas guerrilleras arrinconadas en un cañón y esperan eliminarlas pronto."

Walt Rostow

Desclasificado

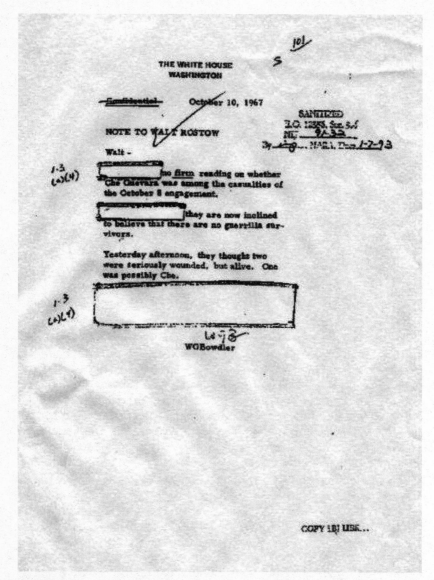

DOCUMENTO 31. Memo de la Casa Blanca enviado por Bowdler a Rostow en el que declara que no se sabe si Guevara estaba entre los guerrilleros derribados (10 de octubre de 1967)

Memo con membrete de la Casa Blanca enviado por Bowdler del Consejo de Seguridad Nacional a Rostow en el que afirma que no se sabe si Guevara era uno de los muertos en el enfrentamiento. Esa nota fue enviada el 10 de octubre, un día después de que el Che muriera asesinado. Fue enviada después de que Rostow, basando su información en los dichos del agente Rodríguez de la CIA, le había informado al presidente que el Che había sido capturado vivo.

La Casa Blanca
Washington

~~Confidencial~~

10 de octubre de 1967

Nota a Walt Rostow

Walt-

[Texto tachado] ninguna firma legible sobre si el Che Guevara estaba entre las bajas guerrilleras del enfrentamiento del 8 de octubre.

[Texto tachado] ahora se inclinan a creer que no quedan guerrilleros sobrevivientes.

Ayer a la tarde creían que dos estaban gravemente heridos pero aún vivos. Posiblemente uno de ellos fuera el Che.

[Texto tachado]

W. G. Bowdler

MEMORANDUM

99

THE WHITE HOUSE
WASHINGTON

~~SECRET~~

Wednesday -- 10:30 am
October 11, 1967

SANITIZED
E.O. 12958, Sec. 3.6
NLJ 95-319
By *cb* , NARA Date *1-31-97*

MEMORANDUM FOR THE PRESIDENT

SUBJECT: Death of "Che" Guevara

1.5(c)(d)
3.4(4)(1)(b)

This morning we are about 99% sure that "Che" Guevara is dead. ▮▮▮▮▮▮▮▮▮▮▮▮▮▮ These should arrive in Washington today or tomorrow.

CIA tells us that the latest information is that Guevara was taken alive. After a short interrogation to establish his identity, General Ovando -- Chief of the Bolivian Armed Forces -- ordered him shot. I regard this as stupid, but it is understandable from a Bolivian standpoint, given the problems which the sparing of French communist and Castro courier Regis Debray has caused them.

The death of Guevara carries these significant implications:

-- It marks the passing of another of the aggressive, romantic revolutionaries like Sukarno, Nkrumah, Ben Bella -- and reinforces this trend.

-- In the Latin American context, it will have a strong impact in discouraging would-be guerrillas.

-- It shows the soundness of our "preventive medicine" assistance to countries facing incipient insurgency -- it was the Bolivian 2nd Ranger Battalion, trained by our Green Berets from June-September this year, that cornered him and got him.

We have put these points across to several newsmen.

W. Rostow

~~SECRET~~

DOCUMENTO 32. Memo de la Casa Blanca de Rostow al presidente Johnson en el que declara que la CIA le comunicó que Guevara fue aprehendido vivo y que el Ejército boliviano había ordenado ejecutarlo (11 de octubre de 1967)
Memo enviado por Rostow al presidente Johnson en el que afirma que la CIA le informó que Guevara estaba vivo cuando cayó prisionero y que el Ejército boliviano ordenó que quienes lo custodiaban le dispararan. Esta es la versión oficial del asesinato del Che. Rostow dice que el crimen fue "estúpido" pero luego se explaya enumerando las ventajas de que lo hubieran matado.

Memorándum

La Casa Blanca
Miércoles, 1 [la fecha no está clara] de octubre de 1967, 10.30 h

Memorándum para el presidente
Asunto: Muerte del "Che" Guevara

Esta mañana estamos 99% seguros de que el "Che" Guevara está muerto. [*Una línea y media eliminadas*] Estas deberían llegar a Washington hoy o mañana.
La CIA nos dice que la última información es que Guevara fue capturado vivo. Después de un breve interrogatorio para establecer su identidad, el general Ovando –jefe de las fuerzas armadas bolivianas– ordenó que se le disparara. Considero que fue estúpido, pero es comprensible desde el punto de vista boliviano, teniendo en cuenta los problemas que les causó perdonarle la vida al comunista francés y correo de Castro Régis Debray.
La muerte de Guevara tiene estas significativas implicaciones:

- Marca la extinción de otro de los revolucionarios románticos agresivos como Sukarno, Nkrumah, Ben Bella y refuerza esta tendencia.
- En el contexto latinoamericano, tendrá un fuerte impacto en cuanto a desalentar los intentos de futuras guerrillas.
- Muestra la validez de nuestra asistencia en "medicina preventiva" a los países que deben enfrentar una insurgencia incipiente: el Che fue arrinconado y tomado prisionero por el 2° Batallón de Rangers boliviano, entrenado por nuestros Boinas Verdes desde junio a septiembre de este año.

Hemos difundido estos puntos entre varios hombres de prensa.
Walt Rostow

Secreto

DOCUMENTO 32. Continuación. Transcripción del memo original de la Casa Blanca de Rostow al presidente Johnson

Departamento de Estado de los Estados Unidos
Director de Inteligencia e Investigación

A: El secretario
Por intermedio de: S/S
De: INR-Thomas L. Hughes

Asunto: La muerte de Guevara – Su significación para América Latina

La muerte del Che Guevara fue un golpe demoledor –tal vez fatal– para el movimiento guerrillero boliviano y pudo significar un grave revés para las esperanzas de Fidel Castro de fomentar la revolución violenta en "todos o casi todos" los países latinoamericanos. Los comunistas y otros que podrían haber estado preparados para iniciar una guerra de guerrillas al estilo cubano se sentirán desanimados, al menos por un tiempo, por la derrota del más destacado estratega de la Revolución cubana a manos de uno de los ejércitos más débiles del hemisferio. Sin embargo, hay pocas probabilidades de que Castro y sus seguidores de toda América Latina se detengan en su esfuerzo por fomentar y apoyar la insurgencia, aunque quizás lo sigan haciendo con algunas modificaciones técnicas.

El misterio de Guevara. Ernesto "Che" Guevara, nacido en la Argentina, mano derecha de Castro y comandante en Sierra Maestra, autor de un libro sobre táctica guerrillera y ex presidente del Banco Nacional de Cuba bajo el gobierno de Castro y luego ministro de Industrias, desapareció misteriosamente en marzo de 1965. Se rumoreaba que estaba enfermo, que Castro lo había hecho matar o que había partido hacia la República Dominicana para participar de la guerra civil en ese país; también que estaba en Vietnam y en el Congo. En octubre de 1965, Castro finalmente anunció que Guevara había renunciado a su ciudadanía cubana y que había partido para dedicar sus servicios a la causa revolucionaria en otras tierras. Los rumores sobre su paradero continuaron pero hasta hace poco no había pruebas concretas que probaran siquiera que estaba vivo.

DOCUMENTO 33. Nota de Inteligencia del Departamento de Estado, "La muerte de Guevara – Su significación para América Latina" (12 de octubre de 1967)
La nota de Inteligencia del Departamento de Estado "La muerte de Guevara – Su significación para América Latina" prueba la importancia que tenía para los Estados Unidos que el Che muriera. Comienza afirmando que la muerte del Che Guevara "fue un golpe demoledor –tal vez fatal– para el movimiento guerrillero boliviano y pudo significar un grave revés para las esperanzas de Fidel Castro de fomentar la revolución violenta".

El guevarismo reaparece con fuerza. La desaparición de Guevara de marzo de 1965 ocurrió durante un período en el que Fidel Castro estaba bajando el tono del énfasis sobre una revolución violenta y trataba de componer sus diferencias con los partidos comunistas tradicionales prosoviéticos de América Latina. Pero no sucedió mucho tiempo antes de que Castro comenzara a proclamar nuevamente la teoría revolucionaria independiente que él y Guevara habían desarrollado, basada en su visión de la Revolución cubana. Desde la Conferencia Tricontinental desarrollada en La Habana en enero de 1966, Castro había defendido con creciente estridencia la tesis que aparece muy bien expresada en el libro titulado *¿Revolución en la revolución?*, escrito por el principal apologista teorético de Castro, el intelectual marxista francés Jules Régis Debray (que actualmente está siendo juzgado en Bolivia). Disgustado con los argumentos de un "camino pacífico al poder" de los partidos comunistas de viejo cuño de América Latina –especialmente el PC venezolano– y sus protectores soviéticos, Fidel y Debray han afirmado que América Latina ya está madura para la insurgencia y han especificado que el movimiento guerrillero rural debe constituir el punto focal y los cuarteles general de la insurgencia más que cualquier partido comunista de base urbana o que cualquier otro grupo. Además, han declarado que la acción debe tomar primacía sobre la ideología y que el movimiento guerrillero –como núcleo de un partido marxista leninista– creará las condiciones objetivas para su éxito último y atraerá al campesinado local.

El 17 de abril de este año, los medios cubanos resaltaron un artículo supuestamente escrito por Guevara en el que se reitera la tesis de Castro, Guevara y Debray. Dos días después, Fidel alabó el artículo e hizo el elogio de Guevara, eliminando así cualquier impresión que pudiera haber de que el romántico "Che" había perdido su lugar en el panteón cubano.

La conferencia OLAS pone de relieve el desacuerdo existente entre los comunistas ortodoxos. La primera reunión de la OLAS realizada este verano en La Habana sirvió para subrayar la discrepancia de los partidos comunistas de la vieja línea con la tesis de Castro.

Los partidos tradicionales sostienen que por el momento solo en unos pocos países latinoamericanos se dan las condiciones para una revolución violenta y que los partidos comunistas locales –no cubanos ni otros extranjeros– deberían ser los únicos que determinaran, en concordancia con la teoría marxista tradicional, qué tácticas conviene aplicar. A pesar del espectáculo de armonía montado entre los delegados, la conferencia OLAS, de la que Guevara fue nombrado presidente honorario en ausencia, ha ampliado la

DOCUMENTO 33. Continuación

brecha entre los comunistas pro Moscú y los que quieren hacer la revolución ahora.

Bolivia: ¿un terreno de prueba para la teoría? La insurgencia guerrillera en Bolivia que salió a la superficie en marzo de 1967 reavivó el interés internacional por las insurgencias latinoamericanas y especialmente por los movimientos que ya estaban en marcha en América Latina. Las guerrillas guatemaltecas parecían estar contra las cuerdas; las fuerzas guerrilleras de Venezuela y Colombia no parecían estar haciendo ningún progreso. En cambio, la nueva insurgencia boliviana aparecía como un movimiento más prometedor. En un esfuerzo por mantener la unidad con Castro y dentro de la extrema izquierda latinoamericana, hasta los partidos comunistas tradicionales aceptaron respaldar a los guerrilleros bolivianos. El interés se hizo aún mayor cuando en abril las fuerzas armadas bolivianas capturaron nada menos que a Debray, quien indicó que el Che Guevara había organizado las guerrillas y las estaba liderando.

Las batallas iniciales entre los guerrilleros y el Ejército boliviano de marzo y abril pasados resultaron casi desastrosas para las tropas mal equipadas y pobremente entrenadas que sufrieron importantes pérdidas en cada encuentro. La incapacidad del Ejército para afrontar efectivamente a un puñado de insurrectos sacudió a todo el gobierno boliviano y provocó los desesperados pedidos de asistencia a los Estados Unidos. Los países vecinos comenzaron a considerar qué acciones se les pediría que realizaran ellos mismos. Pero a la larga quedó demostrado que los guerrilleros no eran invencibles ni infalibles. En julio, ayudadas por el testimonio de Debray y de otros prisioneros que eran miembros de la fuerza guerrillera o tenían contacto con ella, así como por campesinos que demostraron más lealtad a las fuerzas armadas que a la guerrilla a pesar de los esfuerzos de esta por captarlos, las unidades del Ejército boliviano lograron infligirle algún daño, aunque sufriendo bajas verdaderamente importantes. A fines de agosto, el Ejército tuvo una significativa victoria cuando logró armar una bien ejecutada emboscada que le permitió barrer con la retaguardia de la guerrilla. Aun así, solo el 8 de octubre consiguió una rotunda victoria en un enfrentamiento con el cuerpo principal de la fuerza guerrillera, cuando el Ejército boliviano recuperó su reputación mediante la acción que tuvo como resultado la muerte de Guevara.

Efectos en Bolivia. La muerte de Guevara es galardón en la gestión del presidente boliviano René Barrientos. Puede señalar el fin del movimiento guerrillero como una amenaza a la estabilidad. Si así fuera, los militares bolivianos, que son el principal elemento

DOCUMENTO 33. Continuación

de sostén de Barrientos, gozarán de una renovada confianza en sí mismos y una sensación de fortaleza que habían perdido hace tiempo. Sin embargo, la victoria también puede impulsar las ambiciones políticas de algunos oficiales del Ejército que estuvieron directamente implicados en la campaña antiguerrillera y que ahora pueden creerse los salvadores de la república.

La reacción de Castro: volver a dedicarle atención públicamente y, privadamente, reevaluar la situación. Hasta ahora los medios cubanos locales han limitado sus informes relativos a la muerte de Guevara al mencionar "insistentes declaraciones" en ese sentido de la prensa internacional que las autoridades cubanas no pueden confirmar ni negar. Sin embargo, los grandes lineamientos de la posición pública de La Habana en general son predecibles. Se ensalzará a Guevara como el modelo revolucionario que tuvo una muerte heroica. Se contrastará su conducta ejemplar con la actitud pasiva, cobardemente teorizante, de los partidos comunistas de viejo cuño y otros movimientos "pseudorrevolucionarios" de América Latina y otras partes. Se sostendrá que la tesis de Castro, Guevara y Debray aún es válida y se pondrá énfasis en la naturaleza prolongada de la lucha. Se atribuirá la culpa de la muerte de Guevara a los villanos de siempre —el imperialismo estadounidense, los Boinas Verdes, la CIA— y solo al pasar se harán despectivas referencias a los "lacayos" bolivianos. Sin duda se hará un llamamiento a los nuevos "Ches" para que alcen la bandera del líder caído y se harán optimistas predicciones como la del inevitable triunfo final.

En privado, sin embargo, Castro y sus socios reevaluarán las perspectivas de una revolución exportada. Castro podría comprometer aún más hombres y recursos cubanos para apoyar la insurgencia extranjera con el objeto de demostrar que la muerte de un combatiente, aun la muerte del ilustre "Che", no es en modo alguno determinante para el éxito final de la lucha guerrillera en el hemisferio. Una respuesta semejante combinaría con la negativa característica de Castro a aceptar el fracaso en una empresa de envergadura. O bien puede recortar los esfuerzos de Cuba para fomentar la insurgencia en el exterior y dejar así en suspenso una nueva evaluación y un balance más completo hasta que se definan mejor las perspectivas que puedan tener las insurgencias existentes y las potenciales. O, basándose en un análisis de lo realizado por Guevara en Bolivia, podría adoptar algunos nuevos enfoques tácticos para los movimientos guerrilleros. En el balance, parece más probable que continúe comprometiéndose aproximadamente en el mismo nivel de recursos que hasta el presente para promover a los revolucionarios utilizando al mismo tiempo el recuerdo del "mártir" Guevara, y que tal vez decida hacer algunos cambios tácticos en el enfoque.

DOCUMENTO 33. Continuación

Probable reacción en América Latina a la muerte de Guevara. La noticia de la muerte de Guevara va a ser un alivio para la mayoría de los latinoamericanos no izquierdistas que temían que tarde o temprano pudiera fomentar insurgencias en sus países. La muerte del revolucionario más glamoroso, famoso por su efectividad, hasta puede provocar que algunos latinoamericanos desestimen la seriedad de la insurgencia y los factores sociales que la alimentan. Por otro lado, los comunistas del signo que sea y otros izquierdistas probablemente ensalcen al mártir revolucionario –especialmente por su contribución a la Revolución cubana– y sostengan que las revoluciones continuarán desarrollándose hasta que se erradiquen sus causas.

Si el movimiento guerrillero boliviano deja pronto de ser una grave amenaza subversiva, la muerte de Guevara tendrá repercusiones aún más importantes entre los comunistas de América Latina. Los grupos dominantes de línea pacífica, que estaban en abierto desacuerdo con Castro o bien apoyaban de palabra únicamente la lucha guerrillera, podrán argumentar ahora con mayor autoridad contra la tesis de Castro, Guevara y Debray. Pueden señalar que hasta un movimiento liderado por el más notable estratega revolucionario, en un país que aparentemente ofrecía las condiciones adecuadas para la revolución, ha fracasado. Si bien estos partidos difícilmente quieran denigrar por completo la importancia y las habilidades del Che, podrán acusar a los cubanos de aventureros y destacar que la presencia de tantos cubanos y otros extranjeros entre los líderes de la guerrilla boliviana tendió a distanciar a los campesinos de cuyo apoyo en última instancia dependían. Ya no podrán argumentar que toda insurgencia debe ser indígena ni que solo los partidos locales saben cuándo están maduras las condiciones para la revolución. Castro, por cierto, no podrá disociarse de los esfuerzos bolivianos de Guevara y estará sujeto a las críticas del estilo "te lo dijimos" que le dirigirán los partidos a la antigua. Aunque los grupos izquierdistas pueden haber aceptado marginalmente la teoría cubana, probablemente reevalúen sus políticas. El hechizo que ejerce Castro en los elementos izquierdistas más jóvenes del hemisferio no se romperá.

DOCUMENTO 33. Continuación

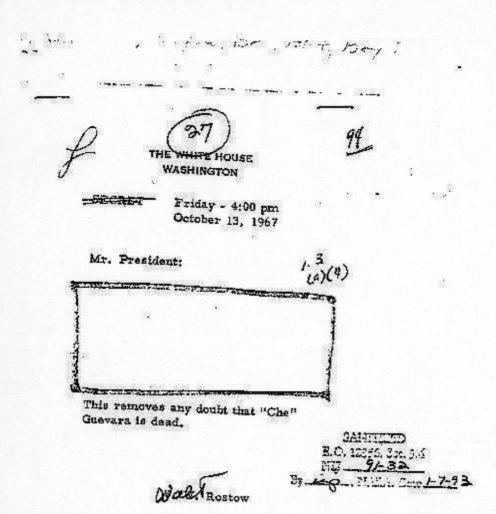

DOCUMENTO 34. Memo de la Casa Blanca de Rostow a Johnson que declara que "Guevara está muerto" (13 de octubre de 1967)
Memo de la Casa Blanca enviado por Walt Rostow al presidente Johnson en el que afirma que "esto desecha cualquier duda sobre el hecho de que el 'Che' Guevara esté muerto". Aunque se han borrado varias oraciones, la conclusión probablemente se haya basado en un examen de las huellas digitales tomadas de las manos cortadas del Che.

- - - - - - - - - - - - - - - -

La Casa Blanca
Washington

Viernes, 16 h
13 de octubre de 1967

Sr. Presidente:

[Texto tachado]

Esto desecha cualquier duda sobre el hecho de que el "Che" Guevara esté muerto.

Walt Rostow

172. Memorándum del Director de Inteligencia Central Helms[1]

Washington, 13 de octubre de 1967
[1]Fuentes: Biblioteca Johnson, Archivo de Seguridad Nacional, Expediente país, Bolivia, vol. IV, Memoranda, enero de 1966-diciembre de 1968. Secreto. Copias de este memorándum existentes en los expedientes de la CIA indican que Broe y [*nombre no desclasificado*] redactaron un borrador en la División para el Hemisferio Occidental que fue aprobado por Karamessines (Agencia Central de Inteligencia, DDO/ IMS, Grupo Operativo, Tarea 78-0643a, Gobierno de los Estados Unidos, presidente).

Memorándum para:
El secretario de Estado
El secretario de Defensa
Sr. Walt Rostow
Secretario Asistente de Estado para Asuntos Interamericanos

Asunto: Declaraciones de Ernesto "Che" Guevara previas a su ejecución en Bolivia
1. Ahora contamos con algunos detalles adicionales aportados por [*menos de una línea del texto fuente no desclasificada*] quien estaba en la escena en el pequeño poblado de Higueras adonde fue llevado Ernesto "Che" Guevara después de ser capturado el 8 de octubre de 1967 por el 2° Batallón de Rangers del Ejército boliviano.[2]
[2]En el Cable de Información de Inteligencia de la CIA [*el número del telegrama no está desclasificado*] hay un relato completo de la captura y la muerte del Che Guevara.
2. [*Menos de una línea del texto fuente no está desclasificada*] intentó interrogar a Guevara el 9 de octubre de 1967 apenas tuvo acceso a él, alrededor de las 7 de la mañana. En ese momento, el "Che" Guevara estaba sentado en el suelo, en un rincón de un aula pequeña y oscura en Higueras. Tenía las manos sobre la cara y llevaba las muñecas y los tobillos atados. Frente a él, en el suelo estaban tendidos los cadáveres de dos guerrilleros cubanos. Guevara tenía una herida cortante vendada en una pierna.
3. Guevara se negó a ser interrogado pero se permitió dejarse llevar a una conversación con [*menos de una línea del texto fuente no está desclasificada*] durante la cual hizo los siguientes comentarios:

DOCUMENTO 35. *Foreign Relations 1964-1968 South and Central America*, nota editorial 172. Memorándum del director de Inteligencia Central Helms a los secretarios de Estado y Defensa y a Rostow donde se dan detalles de la "captura y muerte del Che Guevara" (13 de octubre de 1967)
Este memo casi seguramente se basó en información recibida del agente de la CIA Félix Rodríguez y da la versión del asesinato que culpa a los bolivianos y exonera a los Estados Unidos.

a) La situación económica cubana: El hambre en Cuba es el resultado de la presión ejercida por el imperialismo de los Estados Unidos. Ahora Cuba ha llegado a ser autosuficiente en producción de carne y casi ha alcanzado el punto en el que comenzará a exportar carne. Cuba es el único país económicamente autosuficiente del mundo socialista.

b) Camilo Cienfuegos: Durante muchos años, circuló la versión de que Fidel Castro Ruz había hecho matar a Cienfuegos, uno de sus colaboradores, porque su popularidad personal presentaba un peligro para Castro. En realidad, la muerte de Cienfuegos fue un accidente. Cienfuegos estaba en la provincia de Oriente cuando recibió una llamada para que se presentara en una reunión de gabinete en La Habana. Partió en avión y lo que se presume es que el piloto se perdió por las malas condiciones climáticas de nubes bajas, consumió todo el combustible y se hundió en el mar pues nunca se encontró ningún rastro. Castro había querido a Cienfuegos más que a cualquier otro de sus lugartenientes.

c) Fidel Castro Ruz: Castro no había sido comunista antes del triunfo de la Revolución cubana. Sus propias declaraciones sobre el tema son ciertas.

d) El Congo: Más que el imperialismo estadounidense, los causantes del fracaso en ese país han sido los mercenarios belgas. Negó haber tenido varios miles de combatientes en el Congo, como a veces se ha informado, pero admitió que tuvo "unos cuantos".

e) El tratamiento recibido por los prisioneros de la guerrilla en Cuba: Durante el desarrollo de la Revolución cubana y una vez que esta triunfó solo hubo alrededor de unos 1500 muertos, abatidos exclusivamente en enfrentamientos armados como el de Bahía de Cochinos. El gobierno cubano, por supuesto, ejecutó a todos los líderes guerrilleros que invadieron su territorio... (Allí se detuvo con una expresión enigmática en el rostro y sonrió como reconociendo su propia posición en territorio boliviano.)

f) El futuro del movimiento guerrillero en Bolivia: Con esta captura, el movimiento guerrillero había sufrido un abrumador revés en Bolivia, pero él predijo un resurgimiento para el futuro. Insistió en que, al final, sus ideales triunfarían aun cuando se sentía desilusionado por la falta de respuesta de los campesinos bolivianos. El movimiento guerrillero había fracasado parcialmente a causa de la propaganda difundida por el gobierno boliviano que afirmaba que los guerrilleros representaban una invasión extranjera al territorio boliviano. A pesar de la falta de respuesta popular del campesinado boliviano, él no había planeado una ruta de escabullida de Bolivia en caso de que la incursión fracasara. Definitivamente, había decidido caer o triunfar en esta empresa.

DOCUMENTO 35. Continuación

4. Según [*menos de una línea del texto fuente no está desclasifica-da*], cuando Guevara, Simón Cuba y Aniceto Reynaga Godillo fue-ron capturados el 8 de octubre, el cuartel general de las fuerzas armadas bolivianas ordenó que se los mantuviera con vida duran-te un tiempo. Se había establecido un código telegráfico entre La Paz e Higueras en el que el número 500 representaba "Guevara", el 600 significaba la frase "mantener vivo" y el 700 "ejecutar". Du-rante la conversación mantenida con Guevara, Simón Cuba y Ani-ceto Reynaga permanecían detenidos en la habitación contigua de la escuela. En un momento, se oyó una ráfaga de disparos y [*menos de una línea del texto fuente no está desclasificada*] luego supieron que Simón Cuba había sido ejecutado. Poco después se oyó un único disparo y luego se supo que habían matado a Aniceto Reynaga. A las 11.50, llegó desde La Paz la orden de matar a Guevara pero la ejecución se demoró lo más posible. Sin embargo, cuando se le avi-só al comandante local que aproximadamente a las 13.30 llegaría un helicóptero para recoger los cadáveres, siendo las 13.15, el Che recibió una ráfaga de balas y cayó muerto. Las últimas palabras de Guevara fueron: "Díganle a mi mujer que vuelva a casarse y a Fidel Castro que la Revolución resurgirá en las Américas". A su ejecutor le dijo: "Apunte bien. Va a matar a un hombre".[3]

[3] [*Texto no desclasificado*] en el lugar, informando sobre la ejecu-ción de Guevara, indicó que "era imposible mantenerlo vivo". [*El número del telegrama no fue desclasificado*], 10 de octubre, ibíd. [*el nombre del expediente no fue desclasificado*].

5. En ningún momento durante el período que estuvo bajo [*menos de una línea del texto fuente no fue desclasificada*] observación, perdió Guevara la compostura.

Dick[4]

[4] Impreso de una copia que indica que Helms firmó el original.

DOCUMENTO 35. Continuación

CIA
Cable de Información de Inteligencia

17 de octubre de 1967
Asunto:
1. Antecedentes de la visita del premier soviético Alexei Kosygin a La Habana.
2. Contenido de las conversaciones entre Kosygin y el primer ministro cubano Fidel Castro.
Octubre de 1967
Fuente: [Tachada]
(Resumen [tachado]. A fines de 1966 [tachado] Brezhnev criticó duramente el envío de Ernesto "Che" Guevara a Bolivia y la política de Castro referente al apoyo brindado a la actividad revolucionaria en América Latina. Durante la visita de Kosygin, Castro explicó las bases de su política revolucionaria. Cuba evaluó que la visita de Kosygin fue productiva, aunque quedó claro que continuaban existiendo perspectivas diferentes en relación con la actividad revolucionaria en América Latina. Fin del resumen.)
1. [Tachado] En el otoño de 1966, Castro [tachado] informó a Brezhnev que Ernesto "Che" Guevara había partido hacia Bolivia llevando hombres y material suministrados por Cuba con el propósito de organizar la revolución en ese país. [Tachado] En junio de 1967, Brezhnev, en respuesta a una pregunta sobre Guevara, [una palabra tachada] respondió que él (Guevara) estaba en América Latina "haciendo sus revoluciones". [Tachado] Brezhnev expresó su decepción ante el hecho de que Castro no hubiera informado con anticipación a la Unión Soviética sobre el envío de Guevara y con duras palabras criticó la decisión de Castro de emprender actividades guerrilleras en Bolivia o en cualquier otro país de América Latina. Brezhnev declaraba que tales actividades eran nocivas para los verdaderos intereses de la causa comunista y preguntaba "qué derecho" tenía Castro a fomentar la revolución en América Latina sin una adecuada coordinación con los demás países "socialistas".
2. [Tachado] Parece que Castro está irritado con [tachado] Brezhnev [tachado] los soviéticos decidieron que era aconsejable que uno de los líderes del Soviet visitara Cuba. Los planes de la visita se habían completado antes de que estallara la crisis de Medio Oriente en la primavera de 1967. Subsecuentemente, cuando se decidió

DOCUMENTO 36. Cable de Información de Inteligencia de la CIA que expresa las críticas del premier soviético Brezhnev al Che y la respuesta de Fidel (17 de octubre de 1967)
Cable de Información de Inteligencia de la CIA. Fidel responde a la crítica soviética de las actividades guerrilleras del Che afirmando que este había ido a Bolivia porque como latinoamericano tenía derecho "a contribuir a la liberación de su país y de todo el continente...".

que el primer ministro Kosygin visitara los Estados Unidos para dar un discurso ante la Asamblea General de las Naciones Unidas referente a la crisis de Medio Oriente, se consideró conveniente que Kosygin retornara a Moscú vía La Habana.

3. El principal propósito del viaje de Kosygin a La Habana del 26 al 30 de junio de 1967 fue informar a Castro sobre la crisis de Medio Oriente, particularmente para explicarle la política soviética en relación con dicha crisis. Un motivo secundario pero importante del viaje fue discutir con Castro el tema de la actividad revolucionaria cubana en América Latina. [Tachado] Kosygin repitió la opinión soviética de que Castro estaba dañando la causa comunista al patrocinar la actividad guerrillera en América Latina y al proporcionar apoyo a los diversos grupos antigubernamentales, los cuales, aunque afirmaban ser "socialistas" o comunistas, estaban en disputa con los partidos comunistas latinoamericanos "legítimos", vale decir, los favorecidos por la URSS. Kosygin dijo que las luchas internas entre los diferentes grupos revolucionarios de izquierda estaban haciendo el juego a los imperialistas y estaban debilitando y desviando los esfuerzos del "mundo socialista" por "liberar" a América Latina.

4. En respuesta a Kosygin, Castro [tachado] declaró que el "Che" Guevara había ido a Bolivia, ajustándose al mismo "derecho" con que había ido a Cuba anteriormente para ayudar a Castro en la lucha revolucionaria contra Batista: el "derecho" de todo latinoamericano a contribuir a la liberación de su país y de todo el continente de América Latina. Castro dijo luego que deseaba explicar la tradición revolucionaria de América Latina y continuó describiendo las proezas de los más notables "libertadores" latinoamericanos, particularmente Bolívar y San Martín.

5. Castro agregó que Cuba no coincidía con la perspectiva soviética de "las guerras de liberación nacional" en América Latina. Acusó a la URSS de haber dado la espalda a su propia tradición revolucionaria y haberse alejado de ella hasta el punto de estar dispuesta a negar el apoyo a cualquier movimiento revolucionario, salvo que las acciones de ese movimiento contribuyeran al logro de los objetivos soviéticos. Castro dijo que en los últimos años la Unión Soviética no había hecho honor al principal propósito del verdadero comunismo, esto es, la liberación de la humanidad en todo el mundo. Castro concluyó diciendo que, independientemente de la actitud de Moscú, Cuba respaldaría cualquier movimiento revolucionario que, a su entender, contribuyera al logro de ese propósito.

6. A pesar del abierto desacuerdo concerniente a la acción revolucionaria, las conversaciones con Kosygin referidas a la ayuda eco-

DOCUMENTO 36. Continuación

nómica y militar que brinda la Unión Soviética a Cuba se realizaron en una atmósfera amistosa. Los soviéticos indicaron que estaban dispuestos a continuar suministrando a Cuba considerables cantidades de ayuda económica y a seguir llevando a cabo los programas de ayuda militar, especialmente aquellos que tienen que ver con la modernización de las fuerzas armadas cubanas.

7. Después de la partida de Kosygin, el liderazgo cubano evaluó la visita y la consideró útil. Los líderes cubanos juzgaron que habían explicado claramente a los soviéticos la actitud revolucionaria cubana, pero que ello no provocó ningún deterioro grave de las relaciones entre las dos naciones. Los cubanos estaban especialmente complacidos al ver que, a pesar de que existían desacuerdos importantes en el sector político, las relaciones en el plano militar continuaron manteniéndose sobre una base amistosa y productiva.

DOCUMENTO 36. Continuación

DEPARTMENT OF STATE

AIRGRAM

F760003-1872
FOR RM USE ONLY

A-128

UNCLASSIFIED OFFICIAL USE

DECLASSIFICATION DATE

TO : Department of State   PER H. Ryan OFFICE ARA

FADRC FOI CASE NO. 5-B-143

DEPT. PASS: ASUNCION, BUENOS AIRES, BRASILIA, LIMA, MONTEVIDEO,
RIO DE JANEIRO, SANTIAGO, DIA, USCINCSO
OSD

FROM : Amembassy LA PAZ   DATE: October 18, 1967

SUBJECT : Official Confirmation of Death of Che Guevara

REF :

BEGIN UNCLASSIFIED: On October 16, 1967, the High Command of
the Bolivian Armed Forces released the following communique,
together with three annexes, on the death of Che Guevara:

"1. In accordance with information provided for national and
international opinion, based on documents released by the
Military High Command on October 9 and subsequently, concerning the combat that took place at La Higuera between units of
the Armed Forces and the red group commanded by Ernesto "Che"
Guevara, as a result of which he, among others, lost his life,
the following is established:

a) Ernesto Guevara fell into the hands of our troops
gravely wounded and in full use of his mental faculties. After
the combat ended, he was transferred to the town of La Higuera,
more or less at 8 p.m. on Sunday, October 8, where he died as
a result of his wounds. His body was transferred to the city
of Vallegrande at 4 p.m. on Monday, October 9, in a helicopter
of the Bolivian Air Force.

b) Two medical doctors, Dr. Moises Abraham Baptista and
Dr. Jose Maria Cazo, director and intern respectively of the

Enclosures:
1. Annex 1 (Death Certificate)
2. Annex 2 (Autopsy Report)
3. Annex 3 (Argentine Police Report)
4. Communique of Argentine Embassy
5. Spanish texts of above (clippings)

LIMITED OFFICIAL USE
UNCLASSIFIED

FOR DEPT. USE ONLY

POL:CWGrover, JTHackett, REK?, AGEsman   DCM:IWFisher

POL:CWGrover

**DOCUMENTO 37. Aerograma del Departamento de Estado, confirma-
ción oficial de la muerte del Che Guevara (18 de octubre de 1967)**
Aerograma del Departamento de Estado, confirmación oficial de la muerte del
Che Guevara, enviado desde la embajada en La Paz, con los siguientes adjuntos: certificado de defunción, informe de la autopsia, informe de la policía
argentina, comunicado de la embajada argentina y varios informes más.

Departamento de Estado
Aerograma
Desclasificado

De: embajada en La Paz   Fecha: 18 de octubre de 1967

Asunto: Confirmación oficial de la muerte del Che Guevara

[*Comienza desclasificado*]: El 16 de octubre de 1967, el Alto Mando de las fuerzas armadas bolivianas difundió el siguiente comunicado junto con tres anexos, sobre la muerte del Che Guevara.

"1. De acuerdo con la información suministrada para la opinión pública nacional e internacional, basada en los documentos emitidos por el Alto Mando militar el 9 de octubre y subsecuentemente, referente al combate que tuvo lugar en La Higuera entre unidades de las fuerzas armadas y el grupo rojo comandado por Ernesto 'Che' Guevara, como resultado del cual él, entre otros, perdió la vida, se establece lo siguiente:

a) Ernesto Guevara cayó en manos de nuestras tropas gravemente herido y en pleno uso de sus facultades mentales. Terminado el combate, fue transferido al pueblo de La Higuera más o menos a las 20 horas del domingo 8 de octubre, donde murió como resultado de sus heridas. Su cadáver fue transportado a la ciudad de Vallegrande a las 16 horas del lunes 9 de octubre en un helicóptero de la fuerza aérea boliviana.

b) Dos médicos, el doctor Moisés Abraham Baptista y el doctor José María Caso (sic) [Se refiere a José Martínez Caso], director y médico forense respectivamente del

---

Adjuntos:
1. Anexo 1 (Certificado de defunción)
2. Anexo 2 (Informe de la autopsia)
3. Anexo 3 (Informe de la policía argentina)
4. Comunicado de la embajada argentina
5. Texto en español de lo de arriba (recortes periodísticos)

Uso oficial limitado
Desclasificado
[Otras especificaciones ilegibles]

DECLASSIFIED

F760003-1873

UNCLASSIFIED
LIMITED OFFICIAL USE

LA PAZ A-128

2

Knights of Malta hospital, certified the death (Annex No. 1) and recorded the autopsy ordered by the military authorities of Vallegrande (Annex No. 2).

c) With regard to the identification of the deceased and the authentication of the diary that belonged to him, the government requested the cooperation of Argentine technical organizations, which sent three experts, one handwriting specialist and two fingerprint specialists, who verified the identity of the remains and certified that the handwriting of the campaign diary, captured by our troops, coincides with that of Ernesto Guevara (Annex No. 3).

d) The campaign diary and the book of doctrine (libro de conceptuaciones) are documents that contain an account of activities, from the date of his entry (into the guerrilla area) until October 7, and (justify) the judgments that this chief of subversion, the members of the guerrilla bands, and the people, both in this country and abroad, who collaborated with them, deserved. As a consequence, they are documents exclusively for the use of the military.

2. By this means the Military High Command considers complete all information relating to the death of Che Guevara. La Paz, October 16, 1967." END UNCLASSIFIED.

BEGIN CLASSIFIED. Comment: The reports provide further documentary proof that the guerrilla chieftain, who was reportedly fatally injured in battle against the Bolivian Armed Forces on October 8, was indeed Ernesto Che Guevara. The documents do little, however, to resolve public speculation on the timing and manner of death. It will be widely noted that neither the death certificate nor the autopsy report state a time of death (the examining physicians are said to have told journalists that Guevara died a few hours before their examination late in the afternoon of October 9). Moreover, the communique also leaves unsaid the time of death, indicating simply that it occurred sometime between 8 p.m. October 8, and the transfer of the body to Vallegrande at 4 p.m. the following afternoon. This would appear to be an attempt to bridge the difference between a series of earlier divergent statements from Armed Forces sources, ranging from assertions that he died during or shortly after battle to those suggesting he survived at least twenty-four hours. Some early reports last week also indicated that Guevara was captured with minor injuries while later statements, including the attached autopsy report, affirm that he suffered multiple and serious bullet wounds.

LIMITED OFFICIAL USE
UNCLASSIFIED

DOCUMENTO 37. Continuación

F760003-1873   Uso oficial limitado   La Paz A-128

-2-

Hospital Señor de Malta, certificaron la muerte (Anexo N° 1) y grabaron la autopsia ordenada por las autoridades militares de Vallegrande (Anexo N° 2).

c) Con respecto a la identificación del occiso y la autenticación del diario que le perteneció, el gobierno solicitó la cooperación de organizaciones técnicas argentinas que mandaron a tres expertos, un especialista en grafología y dos especialistas en huellas digitales, quienes verificaron la identidad de los restos y certificaron que la escritura a mano del diario de campaña incautado por nuestras tropas coincide con la de Ernesto Guevara (Anexo N° 3).

d) El diario de campaña y el libro de doctrina (*Libro de conceptuaciones*) son documentos que contienen un relato de las actividades desde la fecha de su entrada (en la zona de guerrilla) hasta el 7 de octubre y (justifican) los juicios que merecían este jefe de la subversión, los miembros de las bandas guerrilleras y la gente, tanto de este país como del exterior, que colaboraron con ellos. En consecuencia, son documentos para ser utilizados exclusivamente por las fuerzas armadas.

2. Por este medio, el Alto Mando militar considera completa toda información referente a la muerte del Che Guevara. La Paz, 16 de octubre de 1967" [*fin desclasificado*].

[*Comienzo texto clasificado*]. Comentario: Los informes suministran prueba documental adicional de que el cacique de la guerrilla, que, según informes había sido fatalmente herido en combate contra las fuerzas armadas bolivianas el 8 de octubre, es realmente Ernesto Che Guevara. Sin embargo, los documentos aportan poco para resolver la especulación pública sobre el momento preciso y la manera en que murió. Quien los lea podrá observar que ni el certificado de defunción ni el informe de la autopsia establecen una hora de muerte (se dice que los médicos que examinaron el cadáver les dijeron a los periodistas que Guevara murió pocas horas antes de que ellos intervinieran al atardecer del 9 de octubre). Además, el comunicado también omite la hora de la muerte y simplemente indica que ocurrió en algún momento entre las 20 del 8 de octubre y el traslado del cuerpo a Vallegrande a las 16 de la tarde siguiente. Este parecería ser un intento de salvar la diferencia entre una serie de declaraciones previas de fuentes de las fuerzas armadas que fueron desde

afirmar que Guevara murió durante o poco después de la batalla hasta sugerir que sobrevivió por lo menos veinticuatro horas a ese enfrentamiento. Algunos informes anteriores de la semana pasada también indicaban que Guevara fue capturado con heridas menores, mientras que declaraciones ulteriores, incluido el informe de la autopsia adjunto, afirman que sufrió múltiples y graves heridas de bala en combate.

Uso oficial limitado
Desclasificado

UNCLASSIFIED

E.O.6003-1874

LIMITED OFFICIAL USE
UNCLASSIFIED

LA PAZ A-128

3

We doubt that the communique will satisfactorily answer these questions and are inclined to agree with the comment by *Presencia* columnist <u>Politicus</u> that these discrepancies, now that the identity of the body is generally accepted, are "going to be the new focus of polemics in the coming days, especially abroad." END CLASSIFIED.

HENDERSON

LIMITED OFFICIAL USE
UNCLASSIFIED

DOCUMENTO 37. Continuación

F760003-1874

Desclasificado   La Paz A-128

Uso oficial limitado

-3-

Dudamos de que el comunicado responda satisfactoriamente estas preguntas y nos inclinamos a coincidir con el comentario de *Politicus*, el columnista de *Presencia*, en el sentido de que estas discrepancias, ahora que la identidad del cadáver está generalmente aceptada, "van a ser el nuevo foco de polémica de los próximos días, particularmente en el exterior". [*Fin texto clasificado*]

Henderson

Uso oficial limitado
Desclasificado

UNCLASSIFIED

I760003-1875 (E262A) R

Annex No. 1 - Death Certificate

The death certificate signed October 10, 1967, by Drs. Moises ABRAHAM Baptista and Jose MARTINEZ Caso, Hospital Knights of Malta, Vallegrande, Bolivia, indicates that on October 9 at 5:30 p.m., there arrived DOA an individual who military authorities said was Ernesto GUEVARA Lynch, approximately 40 years of age, the cause of death being multiple bullet wounds in the thorax and extremities. Preservative was applied to the body.

Annex No. 2 - Autopsy Report

The autopsy report signed October 10, 1967 by Drs. ABRAHAM Baptista and MARTINEZ Caso, indicates that the body recognized as that of Ernesto Guevara was 40 years of age, white race, approximately 1.73 meters in height, brown curly hair, heavy curly beard and mustache, heavy eyebrows, straight nose, thin lips, mouth open, teeth in good order with nicotine stains, lower left pre-molar floating, light blue eyes, regular physique, scar along almost whole left side of back. A general examination showed the following wounds:

1. Bullet wound in left clavicular region egressing through shoulder blade.

2. Bullet wound in right clavicular region fracturing same, without egress.

3. Bullet wound in right side, without egress.

4. Two bullet wounds in left side, with egress through back.

5. Bullet wound in left pectoral between 9th and 10th ribs, with egress on left side.

6. Bullet wound in lower third part of right thigh.

7. Bullet wound in lower third part of left thigh in seton.

8. Bullet wound in lower right forearm with fractured ulva.

The thorax cavity when opened showed that the first wound lightly injured the apex of the left lung.

DOCUMENTO 37. Continuación

F760003-1875

Desclasificado   Página 1 de adjunto de
                                  La Paz A-128

Anexo N° 1 – Certificado de defunción

El certificado de defunción firmado el 10 de octubre de 1967 por los doctores Moisés Abraham Baptista y José Martínez Caso del Hospital Señor de Malta de Vallegrande, Bolivia, indica que el 9 de octubre a las 17.30 llegó fallecido al lugar un individuo de quien las autoridades militares dijeron que era Ernesto Guevara Lynch de aproximadamente 40 años de edad, siendo la causa de la muerte múltiples heridas de bala en el tórax y las extremidades. Se aplicaron sustancias conservantes al cadáver.

Anexo N° 2 – Informe de la autopsia

El informe de la autopsia, firmado el 10 de octubre de 1967 por los doctores Abraham Baptista y Martínez Caso, indica que el cadáver reconocido como el de Ernesto Guevara tenía 40 años de edad, de raza blanca, una altura aproximada de 1,73 m, cabello castaño ondulado, abundante barba rizada y bigote, cejas gruesas, nariz recta, labios finos, la boca abierta, dientes en buen estado con manchas de nicotina, con el premolar inferior izquierdo flojo, ojos celestes, contextura física regular, una cicatriz que le atraviesa casi todo el lado izquierdo de la espalda. Un examen general mostró las siguientes heridas:

1. Herida de bala en la región clavicular izquierda con orificio de salida en el omóplato.
2. Herida de bala en la región clavicular derecha que la fracturó sin orificio de salida.
3. Herida de bala en el costado derecho sin orificio de salida.
4. Dos heridas de bala en el costado izquierdo con salida por la espalda.
5. Herida de bala en el pectoral izquierdo entre la novena y la décima costilla con orificio de salida en el costado izquierdo.
6. Herida de bala en el tercio inferior del muslo derecho.
7. Herida de bala en el tercio inferior del muslo izquierdo [ilegible].
8. Herida de bala en el tercio inferior del antebrazo con [ilegible] fracturado.

La cavidad del tórax, al ser abierta, mostró que la primera herida dañó levemente el lóbulo superior del pulmón izquierdo.

Desclasificado 27-2-91

[Sello ilegible]

257

DECLASSIFIED
F760903-1876

The second injured the sub-clavic vessel, the bullet lodging itself in the second vertebra.

The third transversed the right lung lodging itself in the 9th rib.

The left lung was slightly damaged by bullet no. 4.

Wound no. 5 transversed the left lung in a tangential trajectory.

Thorax cavities, especially the right, presented abundant blood collection.

The opened abdomen showed no traumatic lesion, only expansion due to gases and citric liquid.

The cause of death was the thorax wounds and consequent hemorrhaging.

Annex No. 3 - Argentine Police Report

On Saturday, October 14, 1967, three officials of the Argentine Federal Police (Investigations), one a handwriting expert and the other two fingerprint experts, at the request of the Bolivian Government, visited Bolivian military headquarters in La Paz to collaborate in a matter of identification. They were shown a metal container in which were two amputated hands in a liquid solution, apparently formaldehyde.

The fingerprint experts tried the "Juan Vucetich" system used in Argentina of making papillary sketches of the fingers, but the liquid caused the fingertips to wrinkle making tracing impossible. They then proceeded to take fingerprint impressions on polyethelene sheets and in some cases on pieces of latex, these to be sent to the Identification Department of the Argentine Police for further examination.

The experts then compared the fingerprints with the copy of the prints made from Guevara's Argentine identity record No. 3.524.272, establishing beyond doubt that both prints were from the same person. Also checked were prints taken from Guevara at Vallegrande on October 9, with the same result.

The handwriting expert then examined two notebooks in good condition. The title page of one read "1967" and its reverse "Carl

DOCUMENTO 37. Continuación

F760003-1876   Página 2 del adjunto de
Desclasificado   La Paz A-128

La 2ª dañó el vaso subclavicular y la bala se alojó en la segunda vértebra.

La 3ª atravesó el pulmón derecho y se alojó en la novena costilla.

El pulmón izquierdo estaba levemente dañado por la bala nº 4.

La bala nº 5 atravesó el pulmón izquierdo en una trayectoria tangencial.

Las cavidades torácicas, especialmente la derecha, presentaban abundante acumulación de sangre.

El abdomen abierto no mostró ninguna lesión traumática, solo la expansión debida a gases y líquido cítrico.

La causa de la muerte fueron las heridas en el tórax y la consecuente hemorragia.

Anexo N° 3 – Informe de la policía argentina

El sábado 14 de octubre de 1967, tres oficiales de la policía federal argentina (de Investigaciones), uno experto en grafología y otros dos expertos en huellas digitales, por pedido del gobierno boliviano, visitaron el Comando en Jefe de las fuerzas armadas bolivianas en La Paz para colaborar en una cuestión de identificación. Se les mostró un recipiente de metal que contenía las dos manos amputadas en una solución líquida, aparentemente formaldehído.

Los expertos en huellas digitales trataron de aplicar el sistema "Juan Vucetich" utilizado en la Argentina para tomar los bocetos papilares de los dedos, pero el líquido había arrugado las yemas y fue imposible tomar las huellas.

Luego pasaron a tomar impresiones digitales en láminas de polietileno y en algunos casos en piezas de látex, estas últimas para ser enviadas al Departamento de Identificación de la policía argentina para un examen adicional.

Los expertos compararon luego las huellas digitales con la copia que tenían del expediente de identidad argentino de Guevara nº 3.524.272, con lo cual establecieron más allá de toda duda que ambas huellas pertenecían a la misma persona. También compararon del mismo modo las huellas tomadas a Guevara en Vallegrande el 9 de octubre y obtuvieron el mismo resultado.

El experto en caligrafía examinó luego dos cuadernos en buenas condiciones. La página del título de uno de ellos decía "1967" y en el reverso, "Carl

Desclasificado

DECLASSIFIED
F760903-1877

Pg. 3 of Enclosure to
LA PAZ A-128

Klippel - Kaiserstrasca 75 - Frankfurt a.M" and "Harstellung
Baier & Schosider - Neilbreum A.N." This book shows handwriting beginning under the date of January 1, 1967 and contin-
uing until October 7, 1967. Considering the period of the
writing, the writing itself, and the "signatures," the expert
decided they were suitable for formal extrinsic and intrinsic
comparisons in the handwriting identification system. The
expert also examined statistically the handwriting characteristics of the notebook enscribed "Elba 66509" containing 44
pages of handwriting. There was sufficient regularity of
characteristics to determine that they were the same as those
reproduced in/Guevara's Argentine Identity record. Copies of the material will
be forwarded to the Argentine Police for further study.

        Signed by Esteban Belzhauser and Juan Carlos Delgado.

Enclosure No. 4

COMMUNIQUE OF THE ARGENTINE EMBASSY AT LA PAZ

   The technical commission detailed by the Argentine Government at the request of the Bolivian Government to prove the
identity of the remains of Ernesto Guevara has proceeded to make
a comparison of the items that were provided by the Commander in
Chief of the Armed Forces with those that were in the hands of
Argentine police authorities. From the fingerprint and handwriting skill practiced by the technicians, in accordance with
scientific procedures currently in use, it develops that the
items compared correspond in an irrefutable manner to Ernesto
Guevara, thereby agreeing with the report issued by the Bolivian
authorites.

        La Paz, October 16, 1967.

DOCUMENTO 37. Continuación

F760003-1877   Página 3 del adjunto de
Desclasificado   La Paz, A-128

"Klippel – Kaiserstrasse 75 Frankfurt A. M." y "Harstellung Baier & Schosider-Neilbreum A. N.". Este libro muestra que la escritura a mano comienza con la fecha 1° de enero de 1967 y continúa hasta el 7 de octubre de 1967. Considerando el período abarcado, la escritura misma y los "rasgos distintivos", el experto decidió que eran adecuados para hacer comparaciones formales extrínsecas e intrínsecas con el sistema de identificación de caligrafía. El experto también examinó estadísticamente las características grafológicas del cuaderno inscrito "Biba 66509" que contiene cuarenta y cuatro páginas escritas a mano. Hubo suficiente regularidad de las características para determinar que estaban escritas por la misma mano que las reproducidas en el expediente de identidad de Guevara. Copias del material serán enviadas a la policía argentina para un estudio adicional.

Firmado por Esteban Belzhauser y Juan Carlos Delgado.

Adjunto N° 4
Comunicado de la embajada argentina en La Paz:

La comisión técnica asignada por el gobierno argentino a pedido del gobierno boliviano para demostrar la identidad de los restos de Ernesto Guevara ha procedido a hacer una comparación de los elementos que le fueron suministrados por el comandante en jefe de las fuerzas armadas con los que estaban en manos de las autoridades policiales argentinas. De los exámenes practicados a las huellas dactilares y la escritura por los técnicos, de acuerdo con los procedimientos científicos que hoy se aplican, surge que los elementos comparados corresponden de manera irrefutable a Ernesto Guevara, vale decir que coinciden con el informe emitido por las autoridades bolivianas.

La Paz, 16 de octubre de 1967

Desclasificado

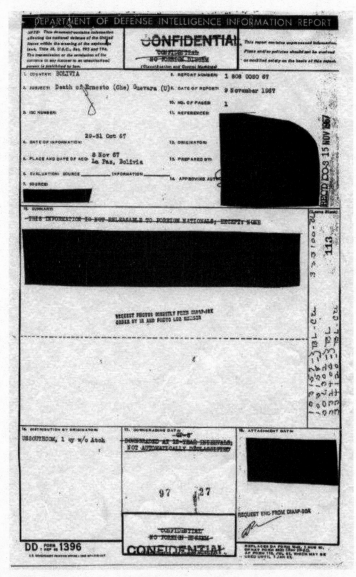

DOCUMENTO 38. Informe de Inteligencia del Departamento de Defensa en el que se da parte de que tropas bolivianas claves participaron de la captura y el asesinato del Che (9 de noviembre de 1967)

Informe de Inteligencia del Departamento de Defensa que presenta el análisis del 29-31 de octubre de 1967 de la actividad de las tropas bolivianas claves implicadas en la captura y el asesinato del Che. Se supone que constituye una explicación temprana de "los importantes conflictos de las zonas operativas de Vallegrande e Higueras". También da una versión de los últimos requerimientos del Che y de su asesinato.

Informe de Inteligencia del Departamento de Defensa

Confidencial
No difundir al exterior

1. País: Bolivia
2. Asunto: Muerte de Ernesto (Che) Guevara
3. Número [ilegible]:
4. Fecha de información: 29-31 de octubre de 1967
5. Lugar y fecha: 8 de noviembre de 1967, La Paz, Bolivia
6. Evaluación: Fuente: —— Información ——
7. Fuente: [Texto tachado]

8. Informe número: 1 806 0080 ST
9. Fecha del informe: 9 de noviembre de 1967
10. N° de páginas: 1
11. Referencias: [Texto tachado]
12. Originador: [Texto tachado]
13. Preparado por: [Texto tachado]
14. Autoridad de autor: [Texto tachado]

~~Esta información no debe difundirse a nacionales extranjeros, excepto algunos~~
[Texto tachado]

DD formulario 1396

Confidencial
No difundir al exterior

~~CONFIDENTIAL~~

~~NO FOREIGN DISSEM~~

DOCUMENT ORIENTATION

As all of these notes were taken without the aid of a diary or available maps, it is expected that certain descrepancies will arise in regards to exact times and locations. This history is designed as only an early orientation toward the important conflicts of the Valle Grande and Higueras operational areas.

~~NO FOREIGN DISSEM~~

~~CONFIDENTIAL~~

DOCUMENTO 38. Continuación

Confidencial

No difundir al exterior

Orientación documental

Como todas estas notas fueron tomadas sin ayuda de un diario ni mapas accesibles, es muy probable que surjan algunas discrepancias en cuanto a los momentos y los lugares exactos. Este relato solo pretende ser una primera orientación para analizar los importantes conflictos de las zonas operativas de Vallegrande e Higueras.

No difundir al exterior

Confidencial

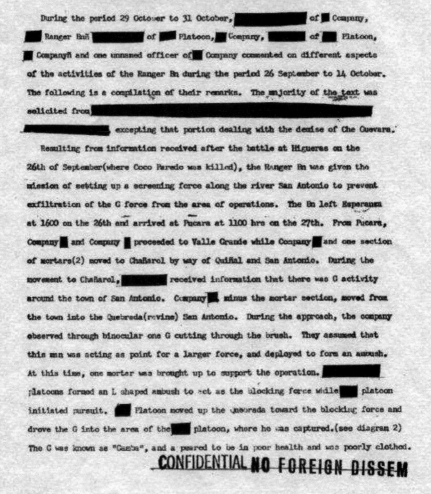

CONFIDENTIAL
NO FOREIGN DISSEM

During the period 29 October to 31 October, ███████ of █ Company, █ Ranger Bn█ ███████ of █ Platoon, █ Company, ███████ of █ Platoon, █ Company█ and one unnamed officer of█ Company commented on different aspects of the activities of the Ranger Bn during the period 26 September to 14 October. The following is a compilation of their remarks. The majority of the text was solicited from ████████████████████████████████████ ████████████, excepting that portion dealing with the demise of Che Guevara.

Resulting from information received after the battle at Higueras on the 26th of September(where Coco Parado was killed), the Ranger Bn was given the mission of setting up a screening force along the river San Antonio to prevent exfiltration of the G force from the area of operations. The Bn left Esperanza at 1600 on the 26th and arrived at Pucara at 1100 hrs on the 27th. From Pucara, Company █ and Company █ proceeded to Valle Grande while Company █ and one section of mortars(2) moved to Chañarol by way of Quiñal and San Antonio. During the movement to Chañarol, ████████ received information that there was G activity around the town of San Antonio. Company █, minus the mortar section, moved from the town into the Quebreda(ravine) San Antonio. During the approach, the company observed through binocular one G cutting through the brush. They assumed that this man was acting as point for a larger force, and deployed to form an ambush. At this time, one mortar was brought up to support the operation. ████████ platoons formed an L shaped ambush to act as the blocking force while █ platoon initiated pursuit. █ Platoon moved up the quebrada toward the blocking force and drove the G into the area of the █ platoon, where he was captured.(see diagram 2) The G was known as "Camba", and appeared to be in poor health and was poorly clothed.

CONFIDENTIAL NO FOREIGN DISSEM

DOCUMENTO 38. Continuación

Confidencial
No difundir al exterior
[texto tachado]

Durante el período del 29 al 31 de octubre [tachado] de la [tachado] Compañía de Rangers [tachado] del [tachado] Pelotón de la [tachado] Compañía, [tachado] de [tachado] Pelotón, de la [tachado] Compañía y un oficial no nombrado de la [tachado] Compañía comentaron los diferentes aspectos de las actividades del 8° Comando durante el período entre el 26 de septiembre y el 14 de octubre. La siguiente es una compilación de sus observaciones. La mayor parte del texto fue solicitado desde [texto tachado] excepto la porción que trata de la muerte del Che Guevara.

Como resultado de la información recibida después de la batalla de Higueras del 26 de septiembre (donde murió Coco Paredo), se asignó al 8° Comando la misión de establecer una fuerza de rastreo a lo largo del río San Antonio para evitar la evasión del área de operaciones de la fuerza de G. El 8° Comando partió desde Esperanza a las 16 h del día 26 y llegó a Pucará a las 11 h del 27. Desde Pucará, la [tachado] Compañía y la [tachado] Compañía emprendieron la marcha hacia Vallegrande mientras la [tachado] Compañía y una sección de morteros (2) se trasladaban a Chañaral por el camino de Quiñal y San Antonio. Durante el trayecto hacia Chañaral, [tachado] recibió información de que alrededor del poblado de San Antonio había actividad guerrillera. La Compañía [tachado] menos la sección de mortero, avanzó desde el pueblo hacia la Quebrada de San Antonio. Durante el acercamiento, la Compañía observó mediante binoculares a un G atravesando los matorrales. Suponiendo que su presencia revelaba la de una fuerza mayor, se desplegaron para formar una emboscada. En ese momento, se llevó al lugar un mortero para apoyar la operación. [Tachado] pelotones formaron una emboscada en forma de L para formar una fuerza de bloqueo mientras el Pelotón [tachado] iniciaba la persecución. El [tachado] Pelotón subió hacia la Quebrada para unirse a la fuerza de bloqueo y condujo al G hacia el área cubierta por el [tachado] Pelotón, donde fue capturado. (Véase diagrama 2.) El G recibía el apodo de "Gamba", vestía ropa muy desgastada y parecía debilitado.

~~CONFIDENTIAL~~

~~NO FOREIGN DISSEM~~

2

He stated that he had been separated from the rest of the force since the battle at La Higueras, and was traveling in this area in hopes of contacting Ramon(Che Guevara).

The capture of "Gamba" had an immediate moral effect on the troops. Previously they had thought of the Gs as very strong and clever, but after seeing "Gamba" without shoes and suffering from malnutrition, they gained confidence in their ability to destroy the G band. The soldiers began to joke and de ride "Gamba" asking him why he hadn't stayed at home. "Gamba" apparently was very contrite, and this also sparked confidence and courage among the troops.

The company moved on to Charñol, where they rested for the remainder of the day. On the 28th, [REDACTED] began sending out patrols and intelligence teams, dressed in Civilian clothes. One team brought back information that a house nearby had been a possible refuge for one or two Gs. This was not fully investigated until the Company received word that "Leon" had been captured by Company [REDACTED] on 1 August, after they had moved south from Valle Grande. Company [REDACTED] sent word to [REDACTED] that "Leon" was supposed to have stayed at a house in Charñol for a few days. The intell. team returned to the house, and after a thorough search, discovered a carbine and severa hundred rounds of ammunition. As Charñol is one of the only fording sites for the Rio Grande in the area, it appeared that the G force had been planning to move through this area an exfiltrate. However, the arrival of the Bn. in this region, plus the additional support of Company [REDACTED] and one company of [REDACTED] at Charñol, probably caused the G leaders to attempt another exit farther west. This, or the extreme asthmatic problems of Guevara, caused the G force to move to higher ground in the La Higueras area.

On 2 October, [REDACTED] platoon, [REDACTED] platoon, and one mortar section of Company [REDACTED] departed

DOCUMENTO 38. Continuación

-2-

Declaró que había quedado separado del resto de la fuerza desde la batalla de La Higuera y que vagaba por esa región con la esperanza de tomar contacto con Ramón (el Che Guevara).

La captura de "Gamba" tuvo un efecto moral inmediato en las tropas. Previamente habían imaginado que los G era muy fuertes e inteligentes, pero después de ver a "Gamba" sin calzado y sufriendo las consecuencias de la malnutrición, se sintieron más confiados en su capacidad de destruir a la banda de G. Los soldados comenzaron a bromear y burlarse de "Gamba" preguntándole por qué no se había quedado en su casa. "Gamba" aparentemente estaba muy contrito y eso también encendió la confianza y el valor entre las tropas.

La compañía siguió avanzando hacia Chañaral, donde descansaron el resto del día. El 28, [tachado] comenzaron a enviar a explorar a patrullas y equipos de inteligencia vestidos de civil. Un equipo regresó con información de que una casa cercana había sido el refugio posible de uno o dos guerrilleros. Esto no se investigó plenamente hasta que la Compañía no se enteró de que "León" había sido capturado por la [tachado] Compañía el 1° de agosto, después de haberse trasladado desde Vallegrande hacia el sur. La Compañía [tachado] informó a [tachado] que supuestamente "León" había permanecido en una casa de Chañaral durante algunos días. El equipo de inteligencia regresó a la casa y después de una revisión a fondo, descubrieron una carabina y varios cientos de cartuchos de municiones. Como Chañaral es uno de los poco poblados de la región que bordean el río Grande, aparentemente la fuerza G había planeado escapar por esa zona. Sin embargo, la llegada del 8° a esta región, sumada al apoyo adicional de la Compañía [tachado] y una Compañía de [tachado] en Chañaral, probablemente impulsó a los líderes guerrilleros a intentar avanzar más al oeste. Esto o los graves problemas asmáticos de Guevara obligaron a la fuerza G a dirigirse a un terreno más elevado en la zona de La Higuera.

El 2 de octubre, el Pelotón [tachado], el Pelotón [tachado] y una sección de mortero de la compañía [tachado] partieron

Michael Ratner y Michael Steven Smith

DOCUMENTO 38. Continuación

270

-4-

Confidencial No difundir al exterior

diecisiete Gs en la quebrada del Yuro. Como [tachado] no tenía morteros, comunicó la situación a [tachado] y pidió apoyo. [Tachado] envió [tachado] Pelotón y dos morteros a Higueras para dar apoyo al lugarteniente Pérez. [Texto tachado]

Las unidades combinadas de la Compañía [tachado] y las unidades de apoyo de la Compañía [tachado] entraron en la zona de la quebrada del Yuro utilizando dos escuadras de la Compañía [tachado] como fuerza de bloqueo unos pocos kilómetros al norte de la pequeña quebrada Gaino. Instaló su sección de mortero al este de la quebrada del Yuro y el [tachado] Pelotón, al mando de [tachado] se ubicó detrás para brindar apoyo. El [tachado] Pelotón de la [tachado] Compañía, al mando de [tachado] entro en la quebrada del Yuro hacia el norte por la confluencia de dos pequeños arroyos. [Tachado] inició la persecución y comenzó a desviar a la fuerza G hacia el sur, mientras [tachado] los morteros bombardeaban el barranco. En ese momento se instaló en el lugar una ametralladora para cubrir también el barranco y proteger el flanco izquierdo de la sección [tachado] de morteros y apoyar a las tropas. (Véase el diagrama 3.) Cuando el [tachado] Pelotón de la [tachado] Compañía avanzaba hacia el sur recibieron disparos y se perdieron tres soldados inmediatamente. [Tachado] ordenó entonces [tachado] avanzar por la pequeña quebrada Tuscal y esperar a la entrada de la quebrada del Yuro. El [tachado] Pelotón de la [tachado] Compañía cumplió esta orden y, después de no encontrar nada, recibió la orden de entrar en la quebrada del Yuro y comenzar la búsqueda en la dirección del [tachado] Pelotón. [Tachado] inmediatamente se encontraron con un grupo de seis u ocho Gs y abrieron fuego. Allí mataron a dos cubanos: "Antonio" y "Arturo". [Tachado] perdió un soldado y otro resultó herido en este enfrentamiento. Aparentemente, esta acción abrió un paso en la ladera y "Ramón" (Guevara) y "Willy" trataron de escapar en la dirección de la sección de morteros. El equipo que manejaba la ametralladora los vio y abrió fuego. "Ramón" (Guevara) fue herido en la parte baja de una pantorrilla y recibió ayuda de "Willy" para dirigirse a la quebrada Tuscal donde aparentemente descansaron durante unos minutos. Luego marcharon hacia el norte, directamente en frente de [tachado], quien ordenó a varios soldados que los persiguieran. [Tachado] fueron los primeros bolivianos que echaron mano de Guevara. "Willy" y "Ramón" (Guevara) fueron transportados luego de regreso a La Higuera con [tachado]

Confidencial

271

CONFIDENTIAL NO FOREIGN DISSEM

███ and the elements of █ and █ Companies. The Bolivians did not remain in position after nightfall. From 1900 hrs until 0400 hrs on the 9th, there were no significant Bolivian troops in the area of the fire-fight. This gave the G force ample time to escape the area, but either due to confusion after the battle or poor evaluation of the situation by their leaders, the G force remained in the Quebrada Churro.

On 30 October 67, at a small Kiosco in La Esperanza Bolivia, ██████ ███████████████████, stated the following in regards to the handling of Ernesto "Che" Guevara. Guevara and Willy were transported back to La Higueras on the afternoon of the 8th, after the battle at the Quebrada Churro. Guevara had a slight wound in the lower calf, which was treated upon returning to Higueras. ██████ talked at length with Guevara, though Guevara did not reveal any pertinent information. ██████ felt a high regard for Guevara as a soldier and man, and was anxious to know more of this "legendary figure". Guevara answered all of his questions with remarks such as "perhaps" or "possibly". Early in the morning of the 9th of October, the unit received the order to execute Guevara and the other captives. Previously, ██████████ ██████, had given express orders to keep the prisoners alive. The Officers involved did not know where the order originated, but felt that it came from the highest echelons. ██████ gave the order to execute Guevara to ██████ but he was unable to carry out the order and in turn gave it to ██████ █. At this time ███ asked Guevara if there was anything he wished before his execution. Guevara replied that he only wished to "die with a full stomach." ███ then asked him if he was a "materialist", by having requested only food. Guevara returned to his previous tranquil manner and answered only "perhaps"

CONFIDENTIAL

NO FOREIGN DISSEM

DOCUMENTO 38. Continuación

-5-

[tachado] y los elementos de la [tachado] y la [tachado] Compañías. Los bolivianos no permanecieron en la posición después del anochecer. Desde las 19 h y hasta las 4 del día 9, no hubo tropas bolivianas importantes en la zona del enfrentamiento armado. Esto dio a la fuerza G tiempo suficiente para escapar del lugar, pero o bien por la confusión posterior a la batalla, o bien porque sus líderes hicieron una insuficiente evaluación de la situación, la fuerza G permaneció en la quebrada del Yuro.

El 30 de octubre de 1967, en un pequeño kiosco de La Esperanza, Bolivia, [tachado] dijo lo siguiente respecto de la captura de Ernesto "Che" Guevara. Guevara y "Willy" fueron transportados de regreso a La Higuera en la tarde del 8 después de la batalla de la quebrada del Yuro. Guevara tenía una herida leve en la parte baja de una pantorrilla que fue tratada apenas llegó a Higueras. [Tachado] habló largamente con Guevara aunque Guevara no le reveló ninguna información pertinente. [Tachado] sentía gran respeto por Guevara como soldado y como hombre y estaba ansioso por saber más de esta "figura legendaria". Guevara respondió a todas sus preguntas utilizando vocablos como "tal vez" o "posiblemente". A la mañana temprano del 9 de octubre, la unidad recibió la orden de ejecutar a Guevara y a los demás cautivos. Previamente, [tachado] había dado expresas órdenes de mantener vivos a los prisioneros. Los oficiales implicados no sabían dónde se había originado la orden, pero tenían la impresión de que procedía de las más altas esferas. [Tachado] dio la orden de ejecutar a Guevara a [tachado] pero él no se sintió capaz de cumplirla y a su vez se la dio a [tachado]. En ese momento, [tachado] le preguntó a Guevara si deseaba algo antes de su ejecución. Guevara respondió que solo quería "morir con el estómago lleno". Luego [tachado] le preguntó si era un "materialista" por haber pedido solo comida.

Guevara volvió a su manera tranquila anterior y solo respondió "quizás".

6   ~~CONFIDENTIAL NO FOREIGN DISSEM~~

███ then called him a "poor shit" and left the room. By this time,

███ had fortified his courage with several beers and returned to
the room where Guevara was being held prisoner. When ███ entered the room,
Guevara stood up, hands tied in front, and stated, "I know what you have come
for—I am ready." ███ looked at him for a few minutes and then said, "No
you are—mistaken—be seated." ███ then left the room for a few moments.

"Willy", the prisoner taken with Guevara, was being held in a small house
a few meters away. While ███ was waiting outside to get his nerve back,
███ entered and shot "Willy". "Willy" was a Cuban and according to
the sources had been an instigator of the riots among the miners in Bolivia.
Guevara heard the burst of fire in his room and for the first time appeared
to be frightened. ███ returned to the room where Guevara was being
held. When he entered, Guevara stood and faced the ███ told
him to be seated but he refused to sit down and stated, "I will remain standing
for this." The ███ began to get angry and told him to be seated again, but
Guevara would say nothing. Finally Guevara told him. "Know this now, you are
killing a man." ███ then fired a burst from his M2 Carbine, knocking Guevarra back
into the wall of the small house.

Interviews with a doctor that had examined Guevara's cadaver and evaluation of
available photos indicate that Guevara did have one wound in the lower calf,
that appeared to the Doctor to have been received at a different time than the
other wounds that were received at short range and directly from the front.

During the evening of the 8th and the morning of the 9th, ███ had
on his person a pipe that he said Gueva a had given him during their night
together at La Higueras. He showed this pipe to ███ and ███

~~CONFIDENTIAL NO FOREIGN DISSEM~~

DOCUMENTO 38. Continuación

-6-

[Tachado] luego le dijo que era una "pobre mierda" y salió de la habitación. Por entonces ya [tachado] había fortalecido su espíritu con varias cervezas y retornó a la habitación donde mantenían prisionero al Che. Cuando [tachado] entró en ella, Guevara se puso de pie, con las manos atadas por delante y dijo: "Sé a qué has venido. Estoy preparado". [Tachado] se quedó mirándolo durante algunos minutos y luego dijo: "No, se equivoca, quédese sentado". [Tachado] abandonó la habitación durante un momento. A "Willy", el otro prisionero capturado con Guevara, lo habían mantenido en un aula pequeña a pocos metros de distancia. Mientras [tachado] esperaba afuera de la habitación donde estaba Guevara, para darse coraje, [tachado] entró al otro cuarto y le disparó a "Willy". "Willy" era un cubano y, según las fuentes, había sido uno de los instigadores de los levantamientos de los mineros en Bolivia. Guevara oyó el disparo en su habitación y por primera vez pareció asustado. [Tachado] regresó al aula donde estaba Guevara. Cuando entró, Guevara se puso de pie y lo enfrentó. [Tachado] le dijo que se sentara pero Guevara se negó a tomar asiento y dijo: "Prefiero estar de pie para esto". El [tachado] comenzó a enfadarse y le repitió que se sentara, pero Guevara, sin responderle, seguía de pie. Finalmente le dijo: "¡Serénese y apunte bien! Va a matar a un hombre". [Tachado] disparó entonces una ráfaga de su carabina M2, que lanzó a Guevara contra la pared del fondo.

Entrevistas con un médico que había examinado el cadáver de Guevara y la evaluación de las fotografías disponibles indican que Guevara tenía una herida en la parte baja de la pantorrilla, que al médico le pareció que no había sido recibida en el mismo momento que las demás pues estas habían sido provocadas por disparos a corta distancia y de frente. Durante la tarde del 8 y la mañana del 9, [tachado] tenía consigo una pipa y dijo que Guevara se la había dado la noche que estuvieron juntos en La Higuera. Les mostró la pipa a [tachado] y a [texto tachado].

CONFIDENTIAL NO FOREIGN DISSEM

7

The pipe was of an "air cooling design" with a part of the stem exposed and made of silverf colored metal. The bowl was black and appeared to have been smoked for some time. This pipe form agrees with the descriptions of the pipe "Ramon" had been using during earlier developments of the G operations.

At 0400 hrs on the morning of the 9th, elements of ███ and ███ company returned to the Quebrad Churro and reengaged the G force. ███ Platoon of Company ███ and a mortar squad formed the blocking force and the confluence of the Quebrada and ███████ platoon of ██ company began pursuit towards them. (████████ was with the mortars at this time and could observe the movement of the Gs in the Quebrada. He took 6 men and entered the Quebrada and shot "El Chino" and Lorgio Voca. These were the only two Gs who fell in this action. After the initial contact, the Gs could not be located so ███████ initiated patrols throughout the area. At nightfall the units again returned to EA Higueras, leaving the area open.

The two companies patrolled the area from 10-12 October trying to regain contact. On the 12th intelligence was received that the G force had broken into two small groups trying to move out of the area through Portero. Company ██ departed La Higueras and headed in the direction of Portero, by Picacho and Tranco Mayo. At Trancho Mayo they could observe the ██ Gs with two young guides moving toward Portero. They could not determine exactly how many were in the group. To arrive ahead of the Gs who were moving along a Quebrada, The Company used the road and were able to get into position at Portero tw nty

CONFIDENTIAL NO FOREIGN DISSEM

DOCUMENTO 38. Continuación

-7-

[Texto tachado] La pipa era de un tipo "enfriador del humo" con una parte de la boquilla expuesta y anillo de metal plateado. La cazoleta era negra y aparentemente había sido usada durante un buen tiempo. Esta forma de pipa coincide con las descripciones de la pipa que "Ramón" había estado fumando durante las primeras etapas de las operaciones G.

A las 4 de la mañana del 9, elementos de las Compañías [tachado] y [tachado] regresaron a la quebrada del Yuro y volvieron sobre las fuerzas Gs. El [tachado] Pelotón de la [tachado] Compañía y una escuadra de morteros formaron la fuerza de bloqueo y en la confluencia de la quebrada y el [tachado] Pelotón de la [tachado] Compañía comenzaron a perseguirlas. [Tachado] estaba en ese momento con los morteros y pudo observar el movimiento de los G en la quebrada. Llevó a seis hombres consigo y entró en la quebrada donde disparó a "El Chino" y a Lorgio Vaca. Esos fueron los únicos dos Gs que cayeron en esta acción. Después del contacto inicial, el resto de los Gs no pudieron ser localizados por lo que [tachado] inició el patrullaje del área. Al caer la noche las unidades regresaron nuevamente a La Higuera y dejaron el lugar despejado.

Las dos compañías patrullaron el área del 10 al 12 de octubre tratando de hacer nuevamente contacto. El 12 se recibió información de que la fuerza G se había separado en dos grupos pequeños y trataba de abandonar la zona a través de Portero. La [tachado] Compañía partió de La Higuera y avanzó en dirección a Portero por Picacho y Tranco Mayo. En Tranco pudieron observar a los Gs con dos guías jóvenes dirigiéndose a Portero. No pudieron determinar exactamente cuántos conformaban el grupo. Para adelantarse a los G, que avanzaban a lo largo de una quebrada, la Compañía usó la carretera y así pudieron tomar posición en Portero veinte

8 ~~I.C FOREION DISSEM~~ ~~CONFIDENTIAL~~

minutes before they sighted the Gs moving up the Quebrada in their direction.
███████ with a squad and one mortar formed a blocking force at the mouth
of the Quebrada. ███ Platoon of █ company entered the Quebrada behind the Gs
and initiated pursuit. When███████ and his men opened fire on the Gs they
began to leap about. This confused ███████ soldiers though they continued
to fire. The Gs doubled back and climbed out of the Quebrada before the ███
Platoon could bring them under fire. ███ Platoon pursued them up the hill but
lost contact at the top.

No casualties were suffered in this engagement and no Gs fell, though they
did drop their rucksacks when brought under fire by███████. The rucksacks
contained food, various documents, and drugs. Surgical tools were also among
the equipment in the rucksacks. ███████ was unable to describe the documents
or the origin of the medical supplies.

On 13 August the Company attempted to block the Gs again East of Portero but
the Gs immediately attacked one point of the circle and were able to break out
killing 2 soldiers. By noon of the 13th the Company had lost contact completely
with the G force.

The second group was contacted by █ Company on 14 October at El Cajon. This
fight resulting in the death of 4 Gs. El Chapaco, a bolivian, El Saldado, a
bolivian, an unnamed Bolivian, and one unnamed Cuban. This fight on the 14th
was the last contact made b the Ranger Bn before leaving the area of operationns.
None of the ███████████████ had details on this fight or could
draw a map as to the exact location of El Cajon. ~~CONFIDENTIAL~~

The original G force was 17. 7 were killed in action by Companies █ and
█ and 4 were destroyed by █ Company at El Cajon. Recent reports indicate that
the Cubans have disarmed the Bolivian Gs and seem to have them under guard.
Apparently there is some sort of disagreement in the operation within the G

DOCUMENTO 38. Continuación

-8-

minutos antes de avistar a los Gs que subían por la quebrada hacia donde ellos estaban. [Tachado] con una escuadra y un mortero formaron una fuerza de bloqueo en la boca de la quebrada. El [tachado] Pelotón de la [tachado] Compañía entró en la quebrada detrás de los Gs e inició su persecución. Cuando [tachado] y sus hombres abrieron fuego contra los G estos comenzaron a saltar dispersándose. Esto confundió a los soldados de [tachado] aunque continuaron disparando. Los Gs retrocedieron y treparon por la quebrada antes de que el [tachado] Pelotón pudiera alcanzarlos con sus disparos. El [tachado] Pelotón los persiguió por la ladera de la colina pero al llegar a la cima perdió contacto.

Durante este enfrentamiento no hubo bajas del Ejército ni Gs caídos, aunque estos últimos soltaron sus mochilas cuando huyeron bajo los disparos de [tachado]. Las mochilas contenían alimentos, varios documentos y drogas. Entre los elementos encontrados en las mochilas, también había instrumentos quirúrgicos. [Tachado] no supo describir los documentos o el origen de los medicamentos.

El 13 de octubre, la Compañía intentó nuevamente cerrar el paso de los G al este de Portero pero los Gs inmediatamente atacaron un punto del círculo y pudieron abrirse paso matando a dos soldados. Al mediodía del día 13 la Compañía había perdido completamente contacto con la fuerza G.

La [tachado] Compañía tomó contacto con el segundo grupo el 14 de octubre en El Cajón. En este enfrentamiento murieron cuatro G: El Chapaco, boliviano; El Soldado, boliviano; un boliviano de nombre desconocido; y un cubano de nombre desconocido. Este encuentro del día 14 fue el último contacto hecho por el 8° de Rangers antes de dejar el área de operaciones.

Ningunos de los [tachado] tenía detalles de este enfrentamiento ni pudo trazar un mapa para ubicar el emplazamiento exacto de El Cajón.

La fuerza G original era de diecisiete miembros. Siete fueron abatidos en acción por las Compañías [tachado] y [tachado] y cuatro eliminados por la [tachado] Compañía en El Cajón. Informes recientes indican que los cubanos han desarmado a los Gs bolivianos y parece que los tienen bajo vigilancia. Aparentemente hay cierto tipo de desacuerdo sobre la operación dentro de la fuerza G.

9

CONFIDENTIAL

NO FOREIGN DISSEM

organization. One farmer informed the authorities that the Gs ate at his farm and rested. During this time, the Bolivians were kept separate from the Cubans and were watched closely by the Cubans. The Bolivians had no arms. All of the Gs are shaved and have their hair cut. Officials believe that they are trying to move out of the area through Abapo or Cabezas.

CONFIDENTIAL NO FOREIGN DISSEM

DOCUMENTO 38. Continuación

-9-

Confidencial

No difundir al exterior

Un campesino informó a las autoridades que los G comieron y descansaron en su granja. Durante ese tiempo, los bolivianos permanecían separados de los cubanos y estos los vigilaban rigurosamente. Los bolivianos no tenían armas. Todos los Gs están afeitados y tienen el pelo cortado. Los oficiales creen que están tratando de salir del área a través de Abapó o Cabezas.

Confidencial No difundir al exterior

DOCUMENTO 39. Mapas trazados a mano a partir de los informes sobre el desplazamiento de las tropas bolivianas y de las últimas batallas con los guerrilleros y los intentos de capturar a Harry Villegas (Pombo) (9 de noviembre de 1967)
Mapas dibujados a mano que ilustran los informes sobre el desarrollo de las últimas batallas de las tropas bolivianas contra los guerrilleros y sus intentos de capturar a Harry Villegas (Pombo) y sus camaradas.

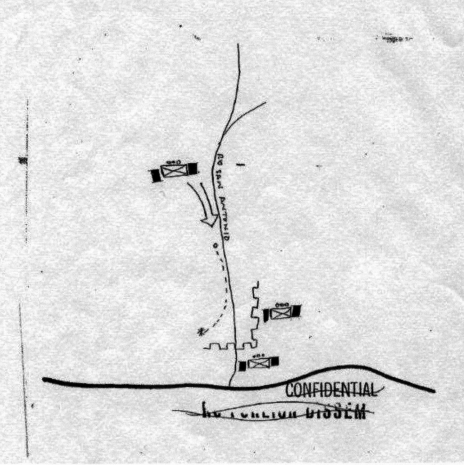

DOCUMENTO 39. Continuación

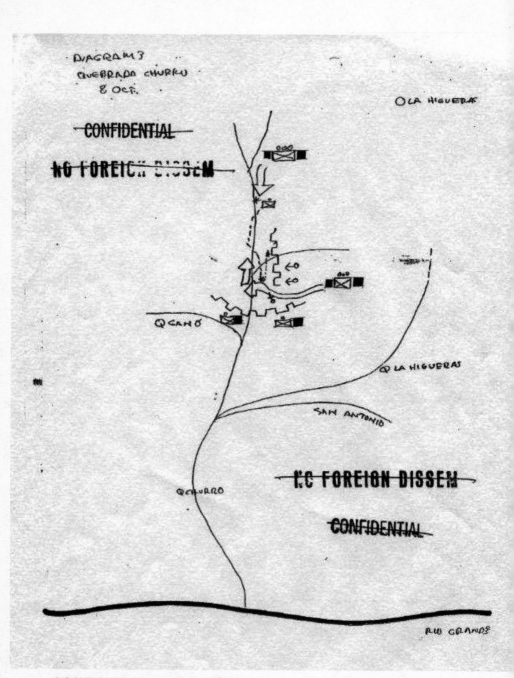

DOCUMENTO 39. Continuación

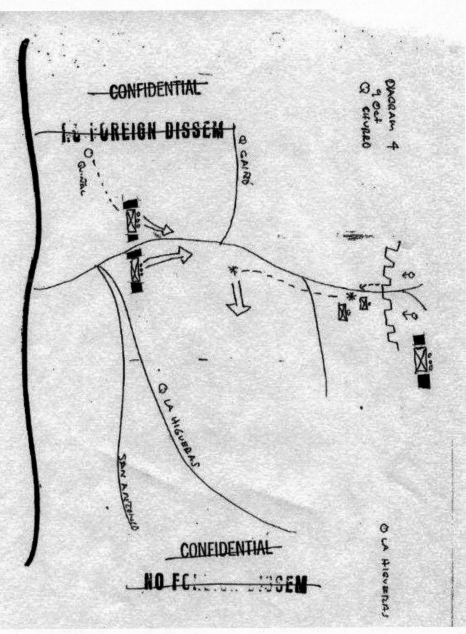

DOCUMENTO 39. Continuación

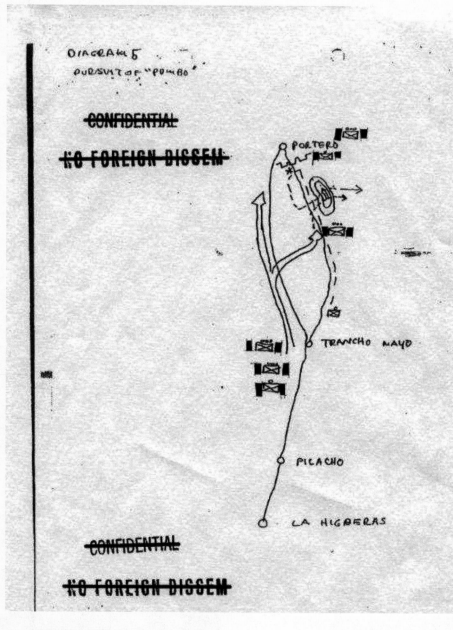

DOCUMENTO 39. Continuación

SECRET

INSPECTOR GENERAL
75-2c.i   i ..

3 June 1975

MEMORANDUM FOR: Deputy Inspector General

SUBJECT: Statement by [_____] concerning
               his assignment Bolivia in 1967 and his role
               in the capture of Ernesto "Che" GUEVARA
               de la Serna

REFERENCE: Memo dated 29 May 1975

1. The undersigned met with [____] contract
employee, on 2 and 3 June to obtain his story about his
assignment to Bolivia in 1967. This query is based upon ref
interview, during which [ ] mentioned that he had retransmitted an order from Colonel [ ]
Commander of the 8th Division of the Bolivian Army, to a
Bolivian sergeant, which resulted in the execution of Ernesto
"Che" GUEVARA de la Serna, Cuban leader of the guerrillas then
operating in Bolivia.

2. [ ] said that his assignment came about after an
interview held in Miami in June or July of 1967, at which time
he was a case officer working for the Miami office. He had
been selected for the job interview because of his para-
military training and experience. He was asked if he would
agree to serve with [ ] a fellow Cuban. He
accepted. He was told that he was to go to Bolivia with
[ ] where they would be engaged in training intelligence
teams for the 2nd Ranger Battalion of the Eighth Division of
the Bolivian Army. He was also told that he and [____]
would be assigned to the 2nd Ranger Battalion as advisors
and would be based in the town of Esperanza. While in Miami,
he and [ ] were given briefings about the political and
guerrilla situation in Bolivia, and he was given a refresher
course in communications [ ] and [ ] were told
that there were strong indications that Guevara was leading
the guerrillas. Among the instructions given them was a clear
one that in the event that the Bolivian Army captured Guevara,
they should do everything possible "to keep him alive."

3. They were introduced to their future case officer
in Washington, who was to be in liaison with the Bolivian
forces in Santa Cruz.

DOCUMENTO 40. Exposición de la CIA de Félix Rodríguez (3 de junio de 1975)
Esta exposición de la CIA de Félix Rodríguez fue preparada casi ocho años
después de la muerte del Che para el inspector general adjunto, quien estaba
investigando asesinatos cometidos por la CIA para el Comité Church del Senado. Había un interés evidente en cubrir el rol de la CIA y darle una posibilidad
de negación plausible al presidente Johnson. El acceso a este informe solo fue
aprobado en 1993 en el contexto del Programa de Revisión Histórica de la CIA.

Aprobado para su difusión 1993 ~~Secreto~~
Programa de Revisión Histórica de la CIA

3 de junio de 1975

Memorándum para: Inspector General Adjunto

Asunto: Declaración de [tachado] referente a su misión en Bolivia en 1967 y su rol en la captura de Ernesto "Che" Guevara de la Serna

Referencia: memo del 29 de mayo de 1975

1. Quien suscribe se encontró con [tachado] empleado por contrato el 2 y el 3 de junio para obtener su versión de su misión a Bolivia en 1967. Esta investigación se basa en la referida entrevista, durante la cual [tachado] mencionó que él había retransmitido una orden del coronel [tachado], comandante de la 8ª División del Ejército boliviano a un sargento boliviano, lo cual derivó en la ejecución de Ernesto "Che" Guevara de la Serna, líder cubano de las guerrillas que operaban entonces en Bolivia.

2. [Tachado] dijo que su misión surgió después de una entrevista que mantuvo en Miami en junio o julio de 1967, momento en que él se desempeñaba como funcionario de casos en la oficina de Miami. Había sido seleccionado para la entrevista de trabajo porque tenía experiencia y entrenamiento militares. Se le preguntó si estaría de acuerdo con trabajar con un compañero cubano y él aceptó. Se le dijo que tenía que ir a Bolivia con [tachado] donde participarían de equipos de entrenamiento de inteligencia para el 2° Batallón de Comandos de la 8ª División del Ejército boliviano. También se le dijo que a él y a [tachado] se los asignaría al 2° Batallón de Ranger en calidad de asesores y que tendrían su base en Esperanza. Estando en Miami, a él y a [tachado] se les entregaron informes sobre la situación política y guerrillera en Bolivia y a él se le dio un curso de actualización en comunicaciones. A [tachado] y a [tachado] se les informó que había sólidas indicaciones de que Guevara lideraba a los guerrilleros. Entre las instrucciones que se les impartieron había una muy clara de que en el caso de que el Ejército boliviano capturara a Guevara, ellos deberían hacer todo lo posible para "mantenerlo con vida".

3. Se les presentó a su futuro funcionario del caso en Washington, quien estaría en estrecha relación con las fuerzas bolivianas de Santa Cruz.

4. Prior to their departure, both[   ]and[   ]
were issued false U.S. re-entry permits in the names of
[   ]and[   ] respectively. These were
received in New York City just prior to their departure on
30 July for La Paz on a Braniff Airline flight. Their case
officer had preceded them and met them on 31 July at 7 a.m.
at the La Paz airport. [   ]believes that Bolivian visas
were stamped in their re-entry permits.

5. The case officer and another American took them to
meet[   ]to whom they were introduced as
experts on guerrilla warfare. He issued each a personal card
in which were handwritten his instructions to all civilian
and military officials that they be given full support. At
ten that morning, they met[   ]Commander-in-Chief
of the Bolivian Armed Forces. (It wasn't until about a month
later that[   ]met[   ]in Santa Cruz.) While in
La Paz, no new instructions were issued to them about their
mission. After about a week there, they were flown to Santa
Cruz de la Sierra for a few days and introduced to Colonel
[   ]Commander of the Eighth Division.
[   ]arranged for[   ],the American
officer in charge of the military mission training the 2nd
Ranger Battalion, to come to Santa Cruz to meet[   ]and
[   ] They were also introduced to Major[   ]
G-2 of the Eighth Division. After 3 or 4 days in Santa Cruz,
[   ]and[   ]went to La Esperanza, where they were
quartered at the Bolivian officers' compound. In La Esperanza
they met[   ] the Commander of the 2nd Ranger Battalion,
and Captain[   ]

6. Prior to their departure from La Paz,[   ]and
[   ]were issued Bolivian uniforms and credentials as
captains in the Bolivian Army. Nevertheless, they did not
receive Bolivian Army insignia. Later,[   ]was given by
[   ]a Bolivian tri-color cap-insignia which he wore
(escarapela).[   ]and[   ]were issued Smith and Wesson
double-action automatic pistols. During their activities as in-
structors and advisors they assumed the role of Bolivian
officers, although they were known as foreign advisors to a
number of Bolivian officers. [   ]said that he learned later
that the American Ambassador had prohibited anyone other than
he and[   ]from becoming involved in the anti-guerrilla
activities in the field.)

7. Despite their apparent status as Bolivian officers,
[   ]said that they never were given orders by higher-
ranking Bolivian officers (One exception to this rule was the
order which Colonel[   ]issued to[   ]on the day of
Guevara's execution, if[   ]story is to be believed.)

DOCUMENTO 40. Continuación

-2-

4. Antes de que partieran, tanto [tachado] como [tachado] recibieron falsos permisos de reingreso a los Estados Unidos con los nombres [tachado] y [tachado] respectivamente. Los documentos les fueron entregados en Nueva York justo antes de su partida el 30 de julio con destino a La Paz en un vuelo de la aerolínea Braniff Airways. El funcionario de Washington a cargo del caso los había precedido y se encontró con ellos el 31 de julio a las 7 de la mañana en el aeropuerto de La Paz. [Tachado] cree que les sellaron las visas bolivianas en sus permisos de reingreso.

5. El funcionario a cargo del caso y otro estadounidense los llevaron para presentárselos a [tachado] ante quien fueron descritos como expertos en guerra de guerrilla. Él le entregó a cada uno una tarjeta personal donde de puño y letra instruía a todo funcionario civil y militar para que les diera su más completo apoyo. Esa misma mañana a las 10 fueron presentados a [tachado], comandante en jefe de las fuerzas armadas bolivianas (solo aproximadamente un mes más tarde [tachado] conocieron a [tachado] en Santa Cruz). Mientras estuvieron en La Paz no les fueron dadas nuevas instrucciones relativas a su misión. Después de estar allí más o menos una semana, volaron a Santa Cruz de la Sierra por unos días; allí se les presentó al coronel [tachado] comandante de la 8ª División. [Tachado] hizo los arreglos para que [tachado], el oficial estadounidense a cargo de la misión de entrenamiento militar del 2° Batallón de Rangers, viajara a Santa Cruz para conocer a [tachado] y [tachado]. Estos también fueron presentados al mayor [tachado] G-2 de la 8ª División. Después de estar tres o cuatro días en Santa Cruz, [tachado] y [tachado] viajaron a La Esperanza, donde fueron alojados en las instalaciones de los oficiales bolivianos. En la Esperanza, conocieron a [tachado], el comandante del 2° Batallón de Ranger, y al capitán [tachado].

6. Antes de abandonar La Paz [tachado] y [tachado] recibieron uniformes y credenciales bolivianas donde figuraban como capitanes del Ejército boliviano. Sin embargo, no recibieron las insignias del Ejército boliviano. Más tarde, [tachado] le dio a [tachado] una insignia tricolor de capitán (escarapela) que él usaba. A [tachado] y a [tachado] se les entregaron pistolas automáticas de doble acción [?] Smith & Wesson. Durante sus actividades de instructores y asesores asumieron el papel de oficiales bolivianos. [Tachado] dijo que más tarde se enteró de que el embajador estadounidense había prohibido que nadie que no fuera él mismo y [tachado] participaran en las actividades antiguerrilleras en el campo.

7. A pesar de su posición aparente de oficiales bolivianos, [tachado] dijo que ellos nunca habían recibido órdenes de oficiales bolivianos de más alto rango. (Una excepción a esa regla fue la orden que el coronel [tachado] le impartió a [tachado] el día de la ejecución de Guevara, suponiendo que creamos el relato de [tachado].)

-3-

8. [   ]was assigned to Santa Cruz and[   ]was
assigned to La Esperanza, where the latter conducted most of
the intelligence training. As time went by,[   ] own
duties gravitated to becoming basically those of an advisor.
He said that his case officer was aware of and approved of this
development. Among the things which[s] and[   ]
attempted to accomplish was the preservation of the lives of
captured guerrillas, for the collection of intelligence about
the guerrilla's locations, as well as for humanitarian reasons.
[,]said that he saved the life of Jose Castillo Chavez,
traveling for that purpose to Vallegrande from Santa Cruz,
where he spoke briefly to Castillo at the Nuestra Senora de
Malta Hospital. At this time[   ]learned of the intent
of[   ]of the Rangers to have the prisoner executed.
[   ]prevailed on Major[.]and[   ]to
take his side. The prisoner was flown to Vallegrande where
[   ]covered all medical costs and carried out a two-week
interrogation. The resulting twenty-page interrogation report
provided the Bolivians with a complete concept of the
guerrilla's strategy, which turned out to be the key to
Guevara's capture, according to[.] This report was
attributed by the Bolivians to be from their own people.

9. This important development was followed by an
encounter in late September between a unit led by a Lt.[   ]
and the remnants of the guerrillas. During this action, a Cuban
lieutenant named Miguel; the Bolivian Coco Peredo; and a
Bolivian physician named Jose Gutierrez Ardaya were killed.
[   ]travelled by jeep to Pucara, where the bodies were
located, and through the information he had learned from
Castillo, he was able to establish that the men were from
Guevara's forward element. Upon his return to Santa Cruz,
[   ]advised[   ]that the 2nd Ranger Battallion
should be immediately deployed, with the remaining two weeks
of their training cancelled. [   ]accepted this advice
and the Rangers were moved to Pucara, and the Headquarters of
the Eighth Division were moved to Vallegrande. [   ]
continued in his advisory role, suggesting areas for troop
deployment as well as the deployment of the intelligence
teams. On the 8th of October, contact was established with
Guevara's remaining forces. (At this time[   ]was in
Vallegrande and[   ]in Esperanza.) On the 8th, Major
[   ]reported over the radio that "the chief" had been
captured. [   ]then flew over the area in a PT-6 carrying
with him a PRC-10 radio with which he was able to communicate
with the Bolivian forces. He then confirmed that Guevara was
"the chief" who had been captured. He returned to Vallegrande
where he told[   ]that Guevara had been wounded and
captured.

SECRET

DOCUMENTO 40. Continuación

292

-3-

8. [Tachado] fue asignado a Santa Cruz y [tachado] fue asignado a La Esperanza, donde este último realizó la mayor parte del entrenamiento en inteligencia. Con el paso del tiempo, las tareas del propio [tachado] terminaron siendo básicamente las de un asesor. Él dijo que su oficial del caso era consciente de ello y aprobaba esta situación. Entre las cosas que trataron de lograr [tachado] y [tachado] estaba la tarea de conservar con vida a los guerrilleros capturados, además de por razones humanitarias, con el propósito de reunir información de inteligencia sobre la ubicación de los guerrilleros. [Tachado] dijo que él salvó la vida de José Castillo Chávez y que para hacerlo viajó desde Santa Cruz a Vallegrande, donde habló brevemente con Castillo en el Hospital Nuestra Señora de Malta. En ese momento [tachado] se enteró de la intención del [tachado] de los Rangers de ejecutar al prisionero. [Tachado] prevaleció sobre el mayor [tachado] y [tachado] estuvo de su parte. El prisionero fue enviado por avión a Vallegrande donde [tachado] cubrió todos sus gastos médicos y lo sometió a un interrogatorio de dos semanas. El informe del interrogatorio resultante, de veinte páginas, dio a los bolivianos un concepto completo de la estrategia de los guerrilleros que, según [tachado], terminó siendo la clave para capturar a Guevara. Los bolivianos se atribuyeron la fuente y la autoría de ese informe.

9. A este importante logro se sumó casi enseguida un enfrentamiento mantenido a fines de septiembre entre una unidad conducida por el lugarteniente [tachado] y el remanente de los guerrilleros. Durante esta acción fueron abatidos un lugarteniente cubano llamado Miguel, el boliviano Coco Peredo y un médico boliviano llamado José Gutiérrez Ardaya (sic) [Se refiere a Mario Gutiérrez, alias "Julio"]. [Tachado] viajó en *jeep* hasta Pucará donde permanecían los cadáveres y, gracias a la información que había obtenido de Castillo pudo establecer que esos hombres pertenecían a la vanguardia de Guevara. Al retornar a Santa Cruz [tachado] aconsejó a [tachado] que convenía cancelar las dos últimas semanas de entrenamiento del 2° Batallón de Rangers y desplegarlo inmediatamente. [Tachado] aceptó este consejo y decidió trasladar a los Rangers a Pucará y establecer los cuarteles generales de la 8ª División en Vallegrande. [Tachado] continuó desempeñando su función de asesor sugiriendo áreas para desplegar en ellas las tropas y los equipos de inteligencia. El 8 de octubre se estableció contacto con las fuerzas remanentes de Guevara. (En ese momento [tachado] estaba en Vallegrande y [tachado] en Esperanza.) El día 8, el mayor [tachado] informó a través de la radio que "el jefe"

había sido capturado. [Tachado] viajó entonces a la zona en un PT-6 llevando consigo una radio PRC-10 con la que podía comunicarse con las fuerzas bolivianas. Fue él quien luego confirmó que Guevara era "el jefe" que había sido capturado. Retornó a Vallegrande donde le informó a [tachado] que Guevara había sido herido y capturado.

Secreto

-4-

10. That day [   ] was sent to Higueras to interrogate the guerrilla prisoners and assembled the captured documents. Since Colonel [   ] was planning to fly by helicopter to Higueras on the 9th, [   ] asked him on the evening of the 8th if he could accompany him to interrogate Guevara. [   ] consulted his staff and agreed. (The helicopter had room only for a pilot and two passengers.) [   ] prepared a 100-word message to the [   ] in code reporting Guevara's capture and asking that an Embassy representative be sent to the area to prevail upon the Bolivians to spare Guevara's life, since he did not believe that he could succeed in doing so. This message was prepared for the scheduled 10 a.m. transmission of 9 October, and was not transmitted to the relay point in Asuncion, Paraguay, until about 10:30 a.m., after [   ] arrived in Higueras and set up his radio transmitter an RS-48.

11. [   ] and the pilot, [   ] set out by helicopter from Vallegrande at 7:15 a.m. on the 9th, and arrived in Higueras at about 7:40 a.m. [   ] accompanied [   ] and Major [   ] when they visited Guevara in the school room which was his improvised jail. Guevara would not answer [   ] when spoken to. He was bound, hand and foot, and had a leg wound.

12. [   ] and Major [   ] then reviewed the captured documents and [   ] s] obtained permission from [   ] to photograph all the papers, including Guevara's diary, and also ['s] permission to retain the original accommodation addresses found.

13. While [   ] and all the other Bolivian officers (with the exception of a Lieutenant [   ]) were outside of the village attending to other military affairs, [   ] remained in Higueras as the highest ranking "Bolivian officer". In this capacity he answered a call received on the military field telephone and answered as Captain [   ] He was given the code numbers 500 and 600 as orders which were to be implemented by command of "higher authorities". He said that the connection was not clear and he could not recognize the voice but it could have been that of Major [   ] In any case, [   ] said that since it was a line only available to the military he was confident that it was order retransmitted through military channels. He said that he knew that 500 referred to Guevara, 600 to the word execute and 700 to the preservation of Guevarra's life. These simple codes had been identified to him previously.

DOCUMENTO 40. Continuación

-4-

10. Ese día [tachado] fue enviado a Higueras para interrogar a los guerrilleros prisioneros y recolectó los documentos incautados. Como el coronel [tachado] estaba planeando ir en helicóptero a Higueras el día 9, [tachado] le preguntó la noche del 8 si podía acompañarlo para interrogar a Guevara. [Tachado] consultó a su personal y accedió. (El helicóptero solo tenía capacidad para un piloto y dos pasajeros.) [Tachado] preparó un mensaje en código de cien palabras para el [tachado] en el que informaba la captura de Guevara y pedía que se enviara un representante de la embajada al lugar de detención para prevalecer sobre los bolivianos y resguardar la vida de Guevara, pues no creía que pudiera lograrlo solo. Este mensaje fue preparado para la transmisión ya programada para las 10 de la mañana del 9 de octubre y no fue emitido al puesto de retransmisión de Asunción, Paraguay, hasta aproximadamente las 10.30 h, después de que [tachado] llegara a Higueras e instalara su transmisor de radio, un RS-48.

11. [Tachado], [tachado] y el piloto, [tachado] partieron de Vallegrande en helicóptero a las 7.15 de la mañana del día 9 y llegaron a Higueras alrededor de las 7.40. [Tachado] acompañó a [tachado] y al mayor [tachado] cuando visitaron a Guevara en el aula de la escuela donde se había improvisado una especie de cárcel. Guevara no respondió [tachado] cuando le dirigieron la palabra. Estaba atado de pies y manos y tenía una herida en una pierda.

12. [Tachado] y el mayor [tachado] revisaron luego los documentos incautados y [tachado] obtuvo permiso de [tachado] para fotografiar todos los papeles incluido el diario de Guevara y el permiso de [tachado] para conservar el original de las direcciones de alojamiento halladas.

13. Mientras [tachado] y todos los demás oficiales bolivianos (con excepción de un lugarteniente [tachado]) estaban fuera del poblado realizando otras misiones militares, [tachado] permaneció en Higueras como el "oficial boliviano" de más alto rango. En ese carácter respondió una llamada recibida en el teléfono militar de campo y respondió diciendo que era el capitán [tachado]. Se le dieron los números en código 500 y 600 como órdenes que debían cumplirse como mandato de "más altas autoridades". Dijo que la conexión no era clara y que no pudo reconocer la voz, pero que podía haber sido la del mayor [tachado]. En todo caso, [tachado] dijo que, puesto que aquella era una línea a la que solo tenían acceso los militares, confió en que se trataba de una orden retransmitida a través de los canales militares. Dijo que sabía que 500 se refería a Guevara, que 600 significaba la palabra "ejecutar" y que 700 indicaba "preservar la vida de Guevara". Estos códigos simples se le habían comunicado previamente.

SECRET

-5-

14. Upon [   ] return, [   ] told him of the
message and [   ] ook it as an authentic order and made
no effort to have it confirmed. [   ] asked if Guevara's
life could be preserved since he had these instructions.
[   ] replied that his own position would be placed in
jeopardy if he did not comply. [   ] asked him to make
the attempt anyway. [   ] believes that [   ] had
already resigned himself to the inevitability of Guevara's
execution.) [   ] said that he was in sympathy with [   ]
wish but that it was not in his power to reverse the order.
He told [   ] that he was well aware of the treatment which
Fidel had meted out to Cubans and told him to execute Guevara
in any manner which he might choose. [   ] said that he
had to leave for Vallegrande at 10:00 a.m. and would send
a helicopter back to pick up Guevara's "body" at 2 p.m., and
"as a friend", asked that the body be ready. [   ]
reiterated his request that the order be appealed and
agreed to make the attempt, and said he would advise if he
were successful.

15. Failing a counter-manding of the order and as the
senior "Bolivian officer" left in Higueras, [   ] said he
was left with the implementation of the execution. After
[   ] left, [   ] was able to talk to Guevara, who
identified [   ] either as a Puerto Rican or a Cuban
working for U.S. intelligence. He said he made this judgment
on the basis of the questions asked and on [   ] accent.
While [   ] was with Guevara, shots were fired in adjoining
rooms and [   ] later determined that these involved the
execution of two other prisoners. Recognizing these shots
for what they were, nevertheless, Guevara blanched when
[   ] confirmed that he too would be executed; although
later composing himself.

16. After leaving Guevara, [   ] told a sergeant of
the order to execute Guevara and entrusted the mission to him.
He was told to fire below the head. The order was given to
the sergeant at 1:00 p.m. and [   ] heard the shots fired
at Guevara at 1:20 p.m. At 2:00 p.m., the helicopter returned
to Higueras. A Father [   ] performed the last rites and
Guevara's remains were strapped to one of the helicopter's
skids and [   ] accompanied them to Vallegrande, where
they landed at 2:30 p.m. [   ] said that he lost himself
quickly in the crowd gathered at the airport, but that
[   ] took charge of the remains and was photographed.
[   ] said that the title of the photograph, which appeared
in the press, gave an incorrect identification of
the name [   ] used, [   ]

DOCUMENTO 40. Continuación

298

-5-

14. Cuando [tachado] regresó, [tachado] le contó lo del mensaje y [tachado] lo tomó como una orden auténtica y no hizo ningún esfuerzo por confirmarla. [Tachado] le preguntó si podía conservar con vida a Guevara ya que esas eran las instrucciones que él había recibido. [Tachado] respondió que pondría en peligro su propia posición si no cumplía la orden. [Tachado] le pidió que, de todas maneras hiciera el intento. [Tachado] cree que [tachado] ya se había resignado a la inevitabilidad de la ejecución de Guevara. [Tachado] dijo que él concordaba con el deseo de [tachado] pero que no tenía el poder de decisión para revertir la orden. Le dijo a [tachado] que era muy consciente del tratamiento al que Fidel había sometido a los cubanos y le dijo que ejecutara a Guevara del modo que considerase más conveniente. [Tachado] declaró que tenía que partir hacia Vallegrande a las 10 de la mañana y que enviaría un helicóptero para recoger el "cuerpo" de Guevara a las 2 de la tarde y, "como amigo" le pidió que el cuerpo estuviera listo para esa hora. [Tachado] reiteró su pedido de hacer rever aquella orden; [tachado] aceptó hacer el intento y dijo que le avisaría si tenía éxito.

15. Al no llegar una contraorden y como el "oficial boliviano" de mayor rango que quedaba en Higueras, [tachado] dijo que él había quedado a cargo de llevar a cabo la ejecución. Una vez que [tachado] se fue, [tachado] pudo hablar con Guevara, quien identificó a [tachado] o bien como portorriqueño o bien como cubano que trabajaba para la inteligencia de los Estados Unidos. Dijo que había emitido este juicio sobre la base de las preguntas que [tachado] le había hecho y por su acento. Mientras [tachado] se encontraba con Guevara, sonaron disparos en las aulas vecinas y [tachado] pudo determinar luego que correspondían a la ejecución de otros dos prisioneros. Aunque había reconocido lo que significaban esos disparos, Guevara se puso blanco cuando [tachado] le confirmó que también él sería ejecutado; pero luego se recompuso.

16. Después de dejar a Guevara, [tachado] le transmitió a un sargento la orden que se había recibido de ejecutar a Guevara y le confió a él la misión. Le dijo que disparara por debajo de la cabeza. El sargento recibió la orden a las 13 h y [tachado] oyó los disparos contra Guevara a las 13.20. A las 14, regresó el helicóptero a Higueras. El Padre [tachado] cumplió los últimos ritos y los restos de Guevara fueron atados a uno de los patines del tren de aterrizaje del helicóptero y [tachado] los acompañó hasta Vallegrande, donde aterrizaron a las 14.20. [Tachado] dijo que se perdió rápidamente entre el gentío reunido en el aeropuerto pero que [tachado] se hizo cargo de los restos y fue fotografiado. [Tachado] dijo que el epígrafe de la fotografía que apareció en la prensa dio una identificación incorrecta del nombre [tachado] utilizado, [tachado].

-6-

17. [   ] said he reported the executions to Major
[   ] and the Chief of Operations, a [   ]
and then was taken back to identify the bodies of the three
executed guerrillas. They then drove to Santa Cruz with the
documents, films and equipment and then flew to La Paz,
where [   ] contacted his case officer. He was taken to
a home where the [   ] and other Americans were briefed by
him. Everything which he had been able to retain was turned
in then to be carried by a special courier to Washington.
[   ] then flew back to Santa Cruz where a C-130 ordered
by General Porter, CINCSOUTH, was to pick him and [   ]
up for a flight to the Canal Zone. This plane arrived with
a flat tire on the 10th or 11th. The U.S. Mission aircraft,
a C-54, was then flown to Santa Cruz and he and [   ]
were flown back to La Paz. After overnighting there, another
C-130 carried them to Panama where [   ] was asked to
relate his story to General Porter. After 2 weeks in Panama,
[   ] and [   ] were documented as GS-16s so that they
could board a over-booked military flight to Charlotte,
South Carolina. After their arrival there, they journeyed
to Miami, where [   ] briefed General Cushman. [   ]
believes that in both high-level briefings he mentioned his
own personal role in the execution of Guevara.)

LA/

DOCUMENTO 40. Continuación

Liberado para pub. 102-526 (ley JFH)

Fecha 3 de septiembre de 1993

~~Secreto~~

-6-

17. [Tachado] dijo que había informado de las ejecuciones al mayor [tachado] y al jefe de Operaciones, [tachado], y luego fue llevado de regreso para identificar los cadáveres de los tres guerrilleros ejecutados. Luego viajaron en automóvil hasta Santa Cruz con los documentos, los filmes y el equipamiento y después volaron a La Paz donde [tachado] se puso en contacto con su oficial del caso. Fue llevado a una casa donde dio una información detallada a [tachado] y otros estadounidenses. Allí [tachado] entregó todo lo que había podido retener para que fuera enviado por correo a Washington. [Tachado] voló luego de regreso a Santa Cruz donde por orden del general Porter, Cincsouth, un C-130 debía recogerlo junto con [tachado] para llevarlos a la zona del Canal. Este avión llegó con un neumático bajo a las 10 u 11 de la mañana. Entonces se envió a Santa Cruz un avión de la misión estadounidense, un C-54, y así él y [tachado] volaron a La Paz. Luego de pasar la noche allí, otro C-130 los llevó a Panamá, donde se le pidió a [tachado] que relatara lo ocurrido al general Porter. Después de estar dos semanas en Panamá [tachado] y [tachado] recibieron documentos como GS-16 y así pudieron abordar un vuelo militar ya con el pasaje completo a Charlotte, Carolina del Sur. Después de llegar allí, ambos emprendieron viaje a Miami, donde [tachado] informó detalladamente al general Cushman. [Tachado] cree haber mencionado en los dos informes al alto mando su propio rol personal en la ejecución de Guevara.

[Firma tachada]

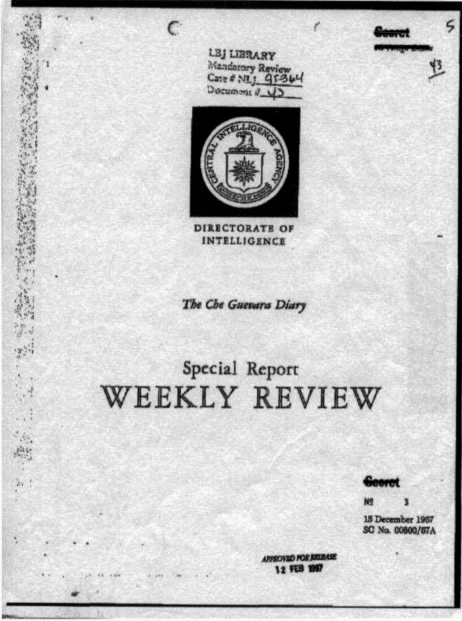

DOCUMENTO 41. Análisis del director de Inteligencia de la CIA del
Diario de Bolivia, Intentos cubanos de exportar la revolución
(15 de diciembre de 1967)
Este análisis de la CIA del *Diario* del Che concluye que "cuando el diario se publique, su relato de la patética lucha librada en Bolivia solo puede debilitar la leyenda de Guevara".

Directorio de Inteligencia

El diario del Che Guevara

Informe especial
Revisión semanal

~~Secreto~~
N° 3
15 de diciembre de 1967
SC n° 00800/67A

Aprobada su difusión: 12 de febrero de 1997

Secret

Special Reports are supplements to the Current Intelligence Weeklies issued by the Office of Current Intelligence. The Special Reports are published separately to permit more comprehensive treatment of a subject. They are prepared by the Office of Current Intelligence, the Office of Research and Reports, or the Directorate of Science and Technology. Special Reports are coordinated as appropriate among the Directorates of CIA but, except for the normal substantive exchange with other agencies at the working level, have not been coordinated outside CIA unless specifically indicated.

WARNING

This document contains information affecting the national defense of the United States, within the meaning of Title 18, sections 793 and 794, of the US Code, as amended. Its transmission or revelation of its contents to or receipt by an unauthorized person is prohibited by law.

DISSEMINATION CONTROLS

This document MUST NOT BE RELEASED TO FOREIGN GOVERN-MENTS. If marked with specific dissemination controls in accordance with the provisions of DCID 1/7, the document must be handled within the framework of the limitation so imposed.

Secret

DOCUMENTO 41. Continuación

Secreto

Los informes especiales son un complemento de los Informes Semanales de Actualidad de Inteligencia publicados por la Oficina de Inteligencia Actual. Los informes especiales se publican separadamente para permitir un tratamiento más abarcador de un tema. Han sido preparados por la Oficina de Inteligencia Actual, la Oficina de Investigación e Informe o el Directorio de Ciencia y Tecnología. Los informes especiales están coordinados como corresponde por los directorios de la CIA pero, salvo por el normal intercambio sustancial con otras agencias en el nivel de trabajo, no fueron coordinados fuera de la CIA a menos que se lo hubiera indicado específicamente.

Advertencia

Este documento contiene información que afecta la defensa nacional de los Estados Unidos, en el sentido del Título 16, secciones 793 y 794 del Código de los Estados Unidos, tal como ha sido enmendado. Está prohibido por ley que se transmita o se revele su contenido a una persona no autorizada o recibirlo de ella.

Controles de difusión

Este documento *no debe ser comunicado a gobiernos extranjeros*. Si está marcado con controles específicos de difusión, de acuerdo con las reservas de DCID [ilegible], el documento debe manejarse dentro del marco de la limitación así impuesta.

Secreto

THE CHE GUEVARA DIARY

The diary of Ernesto "Che" Guevara is the protracted memoirs of the ill-fated guerrilla movement he led in the Bolivian backlands from 7 November 1966 to 8 October 1967. The account, which was found with Guevara after his capture, reveals that the guerrilla band suffered from the outset from dissension and ineptitude that compounded the hardships of jungle operations. Guevara's movement ultimately failed because the Bolivian peasants received the guerrillas with fear and suspicion.

Guevara, in his diary, wrote simply, without metaphor or embellishing prose. He did not discuss ideological or substantive political matters and avoided personal ruminations and reminiscences. He said virtually nothing that can be turned into inspiring mottoes or myths. It seems, moreover, that when the diary is published the Guevara legend will only be dulled by this account of the pathetic struggle in Bolivia.

Cuban Attempt to Export Revolution

The diary shows that Guevara's 11-month odyssey was a concerted attempt by Cuba to open the central heartland of South America to international guerrilla insurgency. Since the first Tri-Continent Conference in Havana in January 1966, Fidel Castro had been insisting that "it is the duty of every revolutionary to make revolution." Jules Regis Debray in his *Revolution Within Revolution* charted the ideological fiber of Castro's militant stand, and it was left to Guevara, presumed revolutionary consummate, to lead the "inevitable struggle."

It is clear from the diary that the guerrillas were carefully selected and trained, and were well equipped by Cuba. At least three members of the central committee of the Cuban Communist Party, and perhaps a dozen or so other Cubans--all followers of Guevara and experts in guerrilla tactics--were with the band. In short, Castro and Guevara set out systematically to prove Debray's corollary to militant Castroism: that the Latin American guerrilla movement ought to be an internationalized rural insurgency springing from the rebellion of a frustrated and oppressed peasantry.

Guevara's hopeless struggle and demise, however, proved only

DOCUMENTO 41. Continuación

El diario del Che Guevara

El diario de Ernesto "Che" Guevara es la memoria extendida del infortunado movimiento guerrillero que él condujo en el interior boliviano desde el 7 de noviembre de 1966 hasta el 8 de octubre de 1967. El relato, que fue encontrado con Guevara después de su captura, revela que la banda guerrillera sufrió desde el comienzo de disenso e ineptitud, que se combinaron para aumentar las dificultades que sufrieron las operaciones en la selva. En última instancia, el movimiento de Guevara fracasó porque los campesinos bolivianos recibían a los guerrilleros con temor y sospechas.

En su diario, Guevara escribía de manera sencilla, sin metáforas ni otros recursos para embellecer la prosa. No analizaba cuestiones ideológicas ni políticas sustanciales y evitaba las reflexiones y reminiscencias personales. No decía prácticamente nada que pudiera convertirse en un lema inspirador o un mito. Es más, lo que parecería es que, cuando el diario se publique, su relato de la patética lucha librada en Bolivia solo puede debilitar la leyenda de Guevara.

El intento cubano de exportar la revolución

El diario muestra que la odisea de once meses de Guevara fue un intento concertado de Cuba para abrir el corazón geográfico de América del Sur a la insurgencia guerrillera internacional. Desde la primera Conferencia Tricontinental llevada a cabo en La Habana en enero de 1966, Fidel Castro había insistido con que "es el deber de todo revolucionario hacer la revolución".

Jules Régis Debray en su *¿Revolución en la revolución?* describe la fibra ideológica de la postura militante de Castro, y a Guevara, supuestamente un revolucionario consumado, se le dejó la tarea de conducir la "inevitable lucha".

El diario deja claro que los guerrilleros fueron cuidadosamente seleccionados y entrenados, y que estaban bien equipados por Cuba. Conformaban la camarilla por lo menos tres miembros del comité central del Partido Comunista cubano y tal vez una docena más o menos de otros cubanos, todos seguidores de Guevara y expertos en tácticas guerrilleras. En suma, Castro y Guevara tuvieron sistemáticamente la intención de probar el corolario de Debray del castrismo militante: que el movimiento guerrillero latinoamericano debía ser una insurgencia rural institucionalizada nacida de la rebelión de un campesinado frustrado y oprimido.

La lucha desesperada de Guevara y su derrota solo probaron, sin embargo, la futilidad

~~Secreto~~
Página 1 / Informe especial / 15 de diciembre de 1967

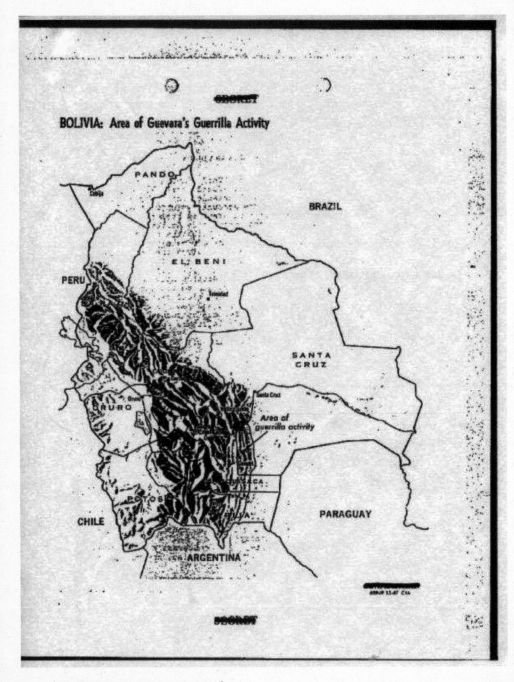

DOCUMENTO 41. Continuación

the futility of the approach. The Debray strategy and the guerrilla tactics that Che compiled in his handbook *Guerrilla Warfare* proved to be empty theoretics. Guevara was unable to win the support of the Bolivian Communist Party (PCB-S) and could not prevent his own group from splitting into conflicting factions. The peasant support considered essential to the revolutionary thesis was entirely lacking. It was, in fact, the hostility and suspicion of the Bolivian peasants that forced the band to continue its endless flight through the jungles. Finally, after some months of ineffective counterguerrilla activity by Bolivian Army units, the Bolivian Rangers were assigned to the operation. The Rangers, well trained in pursuit and harassment, eventually destroyed most of the guerrillas.

Failure of the Guerrilla Tactics

A disciplined, loyal, and tightly organized revolutionary cadre is the first requirement in the Castro-Guevara-Debray blueprint for insurgency. In *Guerrilla Warfare*, Guevara said that "homogeneity, respect for the leader, bravery, and familiarity with the terrain" are the essential characteristics of the guerrilla band. In Bolivia, however, most of these basic concepts were violated or ignored. The band was composed of Cuban, Bolivian, and Peruvian nationals, none of whom was very familiar with the operational zone.

Guevara vainly attempted to remedy these deficiencies. Ac-

cording to the diary, he spent the first three months securing bases of operations and training and indoctrinating the guerrillas. His first attempt at an exploratory familiarization trek through the jungles, however, was plagued by inaccurate maps and the group became discouraged and weakened by heavy rains, insects, and a shortage of food and water. Tensions between the Bolivians and Cubans became serious in the first months, and the initial exploratory patrols were characterized by ineptitude, flagging morale, and poor leadership.

Ineptitude

Communications with Havana and La Paz were lost as early as January when a transmitter rusted because it was stored in a damp cave. On 26 February, the band suffered its first personnel loss when a member drowned attempting to cross a turbulent stream. On 17 March, a second member was lost in a similar accident. Thus, neither of Che's initial objectives—training and exploration—was completed, and various accidents had already taken their toll.

On 23 March, the guerrillas ambushed a Bolivian patrol and killed eight of its members. A second battle on 10 April accounted for seven army dead and also for the first Cuban loss. Capt. Jesus Suarez Gayol, a former vice minister of the Ministry of Sugar Industries, was killed. Guevara was discouraged with the results of these skirmishes, which showed that the guerrillas were still divided and insufficiently trained.

DOCUMENTO 41. Continuación

del enfoque. La estrategia de Debray y las tácticas guerrilleras que el Che compiló en su cuaderno *La guerra de guerrillas* resultó ser teorética hueca. Guevara no supo conseguir el apoyo del Partido Comunista boliviano (PCB-S) y no pudo impedir que su propio grupo se escindiera en facciones rivales. El apoyo de los campesinos, considerado esencial para la tesis revolucionaria, estuvo por entero ausente. En realidad, lo que obligó a la banda a continuar su interminable fuga a través de la selva fue la hostilidad y el recelo de los campesinos bolivianos. Finalmente, después de algunos meses de actividad contraguerrillera inofensiva de las unidades del Ejército boliviano, se asignó la operación a los Comandos [Rangers] bolivianos. Los Comandos, bien entrenados en persecución y hostigamiento, terminaron aniquilando a la mayor parte de los guerrilleros.

Fracaso de las tácticas guerrilleras

Un cuadro revolucionario disciplinado, leal y severamente organizado es el primer requerimiento del plan de insurgencia Castro-Guevara-Debray. En *La guerra de guerrillas*, Guevara decía que "la homogeneidad, el respeto por el líder, el valor y la familiaridad con el terreno" eran las características esenciales de la facción guerrillera. En Bolivia, sin embargo, se violaron o ignoraron la mayoría de estos conceptos básicos. La cuadrillada estaba compuesta por cubanos, bolivianos y peruanos, ninguno de los cuales estaba muy familiarizado con la zona de operaciones.

Guevara intentó en vano remediar esas deficiencias. Según lo que dice el diario, Guevara pasó los primeros tres meses asegurando las bases de operaciones y dando entrenamiento y adoctrinamiento a los guerrilleros. Sin embargo, su primer intento de incursión exploratoria para familiarizarse con la selva se malogró a causa del uso de mapas inexactos y el grupo terminó desalentado y debilitado por las fuertes lluvias, los insectos y la escasez de alimentos y agua. Las tensiones entre los bolivianos y los cubanos ya se manifestaron con intensidad en los primeros meses, y las patrullas de exploración inicial se caracterizaron por su ineptitud, su moral declinante y la pobreza del liderazgo.

La ineptitud

Las comunicaciones con La Habana y La Paz se perdieron ya en enero cuando un transmisor se oxidó por estar almacenado en una caverna húmeda. El 26 de febrero, el grupo guerrillero sufrió su primera pérdida de personal al ahogarse un miembro mientras intentaba cruzar un torrente turbulento. El 17 de marzo, otro miembro del grupo murió en un accidente similar. Lo cierto es

que no se completó ninguno de los objetivos iniciales del Che –el entrenamiento y la exploración–, y varios accidentes ya se habían cobrado su precio.

El 23 de marzo, los guerrilleros emboscaron a una patrulla boliviana y mataron a ocho de sus miembros. Un segundo enfrentamiento, ocurrido el 10 de abril, tuvo el saldo de siete miembros del Ejército muerto y la primera pérdida cubana. Quien cayó fue el capitán Jesús Suárez Gayol, un ex viceministro del Ministerio de Industrias del Azúcar. Guevara se sintió desalentado con los resultados de estas escaramuzas que mostraron que los guerrilleros estaban aún divididos e insuficientemente entrenados.

~~Secreto~~
Página 3 / Informe especial / 15 de diciembre de 1967

Michael Ratner y Michael Steven Smith

Morale

Che was particularly disturbed with the reluctance of the Bolivians to work with the Cubans, and on 12 April reminded them that "the first blood drawn was Cuban." On 25 April, Capt. Eliseo Reyes Rodriguez (San Luis), a member of the central committee of the Cuban Communist Party, was killed in combat. The loss of San Luis was a major psychological blow to Guevara, who for the first time was unabashedly despondent. He mourned that San Luis was "the best man in the guerrilla band" and a comrade "since (San Luis was) practically a child."

The loss of San Luis was a turning point that caused Guevara to view the guerrillas' chances very critically. In his monthly summary for April, he pessimistically enumerated at least three major problems undermining his efforts. For the first time, he discussed in some detail the isolation of the band. He complained that the peasants were not responding and that there had been no enlistments.

According to Guevara, the arrests of Jules Regis Debray and the Argentine journalist, Ciro Bustos, that month further isolated the band from possible sources of foreign assistance.

Finally, Che opined that "the Americans will intervene here strongly." His basic strategy was to provoke US military intervention in Latin America, but it seems that he was unprepared to cope with such an intervention as early as April.

Leadership

During the following months, the band suffered a slow attrition while morale continued to plummet. Several more guerrillas were lost in skirmishes and others, including Guevara, were weakened and incapacitated by various ailments and injuries. By the end of July, Guevara was emphasizing only the "negative aspects" of the campaign and reiterated daily complaints about his asthma attacks. He was weak and ill, unable at times to carry his own knapsack.

The band of 22 was entirely on the defensive in remote and unplotted terrain while the Bolivian military was slowly increasing its effectiveness and encircling the guerrillas. In these circumstances, Guevara was facing increasingly serious problems, including chronic food shortages. Once, during a long period on reduced rations, members of the band suffered "fainting spells."

By the end of August, after almost ten months of attrition and debilitation, Guevara admitted that it had been "without a doubt the worst month yet." His illness, Che said, had "caused uncertainty in several others...and (was) reflected in our only encounter (with the army)." This was his only admission that his primacy was ever doubted.

In fact, however, Guevara had discipline problems almost from the outset. These resulted from the friction between the

DOCUMENTO 41. Continuación

Moral

El Che se sentía particularmente perturbado por la renuencia de los bolivianos a trabajar con los cubanos y el 12 de abril les recordó que "la primera sangre derramada fue cubana". El 25 de abril, el capitán Eliseo Reyes Rodríguez (San Luis), un miembro del comité central del Partido Comunista cubano, cayó abatido en combate. La pérdida de San Luis fue un golpe psicológico enorme para Guevara, quien por primera vez se mostró abiertamente abatido. Se lamentaba diciendo que San Luis era "el mejor hombre del grupo de guerrilleros" y su compañero "desde que (San Luis era) prácticamente un niño".

La pérdida de San Luis fue un punto de inflexión que hizo cambiar radicalmente la visión de la guerrilla que tenía Guevara. En su resumen mensual de abril, enumeró con tono pesimista por lo menos tres problemas graves que debía afrontar en su empresa. Por primera vez analizó con algún detalle el aislamiento del grupo guerrillero. Se quejó de que los campesinos no estuvieran respondiendo bien y de que no había habido ningún nuevo alistamiento.

Según Guevara, los arrestos ese mes de Jules Régis Debray y del periodista argentino Ciro Bustos habían aislado aún más al grupo de las fuentes posibles de asistencia extranjera.

Finalmente, el Che opinaba que "los estadounidenses van a intervenir fuerte aquí". Su estrategia básica era provocar la intervención militar estadounidense en América Latina, pero parece que, en el mes de abril, no estaba preparado para afrontar tal intervención tan pronto.

Liderazgo

Durante los meses siguientes, el grupo guerrillero sufrió una lenta abrasión mientras la moral continuaba cayendo en picada. La guerrilla perdió a varios hombres más en nuevas escaramuzas, y otros, entre ellos Guevara, se debilitaron y se vieron disminuidos en sus capacidades por diversas enfermedades y heridas. A fines de julio, Guevara solo ponía énfasis en los "aspectos negativos" de la campaña y reiteraba diariamente sus quejas por los ataques de asma. Estaba débil y enfermo y a veces ni siquiera podía acarrear su propia mochila.

La banda de veintidós integrantes estaba enteramente a la defensiva en un terreno remoto sin relevamiento topográfico, mientras que el Ejército boliviano iba aumentando lentamente su efectividad y cerrando el círculo alrededor de los guerrilleros. En estas circunstancias, Guevara afrontaba problemas cada vez más graves, entre otros, la escasez crónica de alimentos. Una vez, durante un largo período de

consumir raciones reducidas, algunos miembros de la cuadrilla sufrieron "desvanecimientos".

A fines de agosto, después de casi diez meses de desgaste y debilitamiento, Guevara admitió que aquel había sido "sin ninguna duda el peor mes hasta el momento". Su enfermedad, dijo el Che, "había causado incertidumbre en varios compañeros... y

quedó reflejada en nuestro único enfrentamiento (con el Ejército)". Esta fue la única vez que admitió que pudiera ponerse en duda su supremacía.

Sin embargo, lo que en realidad ocurría es que Guevara tenía problemas de disciplina casi desde el comienzo. Estos problemas resultaron de la fricción entre los

Bolivians and Cubans in the band, and from the lessening of morale as the hardships and setbacks increased. Che's leadership may also have been undermined by his own physical weakness and inability to engineer an effective offensive. In 11 months, Che had not been able to nurture his movement beyond the most preliminary stage of incipient insurgency.

The Guerrillas' Failure With the Peasants

In his handbook, *Guerrilla Warfare*, Guevara explained in detail how the guerrilla must win first the sympathy and trust and then the full collaboration of the rural peasants in order to sustain the struggle. In Bolivia, however, he found this goal impossible from the beginning because of the suspicions, fears, and torpor of the Indian peasants.

In April, Guevara complained that "the peasant base has not yet been developed although it would appear that through planned terror we shall keep some neutral." He admitted the extent of the guerrillas' isolation on 17 April, when he said that "of all the peasants we have seen, there is only one who appears to be cooperative, but with fear." In June, moreover, he warned that the Bolivian Army was "working on the peasants and we must be careful that they are not changed into a community of informers." Fearing betrayal by virtually everyone they encountered, Guevara and his followers wandered in isolation through the sparsely populated jungles.

The End of a Legend

During September and the first week of October, the guer-

rillas were constantly on the run, trapped in a maze of jungle arroyos. During the last weeks, when he must have known that his chances were bleak, Guevara continued to write in the same brief style with mystic hopes for victory. He made his last entry on 7 October, after exactly 11 months in Bolivia. He said the day "was spent in a pastoral setting," but apparently it was a peasant woman from that area who betrayed the guerrillas to the Bolivian forces. The woman had been bribed to keep the guerrillas' location secret, but Che confided in his last entry that he had "little hope she would keep her word."

Guevara was wounded and captured by Bolivian Rangers on 8 October and died the following day. On 16 October, Fidel Castro admitted Guevara's defeat. Two days later, he delivered a lengthy eulogy and declared a month of national mourning in Cuba.

In the diary, Che mentioned frequent communications with Castro. Though his transmitter was destroyed in January, Guevara communicated through couriers and was able to receive coded radio messages from Havana. There were no indications of differences between the two men.

Guevara, his lessons, and his legend were perhaps simultaneously stifled. Though Castro and other revolutionaries may insist that the struggle will endlessly continue in his name, they must now be having serious doubts about their prospects.

Page 6   SPECIAL REPORT   15 Dec 67

DOCUMENTO 41. Continuación

bolivianos y cubanos en la pandilla y de la disminución de la moral a medida que aumentaban los inconvenientes y reveses. El liderazgo del Che también puede haberse socavado a causa de su propia debilidad física y su incapacidad para instrumentar una ofensiva efectiva. En once meses, el Che no había podido fortalecer su movimiento más allá del estadio más preliminar de incipiente insurgencia.

El fracaso de los guerrilleros en su relación con los campesinos

En su manual *La guerra de guerrillas*, Guevara explicaba en detalle que la guerrilla debía ganarse primero la simpatía y la confianza y luego la plena colaboración de los trabajadores rurales a fin de sostener la lucha. En Bolivia, sin embargo, comprobó desde el comienzo que ese objetivo era imposible de cumplir a causa de las sospechas, los temores y el letargo de los campesinos indígenas.

En abril, Guevara se quejaba de que "la base campesina sigue sin desarrollarse; aunque parece que mediante el terror planificado, lograremos la neutralidad de algunos". Desde el 17 de abril admitió el aislamiento de los guerrilleros al decir que "de todos los campesinos que vimos, hay uno que se muestra cooperativo aunque con miedo". En junio, además, advertía que el Ejército boliviano "está haciendo un trabajo campesino y debemos tener cuidado de que no se los transforme en una comunidad de informantes". Temiendo ser traicionados por virtualmente toda persona con la que se encontraban, Guevara y sus seguidores vagaban aislados a través de selvas escasamente pobladas.

El fin de una leyenda

Durante septiembre y la primera semana de octubre, los guerrilleros estuvieron huyendo constantemente, atrapados en un laberinto de arroyos de la selva. Durante las últimas semanas, cuando ya debía saber que sus chances eran sombrías, Guevara continuó escribiendo en el mismo estilo breve con esperanzas místicas de alcanzar la victoria. La última entrada es del 7 de octubre, después de haber pasado exactamente once meses en Bolivia. Allí decía que pasaron el día en un ambiente pastoral, pero aparentemente fue una campesina de esa región la que entregó a los guerrilleros a las fuerzas bolivianas. Los guerrilleros la habían sobornado para que mantuviera silencio, pero en su última entrada, el Che confesó que tenía "pocas esperanzas de que cumpla a pesar de sus promesas".

Guevara fue herido y capturado por los Comandos bolivianos el 8 de octubre y murió al día siguiente. El 16 de octubre, Fidel Castro admitió el fallecimiento de Gue-

vara. Dos días después, pronunció un largo discurso de elogio y declaró un mes de duelo nacional en Cuba.

En el diario, el Che mencionaba sus frecuentes comunicaciones con Castro. Aunque su transmisor se rompió en enero, Guevara se comunicaba mediante correos y podía recibir mensajes de radio codificados desde La Habana. No hubo ninguna indicación de que existieran diferencias entre los dos hombres.

Probablemente, Guevara, sus lecciones y su leyenda hayan quedado aniquilados simultáneamente. Aunque Castro y otros revolucionarios puedan seguir afirmando que la lucha continuará interminablemente en su nombre, ahora deben tener grandes dudas sobre sus perspectivas. [Tachado]

~~Secreto~~

Página 6 / Informe especial /15 de diciembre de 1967

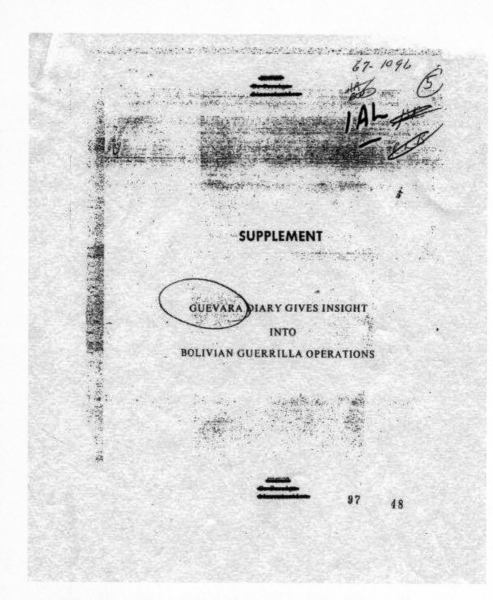

DOCUMENTO 42. Boletín de Inteligencia de la DIA. El diario de Guevara revela operaciones de la guerrilla boliviana (15 de diciembre de 1967)
Esta es la evaluación de la Agencia de Inteligencia del Departamento de Defensa de los movimientos de la guerrilla boliviana del Che, basada en la lectura de su diario, que se le quitó en el momento de la captura. El informe concluye que los esfuerzos del Che fueron un "completo fracaso, sin ningún aspecto rescatable, del primer intento de instrumentar las teorías sobre la insurgencia de Castro-Guevara-Debray...".

GUEVARA DIARY GIVES INSIGHT INTO
BOLIVIAN GUERRILLA OPERATIONS

"Che" Guevara's campaign diary -- captured when
the guerrilla leader was killed in early October --
provides considerable information on the nature and
scope of the Cuban-directed insurgent movement in
southeast Bolivia and the reasons for its failure.

Guevara's death and the defeat of his guerrilla
band in Bolivia was the most serious blow yet dealt
to the Cuban doctrine of armed insurgency for Latin
America, since Castro had apparently committed his
"first team" to this effort. Of an estimated 12
Cubans killed in operations there, at least five have
been identified as members of the Central Committee
of the Cuban Communist Party (PCC); six held the rank
of major, the highest in the Cuban armed forces and
a number of them participated in guerrilla operations
against the Batista forces.

The extent of Cuban involvement in the Bolivian
operation indicates that Castro -- in conflict with the
Soviets over Communist strategy in Latin America --
wanted a victory that would justify his advocacy of
armed revolution. He either did not fear the possible
implications of direct involvement or he was fully
prepared to risk them.

The high-level Cuban participation also tends to
support recent reports that the Bolivian operation was
the first phase of a wider multinational offensive that
was to be launched against other neighboring countries.
To the Castro regime, Bolivia was probably ideally
located for such an operation. Castro, however, apparently did not match his high-level commitment with a
proper evaluation of the situation in Bolivia or with
adequate planning and organization. "Che" Guevara's
diary has revealed a basic weakness in Cuba's intelligence in that the whole operation was based on an
overly optimistic estimate that as soon as operations
commenced, a base could be established with peasant
support. This was accompanied by an underestimation
of the strength of the Bolivian armed forces and the

15 Dec 67   DIA Intelligence Bulletin   Page S-1

DOCUMENTO 42. Continuación

El diario de Guevara revela operaciones de la guerrilla boliviana

El diario de campaña del "Che" Guevara –incautado a comienzos de octubre cuando fue asesinado el líder de la guerrilla– proporciona considerable información sobre la naturaleza y el alcance del movimiento insurgente dirigido por cubanos en el sudeste de Bolivia y sobre las razones de su fracaso.

La muerte de Guevara y la derrota de su cuadrilla de guerrilleros en Bolivia fue el golpe más fuerte dado hasta ahora a la doctrina cubana de insurgencia armada para América Latina, puesto que aparentemente Castro había asignado esta empresa a su "primer equipo". De los doce guerrilleros que se estima murieron en estas operaciones, por lo menos cinco fueron identificados como miembros del Comité Central del Partido Comunista cubano (PCC), seis tenían el cargo de mayor, el más alto de las fuerzas armadas cubanas, y muchos de ellos habían participado en acciones guerrilleras contra las fuerzas de Batista.

La extensión de la participación cubana en la operación boliviana indica que Castro –en conflicto con los soviéticos por la estrategia comunista que cada parte quiere aplicar en Latinoamérica– quería obtener una victoria que justificara su defensa de la revolución armada. O bien no temió las posibles implicaciones de involucrarse directamente, o bien estaba completamente preparado para arriesgarse a ellas.

El alto nivel de implicación cubana también tiende a respaldar informes recientes según los cuales la operación boliviana era la primera fase de una ofensiva multinacional más amplia que habría de lanzarse contra otros países vecinos. Para el régimen de Castro, probablemente Bolivia contara con la posición geográfica ideal para tal operación. Sin embargo, parecería que Castro no acompañó su implicación de alto nivel con una evaluación adecuada de la situación de Bolivia ni con una planificación y una organización adecuadas. El diario del "Che" Guevara ha revelado una debilidad esencial de la inteligencia de Cuba por cuanto toda la operación se asentaba en una estimación abiertamente optimista de que en cuanto empezaran las operaciones, podría establecerse una base con el apoyo de los campesinos. A esto se sumó la subestimación de la potencia de las fuerzas armadas bolivianas y la

15 de diciembre de 1967 / Boletín de Inteligencia de la DIA / Página S-1

SECRET NO FOREIGN DISSEM

BOLIVIAN LEADER GUIDO PEREDO AND TYPICAL TERRAIN OF THE OPERATIONS ZONE. PEREDO IS STILL AT LARGE.

CUBAN AND DENSE VEGETATION WHICH PLAGUED THE GUERRILLAS AS WELL AS THE PURSUING BOLIVIAN ARMY

SECRET NO FOREIGN DISSEM

DOCUMENTO 42. Continuación

El líder boliviano Guido Peredo y el terreno característico de la zona de operaciones. Peredo está aún prófugo.

Cubano en la densa vegetación que hostigó tanto a los guerrilleros como a los miembros del Ejército boliviano que los perseguían.

~~SECRET NO FOREIGN DISSEM~~

resolve of the Bolivian Government. Despite the early
planning, the operation was generally an uncoordinated
effort from the outset, and its inadequacies became
apparent once operations began.

While guerrilla planning was apparently under way
for some time in both Cuba and Bolivia, actual operations did not begin until "Che" and part of his
Cuban cadre arrived at the Nancahuazu camp in November
1966. The next several months were devoted to training,
recruitment, equipment caching, and area familiarization.
During this period, "Che" led a reconnaissance patrol
north of the Rio Grande; this was his first introduction
to the hostile nature of the area. The guerrilla
timetable apparently did not call for offensive action
to begin until mid- or late-1967. Thus, when the army
inadvertently discovered the guerrillas in March 1967,
"Che's" force was still in its initial phase and was
prematurely forced into action. Partly because of this,
their sanctuary was uncovered and they were therefore
forced to remain almost constantly on the move. This had
upset "Che's" plans to establish a secure base of operations.

The guerrilla force, which at its highest point
probably did not exceed 50 men, was composed of 17 Cubans,
three Peruvians, Bolivians trained in Cuba, and urban
militants. "Che" planned to use them as a cadre around
which other guerrilla groups could be established. Some
of the Bolivians apparently lacked the dedication and
staying power of hard-core guerrillas and the diary reported resentment between the Bolivians and Cubans. Information obtained from Bolivian defectors enabled the
army to uncover the guerrilla camp in March and to locate
and eliminate the insurgents in October.

It was evident from the beginning that "Che" was in
firm command of the guerrilla movement. This fact apparently cost him the support of the established pro-
Soviet Bolivian Communist Party (PCB-S). According to
the diary, PCB-S First Secretary Mario Monje visited the
guerrilla camp in December 1966 and offered to join the
movement provided he could assume the political-military
leadership. "Che's" rejection of his bid probably
severed any chances for a tie between the Party and the

15 Dec 67   DIA Intelligence Bulletin   Page S-2

~~SECRET NO FOREIGN DISSEM~~

DOCUMENTO 42. Continuación

determinación del gobierno boliviano. A pesar de la temprana planificación, la empresa en general fue desde el comienzo un esfuerzo mal coordinado y sus carencias comenzaron a hacerse evidentes cuando comenzaron las operaciones.

Si bien la planificación de la guerrilla aparentemente estuvo desarrollándose durante un tiempo tanto en Cuba como en Bolivia, las operaciones reales solo comenzaron cuando el "Che" y parte de sus cuadros cubanos llegaron al campamento de Ñancahuazú en noviembre de 1966. Los meses siguientes estuvieron dedicados al entrenamiento, el reclutamiento, la obtención de equipamiento y la familiarización con la zona. Durante este período, el "Che" condujo una patrulla de reconocimiento al norte del Río Grande; esta fue su primera incursión en la naturaleza hostil de la región. Aparentemente, el programa de actividades de los guerrilleros no preveía comenzar la acción ofensiva hasta mediados o fines de 1967. De modo que, cuando en marzo de 1967, el Ejército descubrió inesperadamente a los guerrilleros, la fuerza del "Che" estaba aún en su fase inicial y se vio forzada a entrar prematuramente en acción. En parte por esta razón, su refugio quedó descubierto y desde entonces los rebeldes estuvieron obligados a trasladarse permanentemente. Ese descubrimiento había desbaratado los planes del "Che" de establecer una base de operaciones segura.

La fuerza guerrillera, que en su mejor momento probablemente no haya excedido un total de cincuenta hombres, estaba compuesta por diecisiete cubanos, tres peruanos, bolivianos entrenados en Cuba y militantes urbanos. El "Che" planeaba usarlos como un cuadro alrededor del cual podrían formarse otros grupos guerrilleros. Según parece algunos de los bolivianos carecían de la dedicación y la capacidad de resistencia de los guerrilleros duros y el diario informa sobre el resentimiento que surgió entre bolivianos y cubanos. Información obtenida de desertores bolivianos le permitió al Ejército descubrir el campamento guerrillero en marzo y localizar y eliminar a los insurgentes en octubre.

Desde el principio fue evidente que el "Che" estaba decididamente al mando del movimiento guerrillero. Este hecho aparentemente le valió perder el apoyo del Partido Comunista boliviano prosoviético establecido (PCB-S). Según cuenta en el diario, el primer secretario del PCB-S Mario Monje visitó el campamento guerrillero en diciembre de 1966 y le ofreció unirse al movimiento con la condición de que se le permitiera asumir el liderazgo político y militar. El rechazo de su propuesta por parte del "Che" probablemente haya cercenado toda posibilidad de un vínculo entre el Partido y los

15 de diciembre de 1967 / Boletín de Inteligencia de la DIA / Página S-2

guerrillas. In fact, "Che" suspected that Monje had prevented some Cuban-trained Party members from joining the guerrillas. Regis Debray, the French guerrilla theoretician, also placed part of the blame for the guerrilla failure on the lack of support from the PCB-S.

One factor that weighed heavily against the guerrillas was the numerical strength of the army in the field. Even in the early stages of the operation, the army -- inferior in capabilities to the guerrillas -- was able to react with sufficient speed to thwart the insurgents' movements. The army was able to seal off most of the avenues of escape; this forced the guerrillas to be contantly on the move and drained their resources. Toward the end of the campaign, troops in the field probably numbered 2,000 as compared with the guerrilla's force of 30 - 40.

In addition to the role of the armed forces, the two other factors that contributed most significantly to the quick defeat of the guerrilla force were the nature of the guerrilla zone itself and the inability of the insurgents to win the support of the local populace.

Although the isolated southeastern region of Bolivia with its difficult terrain and dense jungle appeared ideal from a security standpoint, it is also extremely inhospitable to man; it is disease-ridden and sparsely populated. Moreover, the operations zone was almost completely inaccessible to the main population centers in the Altiplano. On numerous occasions in his diary, "Che" bemoaned the almost total isolation of his force. Even the support apparatus in La Paz -- uncovered and smashed in September -- had trouble maintaining contact with guerrillas once they were forced out of the Nancahuazu base camp. "Che" also reported in the diary that he was unable to make contact with a small rearguard force that remained near the original camp. This group was eventually destroyed on 31 August by an army ambush after it had been isolated from the main force for over three months.

"Che" reported an acute lack of supplies -- including medicine for his disabling asthma -- chronic hunger,

DOCUMENTO 42. Continuación

guerrilleros. En realidad, el "Che" sospechaba que Monje había impedido que ciertos miembros del Partido entrenados por cubanos se unieran a la guerrilla. Régis Debray, el teórico francés de la guerrilla, también echaba parte de la culpa por el fracaso de la guerrilla a la falta de apoyo del PCB-S.

Un factor que tuvo mucho peso contra los guerrilleros fue la superioridad numérica del Ejército en el campo. Hasta en las etapas iniciales de la operación, el Ejército –inferior en capacidad respecto de la guerrilla– pudo reaccionar con suficiente velocidad para aplastar los movimientos de los insurgentes. El Ejército tuvo la habilidad suficiente para cerrarles el paso en la mayoría de las vías posibles de escape; esto obligó a los guerrilleros a estar en constante movimiento y fue agotando sus recursos. Ya al final de la campaña, las tropas desplegadas en el campo probablemente ascendían a unos 2000 hombres mientras que la fuerza guerrillera sumaba entre treinta y cuarenta.

Además del papel que les cupo a las fuerzas armadas, los dos otros factores que contribuyeron de la manera más significativa a la rápida derrota de la fuerza guerrillera fueron la naturaleza de la zona de combate misma y la incapacidad de los insurgentes de ganarse el respaldo de la población local.

Aunque la aislada región sudeste de Bolivia con su terreno escabroso y su densa selva parecía ideal desde el punto de vista de la seguridad, también es sumamente inhóspita para las personas; está plagada de enfermedades y escasamente poblada. Además, desde la zona de operaciones era casi completamente imposible el acceso a los principales centros de población del Altiplano. En numerosas ocasiones, el "Che" se lamentaba en su diario del aislamiento casi total de su fuerza. Hasta el aparato de apoyo con que contaba en La Paz –descubierto y aplastado en septiembre– tenía problemas para mantener contacto con los guerrilleros después de que estos se vieron obligados a abandonar el campamento base de Ñancahuazú. El "Che" también informó en su diario que no podía tomar contacto con una pequeña fuerza de retaguardia que permanecía cerca del campamento original. Este grupo, después de permanecer aislado de la fuerza principal durante más de tres meses, finalmente fue aniquilado el 31 de agosto en una emboscada tendida por el Ejército.

El "Che" dio cuenta de una aguda falta de suministros –incluido el medicamento que utilizaba para su asma incapacitante–, hambre crónica,

15 de diciembre de 1967 / Boletín de Inteligencia de la DIA / Página S-3

Secreto No difundir al exterior

loss of bearings because of faulty maps, desertions
by the Bolivians, debilitating illness, and a break-
down in morale -- most of which occurred after June.
Since actual contact between the armed forces and the
guerrillas was minimal during this period, the dete-
rioration of the insurgent force can be attributed in
a large measure to the vast, remote, and hostile area
which was selected for the operation.

Apparently, "Che" expected to exploit the reported
latent antigovernment sentiment of the sparse peasant
population in the operations zone. To this end, the
guerrillas carried on something similar to a civil-
action program. They provided medical care to the
peasants and always paid them good prices for supplies.
Despite these efforts, the peasants remained suspicious
of foreigners and assumed a passive role throughout
the entire campaign. Toward the latter stages of the
campaign, peasant guides and informers assisted the
army in tracking down and eliminating the force. A
frustrated "Che" Guevara lamented several times in his
diary over the inability of the guerrillas to recruit
even one local peasant.

The complete failure, without any saving aspects,
of this first attempt to implement the Castro-Guevara-
Debray theories on insurgency will certainly cause a
reevaluation in Havana. Whether the hard lessons of
Bolivia will prevail against an almost sacred theory
remains to be seen. (SECRET NO FOREIGN DISSEM)

15 Dec 67   DIA Intelligence Bulletin   Page S-4

DOCUMENTO 42. Continuación

falta de orientación por tener mapas defectuosos, deserciones de los bolivianos, enfermedades debilitantes y el derrumbe de la moral; la mayor parte de estos inconvenientes comenzaron después de junio. Teniendo en cuenta que los enfrentamientos reales entre las fuerzas armadas y los guerrilleros fueron mínimos durante ese período, el deterioro de la fuerza insurgente puede atribuirse en gran medida a la vastedad, la lejanía y la hostilidad de la zona elegida para la operación.

Según parece, el "Che" esperaba explotar el sentimiento antigubernamental latente que supuestamente se había extendido entre la escasa población campesina de la zona de operaciones. Con esa idea, los guerrilleros llevaron adelante algo semejante a un programa de civilización. Suministraban cuidados médicos a los campesinos y siempre les pagaban buen precio por lo que ellos les proveían. A pesar de estos esfuerzos, los campesinos continuaban siendo recelosos con los extranjeros y asumieron un rol pasivo durante toda la campaña. Durante las etapas finales de la campaña, los guías e informantes campesinos ayudaron al Ejército a rastrear a los guerrilleros y eliminarlos. Frustrado, el "Che" Guevara se lamentó varias veces en su diario de la incapacidad de los guerrilleros para reclutar ni un solo campesino local.

El completo fracaso, sin ningún aspecto rescatable, del primer intento de instrumentar las teorías de Castro, Guevara y Debray sobre la insurgencia seguramente provocará una reevaluación por parte de La Habana. Habrá que ver si las duras lecciones de Bolivia se imponen a la teoría casi sagrada. (Secreto. No difundir al exterior.)

15 de diciembre de 1967 / Boletín de Inteligencia de la DIA / Página S-4

Secreto No difundir al exterior

ALSO ON 13 JULY, THE REMAINS OF LATIN AMERICAN REVOLUTIONARY HERO CHE GUEVARA, BURIED SINCE 1967 IN AN UNMARKED GRAVE IN RURAL BOLIVIA, WERE RETURNED TO CUBA.

1. (U) THE ABOVE WAS WRITTEN BY ANALYSTS OF DIA'S TERRORISM WARNING DIVISION; QUESTIONS AND COMMENTS SHOULD BE DIRECTED TO THIS OFFICE AT
PUBLICATION INFORMATION: THE DITSUM IS PUBLISHED DAILY MONDAY THROUGH FRIDAY WITH INFORMATION CUT OFF AT 1500 EST. THE DITSUM IS ALSO AVAILABLE ON INTELINK. IMMEDIATE TERRORIST THREAT

DOCUMENTO 43. Resumen sobre terrorismo de Inteligencia de Defensa DIA, los restos del Che retornaron a Cuba (13 de julio de 1997)

Página 0080

También el 13 de julio, los restos del héroe revolucionario latinoamericano "Che" Guevara, enterrado desde 1967 en una tumba sin marcas en la Bolivia rural, fueron llevados de regreso a Cuba.

El texto anterior fue escrito por analistas de la división de advertencia sobre el terrorismo de la DIA; las preguntas y comentarios deberán dirigirse a ese organismo a [texto tachado].

Información de publicación: el Ditsum se publica diariamente de lunes a viernes con información recortada en 1500 est. El Ditsum también está disponible en Intelink. Amenaza terrorista inmediata.

DEFENSE INTELLIGENCE AGENCY

WASHINGTON, D.C. 20340-5100

U-7,548-06/DAN-1A(FOIA)

APR 2 0 2007

Mr. Michael Ratner
124 Washington Place
New York, NY 10014

Dear Mr. Ratner:

This responds to your request under the Freedom of Information Act dated 18 April 1997. Therein you requested records concerning Ernesto "Che" Guevara. A search of DIA's systems of records located 101 documents. Of these, 52 have been referred to other government agencies for their review and direct response to you as they did not originate with DIA.

Upon review, it has been determined that some portions of 39 documents are not releasable. The portions withheld are exempt from release pursuant to 5 U.S.C. 552 (b)(1), (b)(2), and (b)(3), Freedom of Information Act. Subsection (b)(1) applies to information properly classified under the criteria provided by Executive Order 12958, as amended. Subsection (b)(2) applies to information which pertains solely to the internal rules and practices of the agency. Subsection (b)(3) applies to information specifically exempted by a statute establishing particular criteria for withholding. The applicable statute is 10 U.S.C. Section 424. All reasonably segregable portions are attached.

All substantive portions of the remaining 10 documents are not releasable. The withheld portions are exempt from release pursuant to 5 U.S.C. 552 (b)(1), (b)(2), and (b)(3), Freedom of Information Act. There are no reasonably segregable portions of this exempt material.

Please remit a check or money order in U.S. funds made payable to the Treasurer of the United States in the amount of $35.40. Do not send cash. This fee is for reproduction cost for 336 pages at 15¢ per page with the first 100 pages free. To insure proper identification, please write on your payment the case number assigned to your request, 0502-97.

You are advised that a requester may appeal, within 60 days, an initial decision to withhold a record or part thereof. Should you wish to exercise this right, you may do so by referring to case # 0502-97 and addressing your appeal to: Defense Intelligence Agency, ATTN: DAN-1(FOIA) Washington, D.C. 20340-5100.

Sincerely,

39 Enclosures a/s

Margaret A. Bestrain
Chief, Public Access Branch

DOCUMENTO 44. Carta de la Agencia de Inteligencia de Defensa referente a la difusión de los documentos incluidos en este libro

Agencia de Inteligencia de Defensa
Washington, D.C., 20340-5100

U-7, 548-06/ DAN-IA (FOIA)   2 de abril de 2007

Señor Michael Ratner
124 Washington Place
New York, NY 10014

Estimado señor Ratner:

La presente responde a su solicitud amparada en la Ley de Libertad de Información fechada el 18 de abril de 1997. En ella usted pedía los registros referentes a Ernesto "Che" Guevara. Una búsqueda del sistema de archivos de la DIA encontró 101 documentos. De ellos, 52 han sido remitidos a otros organismos del gobierno para que sean revisados y se le envíen a usted directamente puesto que no se originaron en la DIA.

Después del correspondiente estudio, se ha determinado que algunas porciones de 39 documentos no son aptos para ser difundidos. Las porciones denegadas están exentas de publicación en virtud de las 5 U.S.C. 552 (b)(1), (b)(2) y (b)(3) de la Ley de Libertad de Información. La subsección (b)(1) concierne a información adecuadamente clasificada según criterios suministrados por orden del Ejecutivo 12958, según enmienda. La subsección (b)(2) concierne a la información que corresponde únicamente a las reglas y prácticas internas de la agencia. La subsección (b)(3) concierne a la información específicamente exenta por un estatuto que establece criterios particulares para retenerla. El estatuto al que incumbe es el 10 U.S.C sección 424 que alcanza a todas las secciones razonablemente segregables.

Todas las porciones sustanciales de los 10 documentos restantes no pueden ser difundidas. Las porciones denegadas están exentas de publicación en virtud de las 5 U.S.C. 552 (b)(1), (b)(2) y (b)(3) de la Ley de Libertad de Información. No hay porciones razonablemente segregables de este material exento.

Por favor, remita un cheque o una orden de pago en moneda estadounidense a la orden del Tesorero de los Estados Unidos por la cantidad de 35,40 dólares. No envíe dinero al contado. El pago corresponde al costo de reproducción de 336 páginas a 15 centavos la página con

las primeras 100 gratis. Para asegurar la apropiada identificación, escriba en la boleta de pago el número de caso asignado a su petición, 0502-97.

Se le comunica que, en el plazo de 60 días, es posible apelar la decisión inicial de retener un expediente o parte de él. Si usted quisiera ejercer ese derecho, puede hacerlo refiriéndose al caso # 0502-97 y dirigiendo su pedido a la Agencia de Inteligencia de Defensa, ATTN: DAN-I (FOIA), Washington, D.C., 20340-5100.

Atentamente

Margaret A. Bestrain

Jefa del Área de Acceso Público

39 archivos adjuntos

ÍNDICE ANALÍTICO

Acuña, Juan Vitalio, 79; *véase* Joaquín

Agee, Phil, 70-1

Alarcón de Quesada, Ricardo, 23

Anderson, Jon Lee, 42-3, 42n, 54n, 58n, 59, 63n, 68n, 81n, 94n, 106

Arbenz, Jacobo, 7, 26, 56-7, 58, 60, 117, 133, 140, 141, 143, 155, 156, 157, 167

Arguedas, Antonio, 87

Armas, Castillo, 56, 133, 141, 143, 167

Bahía de Cochinos, 30, 47, 51, 62, 81, 83, 85, 243; *véase* Playa Girón

Banco Nacional de Cuba, 30, 63, 234

Barrientos, René, 41, 42, 43, 73-4, 77-9, 87, 88, 92, 96, 100, 107, 190-4, 197, 205, 207-8, 209, 210, 229, 236-7

2° Batallón de Comandos boliviano o 2° Batallón de Rangers boliviano, 95, 99, 102, 233, 289

Batista, Fulgencio, 21-2, 25, 26, 27, 28, 29, 58, 59, 60, 61, 84, 115, 137, 163, 165, 167, 246, 327

Bayo, Alberto, 58

Bella, Ben, 99, 233

Blum, William, 46 y n, 68n, 107 y n.

Bolívar, Simón, 60, 118, 119, 196, 246

Bowdler, William G., 88, 89, 96, 98, 207, 209, 230, 231

Broe, William, 89, 209, 242

Bundy, McGeorge, 52

Bunke, Tamara (Tania), 31, 66, 75

Buró para la Represión de las Actividades Comunistas (BRAC), 22

Bush, George, 85

Bustos, Ciro, 75, 80-1, 82, 83, 86, 91, 317

Castañeda, Jorge G., 41 y n, 42, 83 y n, 96

Castillo Chávez, José (Paco), 92, 220, 225, 293

Castro, Fidel, 21-2, 26, 27, 28, 29, 31, 32, 35, 36, 40, 44, 46, 47-8, 49, 56-90, 65-9, 71, 84, 85, 94, 95n, 100, 101, 108, 109, 114, 115, 118, 119, 121, 123, 124, 125, 127, 131, 132, 133, 136, 137, 139, 141, 144, 145, 147, 149, 150, 151, 153, 155, 159, 165, 167, 169, 171, 173, 180, 181, 204, 233-8, 243-6, 309, 313, 321, 323, 324, 327, 335

Castro, Raúl, 27, 47-8, 57, 71, 119, 147
Cienfuegos, Camilo, 28, 29, 30, 60, 101, 243
Cinco Cubanos, los, 13, 23
Comisión de Depuración, 61
Comités de Defensa de la Revolución, 62
Consejo de Seguridad Nacional, 22, 38, 39, 88, 89, 96, 97, 98, 99, 207, 209, 230
Corday, Charlotte, 109

Debray, Régis, 34, 75, 80-1, 82, 83, 86, 91, 97, 100, 204, 220, 223, 233, 235-8, 309, 313, 317, 324, 333, 335
Departamento de Industria dependiente del Instituto Nacional de Reforma Agraria (INRA), 30
Deutschmann, David, 63n
Diario de Bolivia, 33, 36, 71, 94, 302
Diarios de motocicleta, 55
Diem, Ngo Dinh, 46
Douglass, James W., 39 y n, 40n
Duque de Estrada, Miguel Ángel, 61
Duvalier, François "Papa Doc", 46

Eisenhower, Dwight D., 19, 21, 22, 48
Enlai, Zhou, 46

Figueres Ferrer, José, 46
FitzGerald, Desmond, 89, 192, 209
Fox, Edward, 74, 87
Franco, Francisco, 55, 58

Gadea, Hilda, 56, 58, 116, 117, 151
García García, Gabriel, 81
González, Eduardo, 83; *véase* Villoldo, Gustavo
Goulart, João Belchior Marques, 20
González, René, 23
Granado, Alberto, 55
Granma, 27, 59, 152, 155
La guerra de guerrillas, 63, 313, 321
Guevara, Ernesto "Che" (Ramón), 23, 269, 271, 277

Guevara, Hildita, 56
Guevara Lynch, Ernesto, 25, 113
Gutiérrez, Mario (Julio), 93, 293
Guzmán, Loyola, 91, 109

Harris, Richard L., 45
Harvey, William King, 47-8
Helms, Richard, 40, 47, 101, 242, 244
Henderson, Douglas, 41, 42, 72-4, 77-9, 89, 95, 105, 190, 191-4, 209, 225, 227, 255
Hernández, Gerardo, 23
Hernández Osorio, Manuel (Miguel), 92, 93, 293

Jessup, Peter, 89, 209
Joaquín, 34, 35, 79, 82, 89, 91, 92, 93, 94, 219; *véase* Acuña, Juan Vitalio
Johnson, Lyndon B., 21, 38, 41-2, 48, 50, 53, 79, 82, 86, 87, 88, 91, 92, 96, 98, 100, 107, 195, 202, 204-5, 207, 209-10, 228, 232, 233, 240, 242, 288

Kabila, Laurent-Desiré, 68
Kassem, Abdul Karim, 46
Kennan, George F., 39
Kennedy, John F., 31, 40, 48, 50, 52, 53, 81
Khrushchev, Nikita, 31
King, J. C., 47
Kissinger, Henry, 52
Koo, Kim, 46
Kosygin, Alexei, 67, 245-7

López, Ñico, 26, 27
Lumumba, Patrice, 46, 68

Malcolm X, 109
Maloney, Héctor, 80
Marat, Jean-Paul, 109-10
March, Aleida, 59
Marshall, George, 38
Matos, Huber, 30
McCone, John A., 40, 172-3

McNamara, Robert, 52, 53
Memorándum de Acuerdo, 80, 81, 199
Mendigutia, Antonio José, 84
Mendigutia, Félix, 84
Monje, Mario, 33, 71, 331, 333
Morales, Evo, 109

Nasser, Gamal Abdel, 46, 163
Nehru, Jawaharlal, 46
Nkrumah, Kwame, 99, 233
NSC l0/2, 39

Organización Latinoamericana de Solidaridad (OLAS), 34, 235
Ovando Candía, Alfredo, 43, 79, 97, 201, 209, 210, 229, 233

Paz Estenssoro, Víctor, 20, 73
Peña, Pedro, 94
Piñeiro, Manuel "Barbarroja", 68
Playa Girón, 30, 62; véase Bahía de los Cochinos
Porter, Robert W., 79, 80, 301
Prado Salmón, Gary, 94n, 95, 106

Quintana Barrera, Pastor, 72, 190

Ramonet, Ignacio, 56n, 71
Ratner, Michael, 11-2, 18, 19, 22, 63n, 64n, 66n, 69n, 339
Recto, Claro M., 46
Reque Terán, Luis, 215, 219
¿Revolución en la revolución?, 75, 235, 309
Rocabado Terrazas, Vicente, 72
Rodríguez, Félix, 40-4, 41n, 84-7, 90, 92-3, 96-8, 101-3, 105-6, 209, 226, 230, 242, 288

Rojas, Honorato, 92
Rosselli, John, 47-8, 107
Rostow, Walt Whitman, 38, 41-2, 50, 52-3, 79, 82, 86-89, 91-2, 96, 98-101, 107, 195, 202, 203, 204, 206, 207, 209, 228, 229, 230, 231, 232, 233, 240, 241, 242
Roth, George Andrew, 80-1
Ryan, Henry Butterfield, 44-5 y 44n, 79n, 82-3n, 86n, 88n, 91n, 227

Selich, Andrés, 43, 106
de la Serna, Celia, 25
Shelton, Ralph "Pappy", 82, 94
Sihanouk, Norodom, 46
Skaer, William K., 80
Smith, Michael Steven, 12, 18, 19, 64n
Sukarno, 46, 99, 233
Sung, Kim Il, 46

Taibo, Paco Ignacio II, 43-4, 43n
Taylor, Maxwell D., 51-3, 51n
Terán Ortuño, Mario, 37
Tope, William A., 79-80
Torres, Juan José, 43
Trujillo, Rafael, 46, 84, 165
Truman, Harry S., 38
Tshombe, Moise, 68, 83

Villoldo, Gustavo, 42, 83-4, 86, 87, 90, 102, 103, 107, 209; véase González, Eduardo

Weinglass, Leonard, 13
Williams, Tennessee, 37

Zedong, Mao, 53
Zenteno Anaya, Joaquín, 43-4